Gary Thomas · Alles. Für dich.

Gary Thomas

Alles. Für dich.

Gottes Geschenke genießen

SCM R.Brockhaus

Die Edition AUFATMEN
erscheint in Zusammenarbeit zwischen
SCM R.Brockhaus im SCM-Verlag, Witten,
und dem Bundes-Verlag, Witten.
Herausgeber: Ulrich Eggers

Die amerikanische Originalausgabe erschien unter dem Titel *Pure Pleasure*
bei Zondervan®, Grand Rapids/Michigan.

Deutsch von Hans-Werner Durau

Umschlag und Illustration:
Yellow Tree Kommunikationsdesign, Freudenberg – www.ytdesign.de
Satz: Satz & Medien Wieser, Stolberg
Druck: CPI–Ebner & Spiegel, Ulm
ISBN 978-3-417-26353-4
Bestell-Nr. 226.353

INHALT

Kapitel 1

Wenn man von einem plötzlichen Durstgefühl überfallen wird

Der Weg, wirklich glücklich zu sein, ist, wirklich menschlich zu sein; und der Weg, wirklich menschlich zu sein, ist, wirklich göttlich zu sein.

James I. Packer

Es gibt für einen Menschen nichts Besseres auf der Welt, als dass er isst und trinkt und sich an seinem Leben freut.

Prediger 8,15

»Ich ... brauche ... Wasser!«

Die Stadt Houston verging in drückender Schwüle, während die Sommersonne die Straßen bei 35 Grad geradezu verbrannte. Es war mitten am Nachmittag, und jeder halbwegs zurechnungsfähige Mensch saß gut gekühlt und erfrischt in einem Haus mit Klimaanlage. Ohne Zweifel waren manche verwundert über einen strahlend weiß gekleideten Mann mittleren Alters aus dem Nordwesten der USA, der in seinen Laufschuhen dahinschmolz, als er sich durch die Vorstädte kämpfte.

Ich war von zwei Gemeinden eingeladen worden, Texas zu besuchen. Da ich an diesem Sonntagmorgen gepredigt hatte und am Abend eine Mitarbeiterklausur leiten sollte, musste ein Lauf in den Sonntagnachmittag gezwängt werden, zwischen die beiden Morgenpredigten und die Abendveranstaltungen. Wegen der Hitze wollte ich nur ungefähr zwölf Kilometer laufen. Ich hatte kein Wasser mitgenommen, aber der ganze Lauf sollte auch nur weniger als 50 Minuten dauern. Wir durstig konnte ich da schon werden?!

Nach weniger als fünfzehn Minuten fand ich es heraus. Stellen Sie sich vor, Sie kauen für etwa zehn Minuten auf heißem Sand herum, spucken ihn aus, und dann bläst jemand für weitere fünf Minuten heiße Luft aus einem Fön direkt in Ihre Kehle. So fühlte ich mich. Doch leider musste ich noch eine weitere halbe Stunde laufen. Nach dreißig Minuten kam ich mir bereits wie ein neunzig Jahre alter Mann vor. Als ich dann eine weggeworfene, halb leere Flasche Cola light im Graben liegen sah und mir diese sehr verlockend erschien, wusste ich, dass ich in Schwierigkeiten war.

Dann sah ich eine Frau vor ihrem Haus. Einem Haus, vor dem sich – halleluja! – ein aufgerollter Schlauch befand. Ich ging zu ihr und krächzte aus ausgedörrter Kehle: »Entschuldigung, würde es Ihnen etwas ausmachen, wenn ich ein paar Schlucke aus Ihrem Schlauch nehme?« – »Überhaupt nicht«, antwortete sie. So ging ich zum Schlauch, ließ ihn einen Moment laufen und öffnete meinen Mund – um das abgestandenste Wasser zu trinken, das man sich vorstellen kann. Es schmeckte widerlich nach Plastik.

Man muss sich vorstellen: Das Wasser in diesem Schlauch hatte seit Tagen vor sich hin gekocht. Die Bakterien hatten sich wahrscheinlich jede Millisekunde um ein Vielfaches vermehrt; zweifelsohne waren sie sogar übereinander hergefallen, um sich zu reproduzieren. Als sich das Wasser den Weg durch meine Kehle bahnte, sagte eine kleine, leise Stimme in mir: »Dafür wirst du so bezahlen ... In drei Stunden wirst du dir wünschen, du wärest tot.«

Doch ich achtete nicht darauf. Weit jenseits der Durstgrenze wollte ich nur schnelle Erleichterung. Ich hätte sogar mehrere Magenverstimmungs-Albträume riskiert, nur um meine Kehle zu befeuchten. Also trank ich. Schließlich schaffte ich es zurück zu meinem Auto, fuhr zum nächsten Supermarkt und kaufte so viele eisgekühlte Getränke, wie ich tragen konnte. Dann lächelte ich, weil mir einfiel, dass ich nun einen perfekten Einstieg für mein nächstes Buch beisammenhatte.

Wenn der Durst alles dominiert

Als ich aus dem Schlauch trank, wusste ich, dass ich einer Katastrophe ins Auge sah – aber es machte mir nichts. Gewaltiger Durst ließ mich langes Leiden für eine kurze Befriedigung riskieren. Man hätte eine ganze Armee von Wissenschaftlern aufstellen können, die Tabellen und PowerPoint-Präsentationen zeigten, Anekdoten zum Besten gaben, private Erlebnisse schilderten und wissenschaftliches Datenmaterial präsentierten, um zu demonstrieren, wie dumm es war, dieses Wasser zu trinken, dennoch hätte ich den

Schlauch an meinen Mund geführt und die flüssige Erleichterung zu mir genommen. So durstig fühlte ich mich. Mein dringendes Bedürfnis stellte jede andere aufkeimende Sorge in den Schatten.

Meine körperliche Verfassung spiegelte den Zustand wider, in dem sich viele Menschen befinden – geistlich, beziehungs- und gefühlsmäßig. Wer geistlichen Durst hat, ist bereit, eine Menge Gift zu sich zu nehmen, nur um den Durst zu stillen.

Nichtchristen sind übernatürlich durstig, weil sie den Gott nicht kennen, für den sie geschaffen sind, um sich an ihm zu freuen. Viele Gläubige sind durstig, weil sie nicht wissen, wie sie Gott und das Leben, das er ihnen gegeben hat, genießen sollen. Manche Menschen in der Gemeinde sind, vorsichtig ausgedrückt, sehr misstrauisch in Bezug auf Vergnügen. Vergnügen ist für uns oft ein Synonym für Sünde. Wenn sich etwas gut anfühlt, dann muss es ein Werkzeug des Teufels sein – so denken wir. Also konzentrieren wir uns in unserem Leben auf unsere Pflichten, auf unseren Auftrag und auf unsere Verantwortlichkeiten. Das sind alles gute Dinge, aber sie durchziehen unsere Tage nicht gerade mit Vergnügen. Wer so lebt, weiß nach einer Weile gar nicht mehr, wie heilige und gute Freude aussieht. Er wird extrem durstig und unweigerlich von einer anderen Art Erlösung angezogen werden, die nicht heilig oder gut ist und auch Gott nicht die Ehre gibt – nämlich von Vergnügungen, die unsere Seelen letztlich zerstören, statt sie aufzubauen.

Viele Gläubige sind durstig, weil sie nicht wissen, wie sie Gott und das Leben, das er ihnen gegeben hat, genießen sollen.

Am Sonntagmorgen, wenn wir in der Kirche sitzen und dem Pastor zuhören, schreit die Tyrannei unserer durstigen Seelen so laut, dass wir so gut wie taub gegenüber echter Weisheit, gegenüber Warnungen, sogar gegenüber der Bibel werden, die uns davor warnt, unsere Seelen mit verseuchten Vergnügungen zu terrorisieren. Vielleicht hören wir Zeugnis über Zeugnis darüber, dass die Fluchtmöglichkeiten, die wir in Gedanken erwägen, eine Falle sind, eine heimtückische Vorstufe der Verführung, des Elends und des Ruins – wenn wir wirklich durstig sind, wird es uns wahrscheinlich egal sein.

Doch wenn wir zulassen, so durstig zu werden, machen wir uns anfällig für jede Art von geistlicher Krankheit. Wir werden das vergiftete Wasser trotzdem trinken.

Heute Morgen bin ich aufgewacht und hatte ein großes Glas Wasser vor mir sowie eine leckere Tasse Tee. Aus diesem Blickwinkel konnte ich auf mich und mein Verhalten einige Monate zuvor zurückblicken und sagen: »Gary, lass den Schlauch liegen.« Aber das liegt daran, dass ich heute Morgen nicht durstig war. Von meinem jetzigen Standpunkt aus ist die halb leere Flasche Cola light im Graben absolut widerlich. Ich würde sie keines zweiten Blickes würdigen. Auch der Schlauch ist mir abscheulich. Nun könnte ich mich dafür anklagen, von diesem Schlauch getrunken zu haben. Aber wäre es nicht weiser, mir Vorwürfe zu machen, dass ich es überhaupt zu einer solchen Situation habe kommen lassen, in der ich so durstig wurde, dass ich am Rande der Verzweiflung war?

Gestatten Sie mir die Frage: Wie durstig fühlen Sie sich, wenn Sie diese Zeilen lesen? Hat Ihr Glaube nur mit Pflicht, Auftrag und Verantwortung zu tun? Sind Sie manchmal geschockt, wie verlockend manche Dinge auf Sie wirken, obwohl Sie wissen, dass Sie sie eigentlich verabscheuen sollten? Führt die mangelnde Freude in Ihrem Leben dazu, dass Sie anfällig für Versuchungen sind?

Statt sich selbst ständig dafür zu kritisieren, solchen Versuchungen nachzugeben, könnten Sie auch einen Schritt zurücktreten und versuchen herauszufinden, wie Sie ein Leben entwickeln können, das Sie von der Tyrannei Ihres fordernden Durstes befreit. Könnten Sie sich mit dem Gedanken anfreunden, dass es möglicherweise heilig und sinnvoll ist, angemessene Vergnügungen bewusst in Ihr Leben zu integrieren?

Bis zum Rand gefüllt

Statt uns ein erfülltes Leben vor Augen zu führen, hat die christliche Gemeinde, als Ganzes betrachtet, jahrelang versucht, uns vor der Sünde zu warnen. Beispielsweise kann man sich gegen einen Seitensprung wappnen, indem man über all das Böse nachdenkt, das daraus resultieren könnte: Vielleicht bringt man AIDS oder eine Geschlechtskrankheit mit nach Hause; es ist beschämend, erwischt zu werden, womöglich bekommt es auch noch alle Welt mit; vielleicht riskiert man auch seinen Beruf, mindestens aber seinen Ruf. Auch die verletzte Reaktion des Ehepartners ist schmerzlich; die Vorstellung, dass die eigenen Kinder den Respekt vor einem verlieren, schrecklich; die Möglichkeit, dass der Ehepartner auf Rache sinnt, bedrohlich.

Sicherlich haben solche Gedanken ihre Berechtigung. Wenn Sie nur leben, um *nicht* zu sündigen, könnten Sie sogar dafür plädieren, dass solch eine gedankliche Übung geistlichen Segen bringt. Aber es geht auch anders.

Sie könnten sich darauf konzentrieren, Ihre Ehe so zu gestalten, dass Gedanken an einen Seitensprung gar nicht erst aufkommen, da Sie echte und befriedigende Intimität erleben, sodass für andere Liebschaften gar kein Platz wäre. Sie könnten Ihre Zeit damit verbringen, Ihre Kinder bewusst aufwachsen zu sehen und so stark Teil ihres Lebens zu werden, dass Ihr Herz vor Liebe zu Ihrer Familie überfließt – der Gedanke, Ihre Familie könnte kaputtgehen, wird Ihnen widerwärtig. Sie könnten treu der Arbeit nachgehen, zu der Gott Sie berufen hat, sodass Sie weder Zeit haben noch einen Gedanken daran verschwenden, etwas so Schäbiges wie eine Affäre zu beginnen.

Merken Sie den Unterschied? Unser Leben kann von echten, dauerhaften Freuden geprägt sein. So wappnen wir uns gegen das Böse, das auf diese Weise viel von seiner Anziehungskraft verloren hat. Oder aber wir können mit eisernem Willen versuchen, uns angstvoll von der Sünde abschrecken zu lassen, während wir uns tief in unseren Herzen doch nach ihr sehnen.

Welches Leben wollen Sie leben? Welches Leben wird Ihrer Meinung nach schlussendlich gelingen? Thomas Chalmers, ein schottischer Prediger aus dem 19. Jahrhundert, hielt die erste Methode, also das Nachdenken über die »Nichtigkeit« der Sünde, »alles in allem« für ungeeignet und wirkungslos. Er glaubte, dass »die Beschaffenheit unserer Natur« es erforderlich macht, dass wir uns stattdessen auf die Rettung und die Genesung unseres Herzens von falschen Neigungen konzentrieren, indem wir die »austreibende Macht« einer neuen Liebe erfahren.[1]

Ähnlich schreibt G. K. Chesterton, der glaubt, dass die »große Lücke in der modernen Ethik« das »Fehlen eindrücklicher Bilder der Reinheit und des spirituellen Obsiegens« sei.[2] Mit anderen Worten: Wir müssen die Herrlichkeit eines Lebens predigen, das wirklich die Seelen befriedigt, anstatt von den Gefahren eines töricht gelebten Lebens besessen zu scheinen. Wir können unsere Kinder zur Universität schicken und ihnen schreckliche Geschichten von Studenten erzählen, die sturzbesoffen aus dem dritten Stock fallen und dabei zu Tode kommen, wir können ihnen Statistiken über die Prozentzahl der sexuell aktiven Studenten zeigen, die mindestens eine Geschlechtskrankheit haben, wir können Berichte herbeischaffen, die die zerstörerischen Auswirkungen auflisten, die die Liebe zum Geld hat – oder aber wir können in ihnen eine Vision davon wecken, dass ihre Seele eine einzigartige Befriedigung erfahren wird, wenn sie sich als Werkzeug Gottes benutzen lassen, dass sie Möglichkeiten haben werden, mit Menschen Beziehungen einzugehen, die Freunde fürs Leben werden können, und dass es ein unvorstellbar herrliches Erlebnis ist, wenn man für die Lebensberufung ausgerüstet wird, zu der man von Gott geschaffen wurde.

Ich möchte, dass meine Kinder ihr Leben mit guten Dingen füllen, die ihnen wiederum dabei helfen, die schlechten zu verachten. Ich möchte ihre Herzen mit »eindrücklichen Bildern der Reinheit und des spirituellen Obsiegens« einnehmen, statt zu versuchen, sie von seelenzerstörerischen Verhaltensweisen abzuschrecken.

---

1 Thomas Chalmers, »The Expulsive Power of a New Affection«, in: *The Protestant Pulpit*, 1947 – Nachdruck Grand Rapids 1977, S. 50.

2 G.K. Chesterton, *Ketzer,* Frankfurt/Main und Leipzig 2004, S. 25. G.K. Chesterton (1874–1936) war ein englischer Dichter, Erzähler, Journalist, Romanautor und geistlicher Schriftsteller. Am berühmtesten ist er durch seine Pater-Brown-Geschichten geworden, seine Biografie des Franz von Assisi und seinen geistlichen Klassiker *Ketzer.* Seine Arbeit beeinflusste die Bekehrung und später die Schriften von C.S. Lewis.

»Wo die Freiheit nahe herbeigekommen ist, da beginnen die Ketten zu schmerzen«, schrieb einmal ein Theologe.[3] Der vergnüglichere Weg des *Lebens*, den Jesus anbietet, lässt die Qual des *Todes*weges umso deutlicher hervortreten. Wenn wir ohne Scheu echtes, ehrliches und Gott ehrendes Vergnügen predigen, dann werden das Elend der Sünde, die Dummheit geistlicher Auflehnung und die Qual von Süchten auf schockierende Weise offenbar.

Chalmers würde argumentieren, dass eine »alte Liebe« – gemeint ist also ein sündiges Verlangen – »beinahe nie« durch die schiere Kraft mentaler Entschlossenheit überwunden wird. Demzufolge erwischt die Sünde schließlich beinahe immer einen jungen Mann oder eine junge Frau, die sich bloß »vorgenommen« haben, nicht zu fallen. Der Prediger des 19. Jahrhunderts würde sagen, dass das Rationalisieren (»Ich weiß, ich sollte nicht«; »Das könnte böse enden«; »Meine Eltern werden ärgerlich sein«; »Das könnte meine Zukunft negativ beeinflussen«) wahrscheinlich nicht mit der Kraft unserer Leidenschaft mithalten kann. »Aber was so nicht *zerstört* werden kann, kann vielleicht *enteignet* werden, und ein Geschmack kann vielleicht dazu gebracht werden, einem anderen Platz zu machen und seine Macht als beherrschenden Gedanken ganz und gar zu verlieren. So hört der Junge auf, Sklave seines Appetits zu sein.«[4]

Doch kehren wir zu meiner Anfangsgeschichte zurück. Ich wusste, dass das Trinken aus dem heißen Schlauch in Houston ein riskantes Unterfangen war, aber es war mir egal. Ich brauchte irgendetwas, um meinen Durst zu beseitigen. Auch Studenten, alleinerziehende Mütter, Männer mittleren Alters oder Senioren brauchen irgendetwas. Wir sollten ihnen Visionen von etwas Besserem vor Augen malen, etwas Edlerem, um ihre Herzen zu füllen. Wir sollten unsere Gemeinden auf die Spur der herrlichen, »eindrücklichen Bilder der Reinheit und des spirituellen Obsiegens« bringen. Lassen Sie uns Werbung für das gute Leben machen, indem wir lebende Beispiele wirklich zufriedener Seelen werden.

---

3 Jürgen Moltmann, *Die ersten Freigelassenen der Schöpfung. Versuche über die Freude an der Freiheit und das Wohlwollen am Spiel,* München 1971, S. 37.

4 Chalmers, *Expulsive Power*, S. 52.

Geistlicher Sieg beginnt und endet damit, dass wir unsere Befriedigung stärker in Gott als in allen anderen Dingen finden. Wir dienen jedoch einem großzügigen Gott, der uns gerne mit vielen anderen Freuden segnen will, Geschenken aus seiner Hand, die uns begeistern – und indem sie uns begeistern, geben wir ihm die Freude zurück. Statt diese Geschenke als Konkurrenten anzusehen, die unsere Herzen von Gott wegziehen wollen, können wir sie dankbar in Empfang nehmen und Gott erlauben, uns für die Wege, die die Welt anzubieten hat, untauglich zu machen.

Gebet und Gemeinschaft gehören zu den größten Freuden des Lebens, doch dabei sollten wir nicht stehen bleiben. Wir sollten es lernen, unsere Seelen mit Schönheit, Kunst, edlen Errungenschaften, leckerem Essen, reichen Beziehungen und reinigendem Lachen zu füllen. Wenn wir diese Freuden anerkennen, erkennen wir gleichzeitig Gott als genialen Schöpfer brillanter Erfindungen an. Wir sollten misstrauisch gegenüber einem Glauben sein, der diese Segnungen als »weltlich« oder ungeeignet abtut, so, als ob eher Satan als Gott sie erdacht hätte. Wir sollten uns weigern, in die Falle des Feindes zu tappen und uns die guten Freuden zu versagen, die von Gott kommen, sodass wir letztendlich anfälliger für Vergnügungen werden, die nicht dem Willen Gottes entsprechen.

Wir sollten es lernen, unsere Seelen mit Schönheit, Kunst, edlen Errungenschaften, leckerem Essen, reichen Beziehungen und reinigendem Lachen zu füllen.

Tatsächlich hat Gott uns zu *seiner* Freude erschaffen und nicht zu unserer, aber wenn wir ein Leben voller »heiliger Vergnügungen« leben, machen wir Gott Freude (siehe Kapitel 3). In diesem Kontext und Verständnis kann Freude unsere Frömmigkeit und unser Tun sogar extrem stärken.

Der Ort der Freude

Dieses Buch geht der Frage nach, wie wir die Freude in unserem Leben als Christen zurückgewinnen können. Würden Sie nicht gerne das Potenzial eines Lebens voller gesunder Vergnügungen entdecken? Wenn Gott sich diese Freuden ausgedacht hat, um uns zu stärken, wie können wir dann besser ausgerüstet sein, um die Kraft, die in ihnen liegt, zu empfangen? Möchten Sie gerne besser verstehen, wie Gott sich freut, wenn seine Kinder glücklich sind, genauso wie jeder andere Vater es liebt, sich zurückzulehnen und seine Kinder am Heiligabend zu betrachten, wie sie vor Freude über die Geschenke ganz aus dem Häuschen sind?

Wenn sich Ihr Leben bisher stark um Pflichten, Verantwortlichkeiten und Entsagungen gedreht hat, dann werden Ihnen jetzt die Augen geöffnet werden. Wenn Sie in bedenklicher Weise durstig geworden sind, anfällig für alle möglichen Versuchungen, die Ihre Seele verletzen können, dann werden Sie stärker gegen die Sünde gewappnet sein. Wenn Ihr Leben seine Anziehungskraft verloren hat und Ihr Herz seine Freude: Machen Sie sich bereit für eine Erneuerung.

Möglicherweise haben Sie Ihre Vergnügungen nie mit Gott in Verbindung gebracht und eine Mauer errichtet zwischen dem, was man »schöpfungsgemäße Vergnügungen« nennen könnte, und der Anbetung Gottes. Ich werde mein Bestes tun, um diese Mauer niederzureißen. Oder vielleicht kämpfen Sie auch eine völlig andere Schlacht. Sie sind genusssüchtig geworden. Sie sagen nie oder nur äußerst selten Nein zum Vergnügen, und Sie brauchen Hilfe, um dem Vergnügen seinen angemessenen Platz und Stellenwert zuzuweisen. Auch für Sie ist dieses Buch gedacht.

Sind Sie bereit, etwas zu entdecken, das manchen bedrohlich erscheint – denn was wäre, wenn uns das Vergnügen *zu* Gott führt, anstatt *mit* ihm zu konkurrieren?

Kapitel 2

Wie wir uns mit Vergnügen stärken können

Wir können nicht geistlich wachsen, wenn wir unser Menschsein ignorieren, genauso wie wir nicht ganz und gar menschlich sein können, wenn wir unsere Geistlichkeit ignorieren.

JEAN VANIER

Für Menschen, die ein reines Gewissen haben, ist alles rein. Doch für die Verdorbenen und Ungläubigen ist überhaupt nichts rein, weil ihr Denken und ihr Gewissen beschmutzt sind.

TITUS 1,15

Wenn Sie in den 1980er-Jahren in Amerika Christ waren, erinnern Sie sich möglicherweise an das »Ungame« (dt. »Nichtspiel«, ein kommunikatives Lernspiel, bei dem es keinen Gewinner gibt; Anmerkung des Übersetzers). Sechs Wochen lang war das der letzte Schrei, bis wir entdeckten, wie elend langweilig es war. Der Name sagt alles. Er suggeriert, dass es kein geeigneter Zeitvertreib ist, bloß Spaß zu haben. Wir müssen unsere Freizeit mit Bedeutendem, Geistlichem und Sinnvollem füllen. Also nennen wir es »*Un*game«. Christen schaffen es sogar, einem Monopoly zu verderben.

Frühere Generationen hatten es noch schwerer. In ihrem Klassiker *Wer die Nachtigall stört* berichtet Harper Lee, wie »fußwaschende Baptisten« Miss Maudie zur Hölle verdammten, weil sie zu viel Zeit mit ihren Blumen verbrachte. Miss Maudie erklärte Scout:

»Die fußwaschenden Baptisten halten jedes Vergnügen für Sünde. Stell dir vor, einmal sind einige von ihnen an einem Samstag aus den Wäldern gekommen, und als sie mich im Garten sahen, riefen sie, ich und meine Blumen, wir würden zusammen zur Hölle fahren.«

»Auch Ihre Blumen?«

»Jawohl, mein Kind, sie würden zusammen mit mir verbrennen. Weil ich angeblich zu viel Zeit in Gottes freier Natur und zu wenig im Haus mit Bibellesen verbringe.«[5]

---

5 Harper Lee, *Wer die Nachtigall stört*, Reinbek 2010, S. 100f.

Es sind kulturelle Vorurteile und nicht etwa biblische Lehren, die diese unterschwellige Kritik am Vergnügen um des Vergnügens willen hervorgebracht haben. Als Jesus gesagt hat, dass er gekommen ist, um uns Leben im Überfluss zu geben (vgl. Johannes 10,10), hat er weniger über die Länge unseres Lebens gesprochen als über seine Qualität. Ein Autor hat es so formuliert: »Es ist nicht wahr, dass Jesus nur an dem Leben nach dem Tod interessiert war. Seine Botschaft war auf ein Leben nach der Geburt ausgerichtet.«[6] Eugene Peterson hat in seiner Bibelübersetzung *The Message* Johannes 10,10 so übersetzt: »Ich bin gekommen, dass sie echtes und ewiges Leben haben. Mehr Leben oder ein besseres Leben, als sie sich je erträumt haben.«

In den nächsten paar Kapiteln werde ich noch stärker von der Bibel her ausführen, warum das Vergnügen einen Weg eröffnet, Gott anzubeten und intime Gemeinschaft mit ihm zu haben. Zunächst geht es mir jedoch um einen entscheidenden Punkt: Ich glaube, die Kirche hat da etwas missverstanden. Oft treffen wir nicht die Unterscheidung, die Paulus in seinem Brief an Titus getroffen hat: »Für Menschen, die ein reines Gewissen haben, ist alles rein. Doch für die Verdorbenen und Ungläubigen ist überhaupt nichts rein, weil ihr Denken und ihr Gewissen beschmutzt sind« (Titus 1,15).

Anders ausgedrückt: *Erlösung* – also ein gläubiger Mensch zu werden, wiedergeboren zu werden, wie immer Sie es auch ausdrücken mögen – *hat eine Bedeutung*. In diesem Kontext argumentiert Paulus gegen hyperreligiöse Menschen, die versuchen, Christen mit eigenwilligen Regeln und Verboten zu gängeln. Diese Lehrer wollten die Gläubigen unter dem alten Glauben versklaven, dass, wenn eine unreine Person etwas berührt (Nahrung, Getränke oder sogar eine andere Person), dieses Etwas ebenfalls unrein wird. Paulus dreht schlauerweise den Spieß um, indem er sagt: »Wenn jemand rein ist, dann wird das, was er berührt, auch rein.«

Ich behaupte, dass wir mit den Augen der Erlösung auf das Vergnügen und die guten Gaben dieser Erde sehen sollten. Wenn un-

6 William Banowksy, *It's a Playboy World*, Old Tappan 1973, S. 117.

sere Herzen von Gott gereinigt und verwandelt sind, können genau die Dinge, die uns früher zum Straucheln brachten, Freunde unseres Glaubens werden. Natürlich nicht *alle* Dinge: Was definitiv dem Willen und den Geboten Gottes widerspricht, egal, welche Freuden es anzubieten scheint, wird immer unsere Seelen zerstören. Aber das Gute auf dieser Erde, das von Gott geschaffen ist, um es mit Dankbarkeit und Lob zu empfangen (so etwa Freundschaft, gutes Essen und leckere Getränke, Lachen, Sex, Familienleben), kann erlöst werden, um unser Leben und unseren Glauben auf positive Weise zu bereichern. Gott kann uns sogar die Kraft geben, das, was wir vorher missbraucht haben, zu einem Werkzeug des Lobpreises werden zu lassen.

Ich behaupte, dass wir mit den Augen der Erlösung auf das Vergnügen und die guten Gaben dieser Erde sehen sollten.

Natürlich sehen wir uns hier der Herausforderung gegenüber, dass die Erlösung diesseits des Himmels unvollständig ist. Die sündige Natur arbeitet weiter in uns (vgl. Römer 7,14-25). Ich behaupte nicht, dass wir uns »aus der Sünde heraus vergnügen« sollten. Denn ein Herz, das durch die Sünde geschwächt ist, wird, wenn es zwei Freuden zur Auswahl hat – eine gesunde und eine zerstörerische –, wahrscheinlich die falsche wählen.

Wenn wir das Vergnügen freudig annehmen, muss am Anfang immer ein Herz stehen, das durch Gottes Heiligen Geist erneuert ist.

Wenn dieser machtvolle Erlösungsakt begonnen hat, können die, die »in Christus« sind, durch Gottes Gnade und Barmherzigkeit das Vergnügen begrüßen und sogar in einer Weise pflegen, dass wir weniger anfällig für die Faszination der Sünde und der Versuchung sind. Vergnügungen dankbar anzunehmen, anstatt ihnen gegenüber misstrauisch zu bleiben, ist freilich kein Allheilmittel, kann aber einen erfreulichen Effekt haben, vorausgesetzt, unsere Herzen haben sich verändert und verändern sich weiter.

Auch behaupte ich nicht, dass Vergnügungen alleine genügen. Da wir alle sündenbefleckte Herzen haben, sind die alten geistlichen Übungen wie Selbstverleugnung, Aufopferung und auch Abgrenzung vom Bösen nach wie vor sinnvoll. Ohne sie wäre es dumm, die Vergnügungen allzu großzügig willkommen zu heißen, denn über kurz oder lang würden sie mich zu sehr einnehmen. Mit diesen geistlichen Übungen hingegen, und indem ich von den Wohltaten eines erlösten Lebens profitiere, dem Rat des Heiligen Geistes und der Unterstützung durch die Gemeinschaft Gottes (der örtlichen Gemeinde), kann ich damit anfangen, das Leben wirklich zu genießen, vielleicht zum ersten Mal. Ich kann das Vergnügen als Möglichkeit sehen, um Gott und das Leben zu feiern, das er mir gegeben hat. Es kann mich zu ihm *hin*führen, statt mich von ihm *weg*zuziehen.

Wenn wir im Glauben wachsen, richtet Gott unsere Wünsche nach und nach auf »heilige Vergnügungen«, auf geistlich gute und gesunde Dinge, die uns befriedigen und erfüllen, sodass die Sünde anfängt, viel von ihrer (indes nicht alle) Anziehungskraft zu verlieren. So oft denken wir, dass »Vergnügen« etwas Unerlaubtes ist, und warnen andere vor den Gefahren. Aber wenn wir lernen, das Vergnügen in der angesprochenen Weise zu erlösen, und unseren Herzen gestatten, von unserem Schöpfer umgeformt zu werden, kann das Vergnügen zum Diener der Heiligkeit werden und nicht zu ihrem Feind.

Christen, die sich selbst hassen

Es wird zu einer geistlichen Krankheit, wenn wir das Vergnügen nur deswegen anprangern, weil es Spaß macht. In Wirklichkeit ist das eine Form von Selbsthass und ein Angriff auf das Evangelium der Liebe. Die Autorin Karen Horney warnt vor unseren »Freudentabus«. Ich frage mich, wie viele Christen Sie kennen (und vielleicht gehören Sie selbst dazu), die genau so sind wie in diesem Beispiel hier:

> Er möchte einen Ausflug machen, und die innere Stimme sagt: »Du verdienst das gar nicht«, oder in einer anderen Situation: »Du hast kein Recht darauf, dich auszuruhen oder ins Kino zu gehen oder dir

eine neue Hose zu kaufen.« Oder ganz generell: »Gute Sachen sind nicht für dich bestimmt.« ... Nachdem er den ganzen Tag tüchtig gearbeitet hat, ist er müde und möchte gerne ausruhen. Die Stimme sagt: »Du bist bloß faul.« – »Nein, ich bin wirklich müde.« – »Aber nein, das ist bloß Zügellosigkeit; auf diese Weise wirst du es zu nichts bringen.« Und nach solch einem Hin und Her wird er entweder mit schlechtem Gewissen eine Pause machen oder sich selbst zum Arbeiten zwingen, ohne dass er irgendetwas davon hätte, egal, wie er sich entscheidet.[7]

Das habe ich durchlebt! Was für ein schlauer, dämonischer Angriff, was für ein wirksamer Weg, jeden, der für Gott arbeitet, auszulaugen und unser Zeugnis einzuschränken, nur dadurch, dass unsere Freude zerstört wird.

Die Wirklichkeit ist: Satan wird einige in die Falle locken, indem er sie mit dem Verlangen nach unerlaubten Vergnügungen erfüllt. Diese Fallen sind gut bekannt und gegen sie wird jede Woche gepredigt. Andere Gläubige wiederum tendieren zu hochmütigen, arbeitsorientierten Zwängen, in denen jede Ruhepause oder jedes Vergnügen als Schwäche oder Nachgiebigkeit angesehen wird. Da Gott uns nicht gemacht hat, um in Sünde zu leben, aber auch nicht ohne Vergnügungen, wird jeder dieser Wege uns schließlich zerstören.

Die Art und Weise, wie Satan Schuld auf Schuld häuft, kann verheerend wirksam und erstaunlich schlau sein. Manchmal benutzt er sogar unsere Religiosität und spricht unser soziales Gewissen an: »Wenn Menschen in anderen Ländern hungern, wie kann ich es dann wagen, drei Euro für eine Tasse Kaffee auszugeben?« Ein soziales Gewissen ist eine gute und heilige Angelegenheit, und wenn

---

7 Karen Horney, *Neurosis and Human Growth*, 1950; Nachdruck New York 1991, S. 141-142. Ich weiß, dass ich die Geduld mancher meiner Leser strapaziere, wenn ich sehr ausführlich zitiere, und Karen Horney (1885-1952) ist jemand, der womöglich für Stirnrunzeln sorgt. Sie war eine berühmte deutsch-amerikanische Psychologin und ursprünglich eine Schülerin Sigmund Freuds, bis sie sich von ihm wegen einiger wesentlicher Lehrinhalte abwandte. Bitte beachten Sie, dass ich, wenn ich einen Autor oder eine Autorin zitiere, nicht alles gutheiße, was er oder sie geschrieben hat. Ich benutze nur ein spezielles Zitat, um einen speziellen Punkt herauszuarbeiten.

wir mehr für Kaffee ausgeben als für die Menschen in Not, liegen unsere Prioritäten womöglich ein wenig schief. In diesem Fall könnte es auch sein, dass uns der Heilige Geist überführen möchte, und nicht, dass der Teufel uns versucht. Aber das Grundprinzip ist: Unsere selbst auferlegte Trübsal ändert nichts an der Not von jemand anderem. Im Gegenteil: Vielleicht steigert es noch Gottes Unbehagen. Welches Vergnügen sollte Gott – unser liebender Vater – daraus ziehen, wenn wir uns selbst hassen und/oder uns selbst misshandeln? Wie können wir ihn ehren, wenn wir alles verweigern, was er erschaffen hat, um uns Freude zu machen?

Wenn Menschen in anderen Ländern hungern, wie kann ich es dann wagen, drei Euro für eine Tasse Kaffee auszugeben?

(Damit soll nicht das echte Problem der Konsumsucht und des selbstsüchtigen, schamlosen Konsumierens bagatellisiert werden. Damit werden wir in Kapitel 11 noch zu kämpfen haben. Jedoch macht man es sich zu einfach, wenn man behauptet, dass die Probleme der Armut im Versagen der Christen wurzeln, weil diese nicht mehr Geld spenden. In vielen Fällen liegt das Problem in Systemen oder an Regierungen, und solange diese Wurzeln nicht angesprochen werden, wird mehr Geld alleine die Hungrigen nicht satt machen.)

Gestärkt durch Zufriedenheit

Neulich hatte ich einen sehr guten Tag. Er begann mit einer tollen Zeit des Bibellesens, des Gebets und des Bibelstudiums. Danach folgte eine sehr produktive Schreibphase. Dann erfreute mich meine Frau mit einer herrlichen Zeit der körperlichen Gemeinschaft (es war das erste Mal seit einer ganzen Weile, dass wir alleine im Haus waren. Wenn man drei Teenager hat, nimmt man, was man kriegen kann). Danach traf ich einen Pastor aus unserem Ort bei *Starbucks*. Wir sprachen über das Leben, das Joggen, Theologie und über Gemeinde. Ich kam nach Hause zurück und machte mich für einen wunderbaren frühherbstlichen Lauf fertig. Ich lief zeitig los, sodass ich zurück war, als die Kinder von der Schule nach Hause kamen.

Am späten Nachmittag floss mein Herz dann über vor Freude. Geistige Stimulation, das Ausleben meiner Berufung, sexuelle Intimität, reiche christliche Gemeinschaft, ein leckerer Chai-Tee bei *Starbucks*, körperliche Stärkung durch Sport – ich fühlte mich wie die gesegnetste Person unter der Sonne. Was hätte mir die Sünde in diesem Zustand schon zu bieten gehabt? Jedes Böse wäre ein Rückschritt gewesen. Meine Nähe zu Gott am Morgen erfüllte mich unendlich mehr als irgendein hirnverbranntes Fernsehprogramm. Sex mit meiner Frau half mir, unsere Beziehung zu pflegen, die Bindung an meine Familie zu stärken und die Stabilität für meine Kinder zu sichern – warum sollte ich es außerehelichem Sex gestatten, dies alles zu zerstören? Die Unterhaltung mit dem Pastor inspirierte uns beide; sie ehrte Gott, und wir konnten einander dienen. Was interessiert mich aller Klatsch, wenn ich ermutigen kann und ermutigt werde? Und da ich glaube (wie ich in meinem nächsten Buch ausführen werde), dass es eine direkte Verbindung zwischen körperlicher und geistlicher Fitness gibt, hat der Trainingslauf auch meinen Geist gestärkt und eine ganze Anzahl geistlicher Übel in die Flucht geschlagen. Da ich selbst erlebt habe, wie segensreich es ist, in Form zu bleiben, ist für mich ein träges Leben wenig attraktiv.

Nun hat nicht jeder Tag solche herrlichen und vergnüglichen Höhepunkte. Manche Tage fangen übel an und scheinen auch genauso übel zu enden. Am Abend sehne ich mich dann nach einem anderen Tag, der mit Glauben anfängt und mit Glauben endet, und möchte nicht mehr an den schlechten Tag denken. Genau dies kann durch die Gnade Gottes geschehen, da er vergibt, erlöst und ermächtigt. Ich möchte also die Macht des Vergnügens nicht überbewerten. Da die sündige Natur in mir wohnt, werde ich nie ein versuchungsfreies Leben führen. Und da ich schwach bin, werde ich auf dieser Seite des Himmels nie moralische Perfektion erlangen, nicht einmal ansatzweise.

Aber ich kann damit anfangen, einen Geschmack dafür zu entwickeln. Echtes Vergnügen, das Gott die Ehre gibt, kann mir dabei helfen, dies zu tun. Der Theologe D. A. Carson warnt: »Es ist eine traurige Tatsache, dass viele Menschen im Schmutz leben, ohne zu bemerken, dass es Schmutz ist. Der weise Christ wird viel Schmutz in der Welt sehen, aber er wird ihn als solchen erkennen, und zwar gerade weil alles, was rein ist, seine Gedanken bestimmt.«[8]

Wenn wir »das Reine« kultivieren, sehen wir den Schmutz, wie er ist: als Schmutz! Medizinische Studien haben gezeigt, dass, wenn wir unsere Beherrschung verlieren oder ständig mit unterschwelligem Zorn leben, unser Herz-Kreislauf-System geschädigt wird und unsere Beziehungen distanzierter werden. Materialismus führt dazu, dass wir das verpassen, was im Leben am meisten zählt. Vielleicht erreichen Materialisten den Ruhestand in finanzieller Sicherheit, aber sie sind dann möglicherweise von ihren Familien entfremdet und haben keine echten Freunde, mit denen sie ihr Geld ausgeben können. Unersättlichkeit wird uns irgendwann körperliche Probleme bereiten und uns lahmlegen. Stolz wird uns der Nähe zu anderen berauben, da es schwierig wird, uns nahe zu kommen, und er uns davon abhält, ehrlich und authentisch zu sein.

In diesem Leben bleiben Christusnachfolger anfällig für Sünde und Versuchung, aber man beachte den Unterschied: Wir werden die Sünde hassen, sogar, wenn sie uns versucht (vgl. Römer 7,14-25). Wir sehen die »dunklen Wurzeln« der so farbenfroh erscheinenden Versuchungen, und uns wird klar, wie falsch diese Verlockungen wirklich sind.

Man nenne irgendeine Sünde, und schon hat man eine Bedrohung für das überfließende Leben erkannt. Man nenne ein geistliches Versagen, und man hat damit einen bösartigen Angriff auf ein erfüllendes Leben identifiziert. Ich schätze sehr, wie Juliana von Norwich[9] damit umgeht. Sie sagt, dass die Seele, die von Gott be-

8 D. A. Carson, *Basics for Believers: An Exposition of Philippians*, Grand Rapids 1996, S. 116.

9 Juliana von Norwich war eine berühmte Mystikerin und Anachoretin des 14. Jahrhunderts, die den Klassiker *»Offenbarungen der göttlichen Liebe«* schrieb. Anachoreten waren im Mittelalter geistliche Laien, die eine extreme Absonderung von der Gemeinschaft suchten, um Gott durch ein Leben der Buße, des Gebets und der Reinheit des Herzens zu suchen.

rührt wird, die Widerwärtigkeit der Sünde mehr hasst als die Hölle. Statt lediglich durch die ewigen Konsequenzen der Sünde von dieser abgehalten zu werden, öffnen wir unsere Augen für die in der Sünde wohnende Bosheit, und damit verlieren wir unseren Appetit auf sie. Sie warnt davor, dass diejenigen, die sich hauptsächlich auf die *Bestrafung* der Sünde konzentrieren, davon abgelenkt werden, sich auf die Freundschaft mit Gott zu konzentrieren.[10] Mit praktischen, geradezu modernen Worten bittet sie uns eindringlich: »Lass dich von Gott mit seiner Freude, seinem Vergnügen und seiner Freundschaft überzeugen, und du wirst sehr viel weniger anfällig dafür sein, von den *falschen* Vergnügungen der Sünde getäuscht zu werden.« In Bezug auf die geistliche Kriegsführung betont sie, dass unser Feind, der Teufel, mehr durch unseren Aufstieg verliert, als er durch unseren Fall gewinnt.

Jesus ist gekommen und hat uns das gute Leben versprochen. *Warum aber konzentrieren wir Christen uns dann hauptsächlich darauf, das schlechte Leben auf Abstand zu halten?*

Eine saubere Party

Ein großartiger Abschnitt im 1. Königebuch beschreibt die Tempelweihe des Königs Salomo. Er brachte dem Herrn Tausende von Gemeinschaftsopfern dar, die vom Volk verzehrt wurden. Man stelle sich eine Riesenparty vor, zu der man noch nicht einmal etwas mitbringen muss. Der König kommt für alles auf. Doch man beachte Folgendes: »Dann feierten Salomo und ganz Israel in der Gegenwart des Herrn, ihres Gottes, das Laubhüttenfest. Eine riesige Menschenmenge war zusammengeströmt, von der Grenze Hamats bis zum Bach von Ägypten. Die Feier dauerte insgesamt 14 Tage – sieben Tage für die Einweihung des Altars und weitere sieben Tage für das Laubhüttenfest. Als das Fest vorüber war, schickte Salomo die

10 Juliana von Norwich, *Revelations of Divine Love*, New York 1998, S. 166-167.

Leute nach Hause. Sie segneten den König und gingen heim, und alle freuten sich und waren glücklich, weil der Herr seinem Diener David und seinem israelitischen Volk so viel Gutes getan hatte (1. Könige 8,65-66).

Haben Sie es bemerkt? Sie fasteten, feierten und freuten sich vierzehn Tage lang. Als sie am Ende nach Hause gingen, waren sie in ihren Herzen froh und glücklich. *Vierzehn Tage feiern!* In vielen christlichen Gemeinden fühlen sich Leute schuldig, wenn sie vierzehn Minuten feiern. Wenn Sie in Ihrer Gemeinde ein Fest geben wollen, wird sich mindestens ein Bruder beklagen: »Sollten wir nicht fasten und alles den Armen geben?« Wenn eine Gemeinde entscheidet, ein bisschen Geld für eine Aktion auszugeben, die Spaß macht, wird irgendjemand Frommes den Pastor darauf ansprechen und fragen: »Wäre es nicht besser, zu Hause zu bleiben und für unsere Missionare zu beten und ihnen das Geld zu schicken?«

In vielen christlichen Gemeinden fühlen sich Leute schuldig, wenn sie vierzehn Minuten feiern.

Wir haben im Großen und Ganzen die Vorstellung davon verloren, wie man einladende Gemeinschaften schafft, in denen Menschen durch Freude aufgebaut, durch Feiern gestärkt und von heiligen Freuden geistlich ernährt werden. Wir dürfen, ja wir können nicht die Armen vernachlässigen und auch nicht den Eifer für unsere missionarischen Bemühungen verlieren. Aber genauso müssen und dürfen wir um der Ehre Gottes willen, um unseren Kindern den Glauben vorzuleben und unser eigenes Zeugnis zu stärken, nicht vernachlässigen, Gottes Güte und Treue zu feiern.

Das Tempo, mit dem wir die jungen Leute verlieren, sollte jede Gemeinde in den USA alarmieren. Manche Schätzungen gehen sogar von etwa 75 % der Jugendlichen aus. Einige Experten versuchen herauszufinden, warum Kinder, die in einer Gemeinde aufgewachsen sind, in ihren Zwanzigern wegbleiben. Ein kleiner Hinweis: Wenn Teenager denken, dass sie die Gemeinde verlassen müssen, um zu feiern, warum sollten sie dann bleiben wollen? Wenn sie jedes Mal, wenn sie die Gottesdiensträume betreten, nur etwas über ihre

Unzulänglichkeiten, ihre Verpflichtungen und ihre Unverantwortlichkeit hören – was sollte sie dazu anreizen, zurückzukommen?

Ich sage *nicht*, dass wir junge Leute nicht auf die Sünde ansprechen sollten. Natürlich sollten wir das. Ihren Sünden – einschließlich Selbstsucht und Apathie – muss begegnet werden. *Aber lassen Sie uns das gute Leben ganz genauso intensiv predigen, wie wir sie vor dem Weg der Zerstörung warnen.* Lassen Sie uns dazu einladen, von dem Brunnen zu trinken, der den Durst wirklich stillt, und dann lassen Sie es uns ihnen auch vorleben, damit sie mit ihren eigenen Augen die Herrlichkeit und das Glück eines gehorsamen Christen sehen.

Als Vater und als Christ glaube ich, dass Gott mich dazu beruft, ein in ihm erfülltes Leben zu leben, sodass meine Kinder sehen, wie dankbar ich bin, wie erfreut ich bin, wie zufrieden ich bin – in Christus. Ich lebe mit Gott, weil er der wahre Schöpfer und rechtmäßige Herr ist. Aber ich lebe auch mit Jesus, weil ein Leben mit ihm schön ist – die unglaublichste Reise, die ich mir vorstellen kann. Meine Kinder wissen, dass wir Geld für das Reich Gottes spenden. Sie sehen auch den Stress, den der geistliche Dienst in unser Haus bringt. Sie nehmen ebenso die Opfer wahr, die wir bringen, um Jesus zu dienen. Doch mehr noch als das – über diesem allen – sehen sie die von Freude erfüllten Herzen ihrer Mama und ihres Papas, da wir uns kein besseres Leben vorstellen können, als in der Gemeinschaft mit Gott zu leben und gegenüber seinem Wort und seinem Willen gehorsam zu sein.

Weil einige Vorzeigechristen sich von dem echten Vergnügen haben fortlocken lassen und sich in verdorbenen Leidenschaften verstrickt haben, neigt die Welt dazu, zu denken, dass Christen erbärmliche Geschöpfe seien, die ihre echten Wünsche verleugnen, ein heuchlerisches Leben führen und im Geheimen genau das leben, was sie in der Öffentlichkeit anprangern. Wenn wir die Wichtigkeit von heiligen und reinen Vergnügungen ignorieren, wird das unser Zeugnis behindern. Wir versuchen, Menschen mit unseren Worten zum Glauben einzuladen; wir sollten damit anfangen, es mit unserem Leben und unseren aufrichtig befriedigten Seelen zu tun.

Aber es gibt sogar noch einen besseren Grund, sich auf reines

Vergnügen einzulassen. Einen, der noch darüber hinausgeht, dass wir unser Leben zufrieden führen können und die Kraft finden, der Versuchung zu widerstehen: *Unsere Freude macht Gott Freude.* Dem wollen wir im nächsten Kapitel nachgehen.

Kapitel 3

Wie unsere Freude Gott Freude macht

Groß ist der Herr, der seinem Diener mit Freuden zu Hilfe kommt.

Psalm 35,27

Gott möchte, dass wir uns gemeinsam mit ihm an unserem Heil erfreuen, und er wünscht, dass wir dadurch überaus getröstet und gestärkt werden. Und er will, dass unsere Seelen dadurch glücklich erfüllt sind, durch seine Gnade; denn wir sind seine Freude. Er hat ewig Freude an uns, und so sollen wir auch in ihm Freude haben, durch seine Gnade.

Juliana von Norwich

Karen Kingsbury. Angela Hunt. Oh, ein Melody-Carlson-Roman! Den muss ich haben!

Ich kenne die Namen all dieser Autorinnen, obwohl ich kein einziges ihrer Bücher gelesen habe. Trotzdem kam ich einmal mit beinahe zwei Dutzend christlicher Romane von einer Buchmesse zurück und war sehr gespannt auf den Gesichtsausdruck meiner ältesten Tochter, wenn ich sie ihr überreichen würde. Ich hatte nicht die Absicht, ein einziges dieser Bücher selbst zu lesen, aber andere Eltern werden mir zustimmen, dass wenige Dinge einer Mutter oder einem Vater mehr Vergnügen bereiten, als zu sehen, wie sich ihre Kinder aufrichtig freuen. Meine Tochter Allison pflegte diese Romane so zu verschlingen, wie ich über ein neues Paar Laufschuhe aus dem Häuschen sein kann. Ich konnte es nicht erwarten, ihr die Bücher zu überreichen.

Beobachten Sie einmal eine junge Mutter, die mit ihrem Baby spielt. Die meisten Mütter sind völlig bezaubert, wenn sie ihr Baby zum ersten Mal zum Lachen bringen. Sie können nicht anders; sie werden eine weitere halbe Stunde damit verbringen, dem Baby noch ein letztes Kichern zu entlocken, weil das Geräusch eines Kindes, das lachen lernt, absolut ansteckend ist. Es ist das pralle Leben.

All das spiegelt aber nur unser aller himmlischen Vater wider. Als unser wahrer und vollkommener Vater freut sich Gott an unserer Freude. Jesaja schreibt: »Der HERR hat Lust an dir ... Wie sich ein Bräutigam freut über die Braut, so wird sich dein Gott über dich freuen« (Jesaja 62,4-5; LUT). Die Psalmen verkündigen einen großzügigen Gott, der es liebt, seinen Geschöpfen Freude zu machen:

Du lässt Gras für das Vieh wachsen und Pflanzen sprießen, zum Nutzen für die Menschen, damit die Erde ihnen Nahrung gibt. Du gibst Wein, der sie fröhlich macht, Öl, das den Körper pflegt, und Brot, das ihnen Kraft schenkt. Mit deiner Hilfe sammeln sie Vorräte. Du öffnest deine Hand, um sie zu ernähren, und sie werden satt.

Psalm 104,14-15.28

Diejenigen, die Gottes Herzen nahe waren, nahmen diese Wahrheit mit beispiellosem Überschwang auf. Trotz der Schwierigkeiten, die er durchleben musste, verlor König David nie das Gefühl dafür, dass Gott immer sein Bestes suchte. »Groß ist der Herr, *der seinem Diener mit Freuden zu Hilfe kommt*« (Psalm 35,27; Hervorhebung durch den Autor). In einem sehr bewegenden Abschnitt bezeugt David: »Er (Gott) brachte mich an einen sicheren Ort und rettete mich, *weil er Freude an mir hatte*« (2. Samuel 22,20; Hervorhebung durch den Autor).

Als Gott Israel zum Gehorsam ruft, tut er dies ebenfalls mit dem Versprechen der Freude bzw. des Wohlgefallens: »Kehrt um zu mir, dann werde ich mich auch euch zuwenden, spricht der allmächtige Herr ... Dann werden euch alle Völker beglückwünschen, denn euer Land wird ein Land sein, das Gott gefällt, spricht der allmächtige Herr« (Maleachi 3,7.12).

Die Bibel ist eindeutig: »Der Herr hat Freude an denen, die ihn ehren und die ihre Hoffnung auf seine Gnade setzen« (Psalm 147,11). Sich an Gott zu freuen und an dem, was er erschaffen hat (und zwar in der Weise, wie wir es seinem Willen nach tun sollten), macht Gott Freude. Es bahnt uns den Weg zur Anbetung und steigert unsere geistliche Vitalität: »Er macht mein Leben reich und erneuert täglich meine Kraft, dass ich wieder jung wie ein Adler werde« (Psalm 103,5).

Sogar berühmte Asketen wie Juliana von Norwich (die Gott sogar einmal inständig darum gebeten hat, mehr Schmerz in ihr Leben zu bringen) haben verstanden, wie viel Freude Gott an unserer Freude hat. Sie glaubte, dass Jesus ihr gesagt habe: »Ich erbitte nichts mehr von dir für mein Elend, außer, dass ich dir Freude gebe.« Anschließend sagte sie:

Ein fröhlicher Geber widmet dem, was er gibt, wenig Aufmerksamkeit. Sein ganzes Verlangen und seine ganze Absicht ist es, den zu erfreuen und aufzuerbauen, dem er das Geschenk gibt. Wenn der Beschenkte das Geschenk außerordentlich wertschätzt und es dankbar annimmt, denkt der großzügige Geber nicht an all seine Mühe und den Preis, den er dafür zu bezahlen hatte, und zwar wegen der Freude und dem Wohlgefallen, das er empfindet, weil er den, den er liebt, erfreut und getröstet hat.[11]

Wenn all das wahr ist – und ich glaube, dass es so ist –, dann raubt ein Evangelium, das nur von Pflichten und Disziplin spricht, Gott die Freude. Jesus hat den höchsten Preis am Kreuz bezahlt, teilweise auch, um uns zum Lachen zu befähigen, um uns freizusetzen, um uns an der Welt zu erfreuen, anstatt von ihr versklavt zu werden. Daher tun wir ihm keinen Gefallen, wenn wir so handeln, als ob seine Tat am Kreuz als Opfer nicht genug gewesen wäre.[12] *Er starb, um uns Leben zu geben. Wenn wir dieses Leben zurückweisen, weisen wir die Segnungen seines Todes zurück.* Dies ehrt ihn nicht; es kränkt ihn. Unsere Religiosität verführt uns dazu, dass wir uns mehr auf unsere vom Stolz bestimmte Entsagung und selbst beweihräuchernde Frömmigkeit konzentrieren, statt unseren himmlischen Vater glücklich zu ma-

Ein Evangelium, das nur von Pflichten und Disziplin spricht, raubt Gott die Freude.

11 Juliana von Norwich, *Revelations of Divine Love*, S. 75.

12 Dies soll nicht von der Tatsache ablenken, dass Jesus *in erster Linie* starb, um den Zorn auf sich zu nehmen, der eigentlich uns gegolten hätte (der Schwerpunkt der reformierten Theologie), und Satan und die Gewalten des Bösen zu besiegen (der Schwerpunkt der Lehre in den orthodoxen Kirchen des Ostens). Ich spreche zugegebenermaßen über einen der »sekundären Vorteile« des Kreuzes, nicht über dessen Hauptzweck.

chen, der an unserer Freude Freude hat. Er hat sie sich unglaublich viel kosten lassen. Wie David bezeugte und wir wiederholen: »Er rettete mich, *weil er Freude daran hatte.*«

Der Gott der Freude

Als ich einmal durch ein McDonald's-Restaurant ging, sah ich eine Gruppe zehnjähriger Mädchen, die Geburtstag feierten. Auf jedem Gesicht lag ein Lächeln. Die Wärme reinen, ungetrübten Glücks breitete sich bei dieser Zusammenkunft aus.

Es war, als hätte jemand das Licht angeschaltet, und ich konnte plötzlich Gottes Freude, sein Wohlgefallen in dieser Szene sehen. Gott freute sich, dass diese Mädchen glücklich waren. Ihre Freude, ihr Glücklichsein, ja sogar ihre Albernheit machten Gott große Freude.

Haben Sie je darüber nachgedacht, dass Sie Gott große Freude machen könnten, wenn Sie sich selbst freuen?

Als Mutter oder Vater können Sie das sicher gut nachvollziehen. Stellen Sie sich vor, dass Sie im Urlaub sind und Ihre Kinder beobachten, während diese lachen und spielen. Stellen Sie sich den Heiligabend vor, wenn die kleinen Kinder sich über die Geschenke hermachen. Macht Sie irgendetwas glücklicher? Sind es nicht Augenblicke wie diese, die in die dumpfe Routine unseres Lebens einbrechen und uns einen Blick in den Himmel schenken?

Das ist das Ebenbild Gottes in Ihnen: Freude an der Freude Ihrer Kinder zu haben. Die Tatsache, dass wir Kinder Gottes sind und dass Jesus uns dazu drängt, wie Kinder zu werden, zieht ein bestimmtes Verhalten, eine bestimmte Freude und ein bestimmtes Vertrauen in Gottes Güte und Wohlwollen uns gegenüber nach sich. Kinder lieben es zu spielen. Der Gedanke daran, dass sie gezwungen werden, in einer Fabrik zu arbeiten oder den ganzen Tag lang in der heißen Sonne zu schuften, entsetzt uns. Wir haben Gesetze, um das zu verhindern. Und obwohl Gottes Diener nicht nur seine Kinder sind (denn er beruft uns auch zu einem aufopfernden und reifen

Dienst), sind wir nie *weniger* als seine Kinder. Gesunde Kinder spielen häufig. Vergleichen Sie jetzt einmal Kinder mit bestimmten Teenagern oder Erwachsenen, die sich manchmal vom Spielen distanzieren, aus der Angst heraus, sich zu blamieren, keine gute Figur abzugeben oder uncool zu erscheinen. Sie opfern ihr eigenes Vergnügen auf dem Altar des Stolzes. Ungehemmte und heilige Freude bricht in der *Demut* eines kindlichen Spiels aus.

Inwiefern macht Ihr gelebter Glaube – Ihre Einstellung und Ihr Verhalten – Gott Ehre oder nicht? Ist Ihr Leben ein Akt der Anbetung, der Gott fröhlich macht und ihn voller Entzücken in die Hände klatschen lässt, während er Sie beobachtet, oder bei dem er nur seinen Kopf schüttelt und flüstert: »Ich würde wirklich wünschen, XY würde endlich aufleuchten. Was für ein Beispiel ist er für mein Reich?«

Wenn die Kirche einen verdrießlichen Verantwortlichkeitsglauben lehrt, einen Glauben, der aller Freude entleert ist, wenn von der Kanzel Vergnügen als eine Art geistlicher Aussatz behandelt wird, wenn Menschen des Glaubens so sprechen, als seien sie gegen Sex, Humor, Spaß und überhaupt gegen alles, was Freude macht, dann riskieren wir, dass wir genau die Art der Hingabe fördern, die die Bibel radikal und bedingungslos zurückweist.

Ich möchte Intimität mit meiner Frau genießen, denn wenn wir unsere Körper gegenseitig zu schätzen wissen – Körper, die Gott geschaffen und geplant hat –, bringen wir Gott zum Lächeln. Ich möchte innehalten und einen Sonnenuntergang bestaunen und durch ihn meine Seele weit werden lassen, weil ich so Gottes Handarbeit feiere. Ich möchte in einem gut geschriebenen Roman schwelgen, denn wenn man ein ausgezeichnetes Werk verschlingt, bedeutet das, Gottes Inspiration und Weisheit zu würdigen. Ich möchte Gott für eine gute Mahlzeit danken, anstatt sie als Versuchung anzusehen, weil ich es nicht mögen – ja, hassen – würde, wenn ich meiner Tochter ein teures Geschenk gäbe und sie mich sofort fragte: »Bist du dir sicher, dass du dir das leisten kannst?« Oder: »Ich bin es nicht wert, es zu bekommen. Nimm es bitte zurück.«

Sehen Sie nun, wie ein bloß pflichtbewusstes Leben unserem

himmlischen Vater große Freude raubt? Ich habe dieses Buch nicht einzig und allein geschrieben, um Christen zu ermuntern, Freude und Vergnügen in ihrem Leben gutzuheißen und zu suchen. Das ist für mich ein sekundäres Ziel. Mein Hauptziel ist, Gott Freude zu machen, und zwar dadurch, dass ich seinen Kindern helfe, »seine Freude« anzunehmen und zu feiern. Wenn wir unsere Freude mit Gott in Verbindung bringen und unser Vergnügen als legitime und gesegnete Anbetung verstehen, werden unsere Seelen aufgebaut und wird unsere Hingabe gestärkt. Getrennt von Gott gelebtes Vergnügen führt zu Schmerz und Elend. Doch wenn wir es als eine Möglichkeit sehen, Gott zu gefallen, wird dies nach und nach auch das prägen, woran wir Vergnügen haben.

Wenn wir unsere Freude mit Gott in Verbindung bringen und unser Vergnügen als legitime und gesegnete Anbetung verstehen, werden unsere Seelen aufgebaut und wird unsere Hingabe gestärkt.

Whatever gets you through the night ...

»Sandra« fühlt sich von ihrem Ehemann nicht beachtet und bereut hin und wieder heimlich, dass sie eine gut bezahlte Arbeitsstelle aufgegeben hat, um bei ihren drei Kindern zu Hause zu bleiben, die nie zufrieden scheinen. Immer wollen sie *noch mehr.* Und was ihren Ehemann betrifft – über seine vielen Ansprüche könnte sie sich stundenlang auslassen.

Sie erzählte mir von einem Abend, den sie mit ihrer Schwester verbracht hatte. Sie hatten ein Glas Wein getrunken und über ihre Familien gesprochen. Die Unterhaltung hatte sie emotional aufgewühlt; der glimmende Ärger war zu einer flammenden Qual geworden. Sandra hatte um ein zweites Glas Wein gebeten. Sie erklärte: »Ich bin nicht gerade groß, und ich hatte nichts gegessen!« – ihre Art, mich auf ihr Bekenntnis vorzubereiten: »Also war ich tatsächlich ein bisschen betrunken.«

Während das Vergnügen, das die Seele aufbaut, unseren Vater erfreut und ihm gefällt, macht ihn unsere Tendenz, das Vergnügen als Betäubungsmittel für den Schmerz zu missbrauchen, traurig. Er möchte, dass wir uns *ihm* zuwenden. Die Falle eines Vergnügens, das sich von Gottes regierender Hand entfernt hat, wird uns in den Ruin treiben: »Wer das Vergnügen liebt, wird arm« (Sprüche 21,17). In 2. Timotheus 3,4 warnt Paulus vor denen, die »ihr Vergnügen mehr lieben als Gott«. Dieser Abschnitt fordert diejenigen heraus, deren Hauptziel das Vergnügen ist und nicht der von Gott bestimmte Weg, ihm nachzujagen und Vergnügen als Nebenprodukt eines Lebens zu erfahren, das sich den Zwecken und Zielen von Jesus unterordnet.

Wenn sich das Vergnügen von Gottes regierender Hand entfernt, wird es heimtückisch. Berühmt ist Frank Sinatras Zitat: »Ich bin für alles, was einen durch die Nacht bringt: sei es Gebet, Tranquilizer oder eine Flasche Jack Daniel's.« John Lennon teilte dieses Gefühl, als er sang: »Whatever gets you thru the night, 'salright, 'salright« (»Was immer dich durch die Nacht bringt – es ist in Ordnung«).

Nein, es ist *nicht* alles »alright«. Einige Vergnügungen stärken das Leben, erneuern und erfrischen es und steigern unsere Lebensqualität, ehren Gott, den Schöpfer, und erfreuen ihn zur gleichen Zeit. Andere wiederum zerstören Leben, verursachen Schmerzen und machen Gott traurig. Wir sind am verletzlichsten, wenn wir verzweifelt sind – und das ist genau der Zeitpunkt, an dem wir besonders aufmerksam auf die Wahl unserer Vergnügungen schauen sollten. Es geht nicht nur darum, durch die Nacht zu kommen; es geht um das, was uns hilft, in unserem Leben zu *wachsen*, was uns auf die *Ewigkeit* hinweist.

Wenn man gewisse Annehmlichkeiten dazu missbraucht, um »durch die Nacht zu kommen«, dann wird man irgendwann feststellen, dass man dasselbe Vergnügen dazu benutzt, um »durch eine anstrengende Woche zu kommen«. Schließlich benutzt man das Vergnügen als Krücke, um »ein schwieriges Jahr zu überstehen«. Über kurz oder lang wacht man auf, um zu entdecken, dass das Vergnügen schmerzhaft geworden ist, vielleicht sogar zur Quelle einer Sucht.

Besonders in Bezug auf Genuss muss unsere Motivation aus dem heraus kommen, was Paulus in 2. Korinther 5,9 beschreibt: »Unser Ziel ist es deshalb, immer zu tun, was ihm gefällt (dem Herrn).« Wenn mein Vergnügen ihm kein Vergnügen macht, dann werde ich schließlich entweder meine Vergnügungen verändern müssen oder meinen Gott. Eine Seele kann nicht zwei Herren dienen. Darum möchte ich gerne, dass die Christen das Vergnügen mit Gott verbinden und die beiden nicht als Feinde sehen. Der beste Schutz gegen den Missbrauch leiblicher Genüsse und Vergnügungen ist, sie als etwas anzusehen, das wir von Gott empfangen haben. Wenn Sie Ihr Vergnügen von Gott abtrennen, wird sich das Vergnügen, das ursprünglich von Gott als Freund des Glaubens geplant war, in einen durchtriebenen Feind verwandeln.

Das Buch der Sprüche sieht Vergnügen auf zweierlei Weise: als eine Falle, die uns in den Ruin führt (21,17; 14,13), oder als eine Gabe von Gott, die seinen Segen und seine Gunst zeigt (10,28).

Die Anteilnahme Gottes

Selbst wenn wir bei der Wahl unserer Vergnügungen danebenliegen, trauert Gott *als Vater* – eine wichtige Wahrheit. Es hat mir geholfen, selbst Vater zu werden, um die mitfühlende Sorge meines himmlischen Vaters zu verstehen. Wegen des Kreuzes – weil unser himmlischer König den Satan und den Tod besiegt hat, weil er seinen Zorn über Jesus anstatt über uns ausgegossen hat – entspringt jeder Gedanke, den Gott seinen erlösten Kindern gegenüber hat, seiner zärtlichen Barmherzigkeit. Kann man sich tröstlichere Worte für die Erlösten vorstellen als diese: »Wenn Gott für uns ist, wer kann dann noch gegen uns sein?« (Römer 8,31)? Der Herr ist für uns, »also gibt es jetzt für die, die zu Christus Jesus gehören, keine Verurteilung mehr« (8,1).

Wenn wir also das Vergnügen missbrauchen, um dem Schmerz des Lebens und der Qual unserer Enttäuschungen zu entfliehen, sieht Gott dennoch mit Zärtlichkeit auf uns, weil er unser Vater ist und wir seine Geliebten sind, die er angenommen hat. Er schaut auf unsere geistliche Panik und sieht uns als Wanderer, die sich in den Wäldern verirrt haben und die sich, anstatt klar zu denken, verzweifelt immer mehr verlaufen und sich noch hoffnungsloser in ihnen verlieren. Er ist traurig über unser Dilemma und die Tatsache, dass wir die Dinge immer noch schlimmer machen.

Doch sogar in diesem Fall verdammt Gott das Vergnügen nicht; er betrauert nur den Missbrauch. Ja, er will uns sanft züchtigen (vgl. Hebräer 12,5-11). Manchmal wird er uns bitten, etwas Abstand von den möglicherweise durchaus legitimen Vergnügungen zu nehmen, weil er weiß, dass wir mit ihnen nicht umgehen können. So nimmt man Selbstmordgefährdeten Gürtel weg, nicht etwa weil irgendetwas an Gürteln nicht in Ordnung wäre, sondern weil diese innerlich Not leidenden Menschen den an sich hilfreichen Gürtel dazu nutzen könnten, sich zu erhängen.

Das göttliche Verbot *ist immer ein Akt der Liebe und Fürsorge.* Es ist niemals dazu da, uns bösartig zu ärgern. Es gründet nie auf Gottes Wunsch, seinen Kindern irgendeine gute Gabe zu versagen, nur um sie zu verhöhnen. Gott verbietet uns nur etwas, weil er leidenschaftlich, von überwältigender Fürsorge und barmherzig ist. Wenn wir uns dann zum ersten Mal wieder auf dieses Vergnügen einlassen, lächelt Gott. Sieht man einen einstmals selbstmordgefährdeten Menschen, der einen Gürtel trägt, freut man sich, dass er die psychische Stabilität zurückgewonnen hat, diesen Gürtel zu tragen.

Manche von uns entehren Gott dadurch, dass sie denken, er enthalte uns Vergnügungen vor, verbiete sie uns oder spiele mit unseren Wünschen.

Manche von uns entehren Gott dadurch, dass sie denken, er enthalte uns Vergnügungen vor, verbiete sie uns oder spiele mit unseren Wünschen. *Er ist unser Vater.* Er liebt uns. Er freut sich, wenn er sieht, dass wir uns an dem erfreuen, was er gemacht und erschaffen hat. Daher können wir uns von ganzem Herzen auf das Vergnügen einlassen. Selbst wenn er uns bittet, von etwas Abstand zu nehmen, weil wir es missbraucht haben, agiert er aus einer elterlichen Verpflichtung heraus, die von Liebe und Fürsorge geprägt ist.

Das Geschenk, das nie aufhört

Mit vier Jahren entschied unser Sohn, dass er das Muttertagsgeschenk alleine aussuchen konnte. Er wollte seine Unterschrift nicht länger auf ein Geschenk kritzeln, das sein Vater gekauft hatte. Nein, er wollte es selbst besorgen.

Graham entschied sich für das kitschigste Sparschwein, das je produziert wurde. Normalerweise würde meine Frau ihre Augen rollen und über eine solche pinke Monstrosität lachen; sie hat null Toleranz in Bezug auf geschmacklose Geschenke, die das Haus vollstopfen. Aber als sie dieses Geschenk öffnete, weinte sie echte Freudentränen. Sie wusste, dass diese Gabe von Graham kam, und sie war von dem Gedanken und der Geste so gerührt, dass die Geschmacklosigkeit des Sparschweins sie nicht störte. Sie stellte es sogar auf ihren Nachttisch in unserem Schlafzimmer. Graham hatte ein 100-Watt-Lächeln auf dem Gesicht, als er Lisas Tränen sah. Nichts machte ihn glücklicher, als etwas zu verschenken, das seiner Mutter so viel Freude bereitete, dass sie darüber weinte.

Gott als Geber vieler Gaben würde gerne sehen, wie wir Tränen der Freude und Dankbarkeit weinen, wenn er uns Geschenke macht, die uns freuen. Wenn wir diese Welt und unser Leben als ein Geschenk unseres liebenden Schöpfers sehen – und jeder Christ sollte das –, sollten wir diese Gabe ehren, indem wir sie genießen. Gott hat uns Geschmacksknospen gegeben, Nervenenden, die Fähigkeit zum Lachen, die Fertigkeiten, etwas zu erschaffen, Augen zum Staunen, eine Nase zum Riechen und Hände zum Fühlen. Wir geben ihm je mehr davon zurück, je mehr wir uns an diesen Gaben erfreuen. Wenn uns eines dieser Geschenke ganz offensichtlich bewegt, so wie Grahams Geschenk meine Frau, dann zaubern wir ein Lächeln auf Gottes Gesicht.

Die ersten aufgezeichneten Worte, die Gott zu Menschen gesprochen hat, handeln von einem Geschenk: »Seid fruchtbar und vermehrt euch, bevölkert die Erde und nehmt sie in Besitz. Seht her, ich habe euch die Samen tragenden Pflanzen auf der ganzen Erde und die Samen tragenden Früchte der Bäume als Samen gegeben« (1. Mose 1,28-29). Können Sie sich vorstellen, dass er auf uns wartet, damit wir, vielleicht zum ersten Mal in unserem Leben, wirklich das Geschenk des Lebens öffnen und genießen? Während wir fleißig bemüht sind, Gott zu dienen, wartet er vielleicht darauf, dass wir ihn dadurch ehren, dass wir uns an der Welt erfreuen, die er geschaffen hat?

Gottgefärbte Vergnügungen

Wenn wir unsere Vergnügungen in Gott wurzeln lassen, prägt das nicht nur die Dinge, an denen wir Freude haben; vielmehr gestattet es uns sogar, das zu *genießen*, was für andere (nicht erlöste Menschen) wie ein Opfer aussieht. Eine der »Gründermütter« der Vereinigten Staaten, Abigail Adams, musste Jahre der Trennung von ihrem Ehemann John ertragen, während er die damaligen Kolonien und später die jungen Vereinigten Staaten im Ausland repräsentierte. Jemand fragte Abigail einmal, ob sie John gestattet hätte, sie zu verlassen, wenn sie gewusst hätte, wie lange er wegbleiben würde. Sie antwortete: »Ich empfinde Freude darüber, in der Lage zu sein, meine selbstsüchtigen Leidenschaften für das Allgemeinwohl zu opfern.«[13]

Wenn unsere Entscheidung, zu Vergnügungen Ja zu sagen, das Ziel hat, Gott Freude zu machen, dann wird das, was uns Freude macht, schließlich unsere geistliche Reife offenbaren und die Tiefe unserer Beziehung zu ihm. Für die nicht von Gott geprägte Seele stellen flüchtige Gefühle der Freude den schnellsten und sichersten Weg zum Vergnügen dar; für ein Kind Gottes ist die Freude der

13 Charles Francis Adams, *Familiar Letters of John Adams and His Wife Abigail Adams*, 1875 – Nachdruck New York 2007, S. 411.

Bestimmungsort, den wir erreichen, wenn wir den Weg des Gehorsams gehen. Freude ist mehr das Endergebnis eines Prozesses als ein Gefühl, weshalb wir genauso viel Freude am Opfer haben können wie daran, Spaß zu haben.

Wenn wir diese Reise für eine längere Zeit unseres Lebens unternehmen, wird sie allmählich unsere Herzen umformen, nach der »tieferen« Seite des Vergnügens Ausschau zu halten statt nach den oberflächlichen, auf Äußerlichkeiten bedachten Genüssen, die uns normalerweise gefangen nehmen. Welche der folgenden Aussagen empfinden Sie zum Beispiel jeweils als die, die Gott mehr ehrt?

- »Ich habe ein schönes Auto« *oder* »Ich liebe das Fahren«.
- »Schau dir meine Büchersammlung an« *oder* »Ich erzähle dir mal, wie mich ein Buch vor Kurzem herausgefordert hat«.
- »Was glaubst du, auf welche Uni mein Kind geht?« *oder* »Ich verbringe unglaublich gern Zeit mit meinen Kindern«.
- »Ich habe an meinem Arbeitsplatz eine wichtige Position« *oder* »Ich genieße meine Arbeit«.
- »Ich habe ein wirklich teures Haus in einer netten Umgebung« *oder* »Ich habe Freude daran, zu Hause in meinem Lieblingssessel (oder in meinem Garten) auszuruhen«.
- »Schaut an, wie attraktiv, wichtig, fähig ... mein Ehepartner ist« *oder* »Ich kenne meine Frau sehr gut und genieße die Gemeinschaft mit ihr«.

Gott befreit uns, damit wir genießen können, was er zu unserer Freude erschaffen hat.

Eine lebendige Beziehung zu Gott färbt unsere Vergnügungen mit einer heiligen Leidenschaft und führt uns dazu, Beziehungen über den Geist des Besitzens zu stellen, Intimität über den Ehrgeiz und das Dienen über die Selbstsucht. Gott befreit uns, damit wir genießen können, was er zu unserer Freude erschaffen hat. Und schließlich beginnen wir, wenn wir reifen, das zu verabscheuen, was gegen sein Wesen und seinen Willen gerichtet ist.

Wir müssen nicht das Vergnügen fürchten; wir müssen die *Entfremdung von Gott* fürchten, die unseren Sinn für Vergnügungen verdirbt und die den Vergnügungsdrang so potenziell gefährlich macht.

Letzten Endes ist zu sagen: Ich freue mich an den Vergnügungen, weil die Bibel es mir gebietet. Doch schneller Genuss und Glücksgefühl werden nie mein höchstes Ziel sein. Mehr als alles andere möchte ich Gott verherrlichen. Wenn ich die Freuden dieser Welt als Weg sehe, um Gott zu ehren, kann ich besser mit ihnen umgehen, während ich gleichzeitig daran denke, dass Vergnügungen nicht mein höchstes Ziel sind. Als Vater genieße ich es, wenn meine Kinder lachen und sich freuen, aber ich bin noch stolzer, wenn sie selbstlos und mit großem Mut handeln.

Dieses Gefühl des Stolzes erfasste meine Frau und mich neulich ganz überraschend, als wir mit unserer Tochter Kelsey essen gingen. Kelsey war gerade sechzehn geworden, aber aufgrund der Geburtsfolge in unserer Familie wird sie immer unser »Baby« sein. Sie ist sehr extrovertiert und sorgt für eine ganze Menge Spaß. Vor Jahren bettelte einmal eine andere Familie, dass wir Kelsey doch mit ihnen in den Urlaub fahren lassen sollten, weil sie (in ihren Worten) »für die Unterhaltung sorgt«. Zusätzlich zu ihrem Status als Jüngste ist Kelsey sehr zierlich. Neulich, als wir mit ihr einkaufen waren, war sie frustriert, als ihr ein paar Shorts in Größe null zu groß waren. »Was sollst du denn jetzt machen?«, fragte ich sie. »Ausschau nach Größe minus eins halten?«

Als unser kleines Mädchen anfing, eine junge Frau zu werden, lenkte sie die Aufmerksamkeit von mehreren Teenager-Jungen auf sich. Als Crossläuferin ist sie in einer großartigen Verfassung, mehr noch: Sie hat ein wunderbar einnehmendes Wesen und liebt Gott – so ist es keine Überraschung, dass Jungs ihre Gesellschaft anziehend finden.

Ich bereitete mich betend auf das Essen vor, bat Gott, mir Weisheit und den richtigen Ton zu geben, mich mit Kelsey über ihren neuen Lebensabschnitt zu unterhalten. Ich fühlte mich von Gott dazu geleitet, den Abend damit zu beginnen, sie zu bitten, als Erste zu reden. Unsere Tochter öffnete ein Notizbuch, wo sie in ihren eigenen Worten dargelegt hatte, wie ihre Beziehungen zum anderen Geschlecht aussehen sollten. Sie fing damit an, die Dummheit aufzuzeigen, der viele ihrer Freundinnen auf den Leim gegangen waren, und bekräftigte, dass sie daran keinen Anteil haben wollte. Körperliche Intimität, so fuhr sie fort, verhelfe nicht dazu, jemanden kennenzulernen. So äußerte sie den Wunsch, einen Jungen erst zu küssen, wenn sie mit ihm verlobt sei. Ferner erklärte sie, dass sie glaube, dass die Ehe in erster Linie dazu da ist, Gott die Ehre zu geben, und nicht zum persönlichen Vergnügen. Demgemäß will sie ihre Beziehungen gestalten.

Ich blickte auf meine Frau und sah, wie Tränen ihre Augen füllten. Dann sagte ich zu meiner Tochter: »Das ist die beeindruckendste Unterhaltung, die ich je mit einer Sechzehnjährigen geführt habe.«

Die Freude, die meine Frau und ich angesichts der Reife und des Charakters von Kelsey empfanden, übertraf bei Weitem die Freude, die wir haben, wenn wir sehen, wie sie lacht und Spaß hat. Ich denke, dasselbe gilt für unseren himmlischen Vater. Er freut sich sicherlich an unserem Lachen und unserem Spiel, aber ebenso hat er große Freude an unserem Gehorsam.

Als wir herausfanden, dass unsere ältere Tochter Allison viele Monate lang für eine Familie gebetet hatte, deren Vater gestorben war, war ich sprachlos vor Freude über diesen Ausdruck ihrer Treue. Während so viele Menschen (leider einschließlich meiner) weitergingen und die tägliche und ständige Bewältigung des Verlusts in dieser Familie vergaßen, brachte meine einfühlsamere Tochter sie im Gebet vor Gott. Ich schämte mich für meine Hartherzigkeit und fühlte mich durch ihre Treue inspiriert. An ihrem Gehorsam hatte ich immense Freude.

Viele von uns leben mit einem klaren Bewusstsein dafür, wie sehr unsere Sünde Gott zornig macht und verletzt. Aber wir sollten nicht vergessen, wie sehr unser Gehorsam ihn erfreut. Der Vater im Himmel sagt von Jesus: »Dies ist mein geliebter Sohn. An ihm habe ich große Freude« (Matthäus 3,17). Von diesem Verlangen Gottes zu wissen, macht das Leben wunderbar einfach. Wir können aufwachen und Gott fragen: »*Was macht dir heute Freude?* Wenn ich deine Schöpfung dankbar genieße? Wenn ich einer bestimmten Freizeitaktivität nachgehe? Oder ist es dein Wunsch, dass ich jemanden um Vergebung bitte, jemanden anflehe, mich zur Verantwortung zu ziehen, oder dass ich ein besonderes Verlangen, das ich habe, endlich beiseiteschiebe?« Wenn sich unser Leben um *seine* Freude herum orientiert, wird es unsere größte Freude sein, ihm Freude zu bereiten.

Das Vergnügen hochzuheben und zu legitimieren, bedeutet nicht, dass wir Opferbereitschaft und Gehorsam gering schätzen. In einem gesunden Christenleben arbeiten Freude und Gehorsam immer als wesentliche Elemente zusammen und verhelfen uns dazu, wirklich menschlich und wirklich Gottes wertgeschätzte Kinder zu sein.

Gereinigtes Vergnügen

Lassen Sie uns an dieser Stelle etwas praktischer werden. Eine Frau, die zu ihrer öden Ehe zurückkehrt, weil sie glaubt, dass es das Richtige ist, wird von ihrem Pflichtgefühl, der Liebe zu ihren Kindern und dem Gehorsam Gott gegenüber motiviert, nicht von ihrem eigenen Vergnügen. Sie mag letztendlich sogar aufgrund ihrer Entscheidung ein glücklicheres Leben führen, doch in dem Moment, wo sie ihrem Verehrer den Laufpass gibt, wird sie dies nicht glauben. Und auf kurze Sicht wird sie viele Monate der Einsamkeit aushalten müssen und Schwierigkeiten dabei, die Beziehung wieder neu aufzubauen. Sie mag sich sogar als jemand sehen, der sich vom Vergnügen *weg*bewegt, selbst wenn sie glaubt, dass sie letztlich ein erfülltes Leben haben wird.

Manchmal ruft Gott uns vielleicht zu Handlungen, von denen wir zumindest am Anfang glauben, dass sie alles andere als vergnüglich sind. Ein anderes Mal wieder verbietet er deutlich, was wir als reine Freude ansehen. In diesen Augenblicken müssen wir das wählen, was eher wie Schmerz als wie Vergnügen aussieht – aber in dem

Wissen, dass es letzten Endes durch den Glauben die größte, ewige Freude bringen wird.

Ich mag es, wie François Fénelon das beschreibt: Wir müssen die Vergnügungen »empfangen«, schrieb er, »da Gott sie uns gibt, um unsere Bedürfnisse zu stillen«. Trotzdem »müssen wir sie augenblicklich gebrauchen, wie eine Medizin, ohne Selbstzufriedenheit, ohne uns an sie zu binden und ohne die Gier, sie besitzen zu wollen«[14]. Was für eine praktische, hilfreiche Analogie! Wie alle Medizin hat das Vergnügen seinen Platz. Es macht Sinn, Schmerzmittel zu nehmen, wenn es mir nicht gut geht. Sie aber zu nehmen, wenn der Schmerz vorbei ist (und ich mir davon bloß einen »Kick« verspreche), führt zu einer törichten Abhängigkeit.

Ich vertraue Gott als dem Herrn meiner Seele, und wenn das Vergnügen in meinem Leben einen ungesunden Platz einnimmt – wenn ich die Schmerzmittel also wie ein Süchtiger brauche und nicht wie ein Patient –, dann wird Gott einen befreienden Angriff starten, der meinen Geist zurückgewinnt. Mit Fénelons Worten: »Diese Gaben sollten in uns empfangen werden, aber sie sollten uns nicht so in Beschlag nehmen, dass uns ihr Verlust, wenn Gott sie zurückzieht, stört oder gar entmutigt.«[15]

Dieses Vertrauen in Gott als meinen Hirten liefert die notwendige Grundlage, um frei im Land des Vergnügens zu leben. Es bedeutet, dass ich willentlich Freude oder Schmerz aus der Hand Gottes nehmen kann. Dieselbe Hand, die mich füttert und mir Geschenke anbietet, kann mich gelegentlich züchtigen. Ich muss annehmen, was immer seine Hand mir bietet.

Über Jahre indes – und das gilt möglicherweise auch für Sie – habe ich nur an die Schmerzen des Kreuzes gedacht, nicht an die Segnungen. Indem ich dies tat, habe ich dummerweise meinem Gott viel Freude vorenthalten. Unser himmlischer Vater liebt uns! Er möchte uns, seine Kinder, mit tiefer und bleibender Freude segnen.

---

14 François Fénelon, *Christian Perfection*, Minneapolis 1975, S. 80.
15 Ebd.

Werden Sie ihn anbeten, indem Sie diese Gaben annehmen und sich an ihnen freuen – ohne Schuldgefühle und mit großer Dankbarkeit?

Kapitel 4

Sich an der Erde freuen, ohne die Welt zu lieben

Wenn Gott einem Menschen Reichtum und viele Güter gegeben hat und der Mensch diese aus der Hand Gottes annehmen und sich trotz seiner Mühe daran freuen kann, ist es ein Geschenk Gottes. Wer dazu in der Lage ist, denkt nicht mehr oft über die Kürze seines Lebens nach. Denn Gott hat ihm Freude ins Herz gegeben.

Prediger 5,18-19

Er bewirkt, dass wir alles lieben, was er liebt, um seiner Liebe willen, und dass wir Freude an ihm und all seinen Werken haben.

Juliana von Norwich

Die Welt ist lebendig, sie leuchtet und funkelt und blinzelt uns zu und lädt uns ein, aufzustehen und zur Musik zu tanzen, die seit Anbeginn der Zeit gespielt wird.

Shauna Niequist

Eine kurze Frage: Ist die Welt für Sie wie eine Hure oder eine Mutter?

Das ist ernst gemeint.

Ist die Welt für Sie wie eine gewaltige Verführerin, die nur darauf wartet, Sie vom wahren Glauben und von echter Hingabe wegzulocken? Oder sehen Sie sie als eine Mutter, die unseren Glauben fördert und uns zu reiner Hingabe und einem überfließenden Leben erzieht?

Natürlich gibt es bei meiner Frage einen Haken. Die Bibel zeigt uns die Welt auf beide Weisen. Verschiedene Texte warnen uns vor den Verlockungen der Welt, andere wiederum feiern ihre Fülle und ihre Großartigkeit. Die große Frage ist: Wie können wir diese einander offenbar widersprechenden Sichtweisen miteinander versöhnen?

Leider haben sich viele Richtungen auf einen Aspekt konzentriert und den anderen ausgeschlossen. Am häufigsten steht das Negative im Mittelpunkt: Die Welt ist eine Bedrohung, eine Gefahr, eine Verführerin. Solche Traditionen misstrauen jeder Freude an dieser Welt und untergraben damit ernsthaft die Schönheit und Herrlichkeit der Schöpfung Gottes. Man redet dann so, als sei es unsere Aufgabe als gefangene Seelen, sinnliche Erfahrungen aller Art von uns zu weisen – und erst recht solche, *die Spaß machen* –, aus Furcht, wir könnten das Verlangen nach Gebet, Anbetung und Bibelstudium verlieren.

Jüngere Traditionen in der Christenheit haben aus meiner Sicht oft ein schiefes und negatives Bild von der Welt; es schädigt unsere Seelen, verhindert erfülltes Leben und macht dem Gott Unehre, der einen großartigen Ort geschaffen hat, wo wir leben können. Wenn uns die biblischen Autoren Johannes und Jakobus sagen, dass wir nicht die Welt lieben sollen und alles, was in ihr ist (vgl. 1. Johannes 2,15-17), und dass Freundschaft mit der Welt Feindschaft mit Gott ist (vgl. Jakobus 4,4), dann leiten sie uns nicht dazu an, das Lachen eines Babys zu verachten oder den Geschmack einer kalten Wassermelone an einem heißen, sonnigen Tag oder eine beachtliche Leistung. Stattdessen warnen sie uns davor, unser Glück, unseren Sinn und unsere Erfüllung in Gesellschaftssystemen zu suchen, in verdrehten Begierden oder Taten, die Gott entgegenwirken.

Johannes macht das sehr deutlich, als er die sündigen Gelüste der Welt als gierig, prahlerisch und eigensinnig charakterisiert. Mit anderen Worten: Diese biblischen Schreiber verurteilen *schmutzige* Vergnügungen. *Das Problem ist, dass wir die biblische Verurteilung der »Welt« als Verurteilung der »Erde« missverstehen.* Dieser schwere Fehler hat bedauernswerte Konsequenzen für unsere Seelen und unsere Lebensauffassung. Vieles in der »Welt« ist gegen Gott gerichtet und lehnt sich gegen ihn auf. Gott hat die Erde geschaffen, um uns sich selbst zu offenbaren und uns einen Ort zu bieten, wo wir Freude an ihm haben können.

Gott hat die Erde geschaffen, um uns sich selbst zu offenbaren und uns einen Ort zu bieten, wo wir Freude an ihm haben können.

Nur ein kleiner Schritt trennt uns vom Hass auf die Welt im unbiblischen Sinn und damit von der Auflehnung gegen Gott. Satan arbeitet mit zwei sich scheinbar widersprechenden Angriffstaktiken, aber beide führen zum selben Ziel. Zum einen verleitet er uns dazu, die erschaffene Welt *anzubeten* und alle unsere Hoffnung auf Vergnügungen zu setzen, die uns von Gott trennen. Wenn wir diesem Weg folgen, sind wir am Ende zwangsläufig enttäuscht, kaputt und wütend auf Gott, weil seine Welt uns unmöglich zufriedenstellen kann. Sich von der Welt abhängig zu machen, um Erfüllung zu finden, sich dann in Enttäuschung zu wälzen, um schlussendlich Gott noch zu beschuldigen, dass man sich absolut unzufrieden fühlt, weil man auf einen minderwertigen Ersatz vertraut hat – das ist der Weg der offenen, von Gott abtrünnigen Sünder: »Der Mensch geht an seiner eigenen Dummheit zugrunde, aber ist dann zornig auf den Herrn« (Sprüche 19,3).

Das andere Extrem bewirkt, dass wir die erschaffene Welt *hassen*, sie als etwas ansehen, was letztlich nur voller Versuchungen ist. Das führt damit indirekt dazu, dass wir Gott verachten, da er ja diese Welt erschaffen hat. Wer zu dieser traurigen Gruppe gehört, lebt sein Leben in einem Gefühl ständiger Niederlage. Statt dankbar zu sein, dass Gott uns so viele Dinge zu unserer Freude geschenkt hat, schmoren diese Menschen in Verbitterung vor sich hin und sind wütend auf Gott, weil er ihnen so viele Versuchungen in den Weg gestellt hat. Dieses Problem haben oft Christen, die in gewohnheitsmäßigen Sünden verstrickt sind. Sie beschuldigen Gott (häufig unbewusst), dass er die Versuchungen (Sex, Alkohol, Essen, Besitz) für sie zugänglich gemacht hat. Am Ende hassen sie die Welt, statt von ihr abhängig zu sein.

Diese letztere Sicht der Welt kann der religiösen Versuchung Nahrung geben, den Hass auf die Welt auf den Hass auf sich selbst auszuweiten. In ihrem Buch *Neurosis and Human Growth* (dt. »Neurose und menschliches Wachstum«) beschreibt die bekannte Psychologin Karen Horney Selbsthass in einer Weise, die exakt auf so viele Christen zutrifft, die ich kennengelernt habe (mich teilweise eingeschlossen). Horneys Kennzeichen des »neurotischen Selbsthasses«

sind: »gnadenlose Anforderungen an sich selbst, umbarmherzige Selbstanklage, Selbstverachtung, Enttäuschung über sich selbst, selbstquälerisches Verhalten und Selbstzerstörung«[16].

Nun schaltet man ja leicht gedanklich auf Durchzug, wenn man auf ein Zitat aus einem anderen Buch stößt. Darum will ich das Ganze noch einmal auflisten, damit Sie sehen können, ob etwas oder (Gott, hab Erbarmen!) alles davon auf Sie zutrifft:

- gnadenlose Anforderungen an sich selbst
- unbarmherzige Selbstanklage
- Selbstverachtung
- Enttäuschung über sich selbst
- selbstquälerisches Verhalten
- Selbstzerstörung

Glauben Sie im Ernst, Gott möchte, dass Sie so leben? Ist das eine Lebenseinstellung, die wirklich Gott die Ehre gibt?

Stellen Sie sich ein paar ehrliche Fragen: Hält Ihr »Glaube«, wie Sie ihn definieren (oder definiert bekommen haben), Sie davon ab, das Leben zu genießen? Sind Sie manchmal Ihr schlimmster Feind, ziehen Sie sich selbst herunter, beschimpfen sich und sind manchmal unbarmherzig kritisch mit sich? Wissen Sie, was es bedeutet, in der Liebe Gottes zu leben, zu wissen, wie David es wusste, dass Gott Freude an Ihnen, seinem Diener, hat?

Wenn Sie unbarmherzige Anforderungen an sich selbst stellen, wenn Sie sich ohne Gnade den ganzen Tag selbst anklagen für jegliche Art von Versagen oder verpasste Gelegenheiten, wenn Sie sich selbst gering schätzen, dass Sie es nicht wert sind, etwa hin und wieder ein hübsches Kleidungsstück zu kaufen (»Was für eine Geldverschwendung!«) oder jemals einen Nachtisch zu bestellen (»So viele Kalorien!«), dass Sie zu jämmerlich sind, um sich einen Augenblick Zeit für sich selbst zu nehmen, dass es keinen Grund gibt, warum Sie lachen oder spielen, berührt oder bedient werden sollten –

---

16 Karen Horney, *Neurosis and Human Growth,* S. 117.

dann hassen Sie sich selbst, und dieser Selbsthass wird letztlich zur Selbstzerstörung führen.

In einem solchen Sachverhalt liegt eine traurige, ja, tragische Ironie. Wenn wir im Namen des Glaubens unser eigener schlimmster Feind werden, werden wir letztlich zum Feind Gottes, weil *Gott für uns ist.* Gegen uns selbst zu arbeiten, bedeutet per definitionem, ein Feind desjenigen zu werden, der für uns ist. Gottes Gnade, Vergebung, Liebe und Barmherzigkeit bieten uns den einzigen Weg zur geistlichen Gesundheit. Wenn Sie Regeln, Angst, Selbsthass oder Verpflichtungen antreiben, werden Sie am Ende fallen – und zwar hart fallen.

Der Gegensatz zwischen der Welt als Hure und der Welt als Mutter löst sich in der Liebe, der Annahme und der Barmherzigkeit eines vergebenden Gottes auf. Wenn Gott meine Seele zu ihm hinzieht, werden viele Dinge, die mich jetzt aus seiner Gegenwart locken wollen, Anlässe zum Feiern und Auslöser für eine kraftvolle Anbetung. Hat vorher etwa Essen mein Herz gefangen genommen, nimmt es nun nur noch meine Geschmacksknospen in Beschlag und erfüllt mein Herz mit Lobliedern auf solch einen großzügigen Gott. Hat vorher Anerkennung meine Seele erfüllt, demütigt sie mich nun und lässt mich in Ehrfurcht vor solch einem genialen Gott stehen. Hat mich vorher meine Familie blind für das Ewige sein lassen, vermittelt sie mir nun eine Vorstellung davon, wie es ist, zur himmlischen Familie zu gehören. Wenn irdische Freuden kein Selbstzweck sind, können sie als Wegweiser zu Gott dienen und als Zugänge zu Dankbarkeit und geistlicher Vertrautheit.

Im System des Selbsthasses gibt es keinen Platz dafür, sich an von Gott geschenkten Vergnügungen zu erfreuen und neue Kraft durch sie zu bekommen. Was ein gesunder Mensch »auf sich selbst achthaben« nennen würde, nennen Sie vielleicht Selbstverhätschelung und Zügellosigkeit. Und Sie treiben sich selbst an, bis Sie zusammenbrechen. Statt Gott dafür zu danken, dass er Sie mit köstlichem Essen versorgt, das Sie genießen dürfen, kommen Sie sich vor wie ein Vielfraß, wenn Sie sich tatsächlich einmal die Zeit nehmen, davon zu kosten. Statt sich dem sinnlichen Vergnügen einer Massage hinzugeben oder Sport mit ein paar Freunden zu machen oder mit Ihrem Ehepartner daheim zu entspannen und gemeinsam einen alten Film anzuschauen, sehen Sie das alles als irgendwie »unter Ihrem Niveau« an, als unwürdige Zerstreuungen für jemanden, der so wichtig und engagiert ist wie Sie. Immerhin könnten Sie ja die Welt retten oder in einer Kirche sitzen.

Darf ich Ihnen wieder neu das Wunder vor Augen führen, dass man die Welt auf gesunde und gottgemäße Weise lieben kann?

Offene Fenster

Ich bin kühn genug, zu glauben, dass Gott die Welt nicht erschaffen hat, um uns zu versuchen, sondern um uns sich selbst zu offenbaren. Sogar diese gefallene Welt hat Fenster, durch die wir einen flüchtigen Blick auf den werfen können, der sie erschaffen hat. Ein Autor griff pointiert eine Sichtweise an, die die Welt auf den mechanischen Zufall reduziert, ohne die geheimnisvolle und froh machende Berührung durch Gott: »Die Vögel singen mehr, als Darwin erlaubt.«[17]

In ihrem fantastischen Buch *Der Geschmack von Leben* schreibt Shauna Niequist:

> Zu den besten Dingen bei der Schwangerschaft gehört für mich, wie intensiv ich alles schmecke und fühle und rieche. Ein weicher Sessel genügt, um mir das Gefühl zu geben, alles auf der Welt sei gut. Mais und reife Pfirsiche werfen mich mit ihrem Geschmack richtig um. Bei Lavendelseife falle ich vor Glück fast in Ohnmacht. Ich war noch nie so leicht zufriedenzustellen.[18]

Was Gott plant, ist absolut brillant. Was könnte der Schöpfer Intelligenteres machen, als dass sich eine schwangere Mutter (die ja in

17 Frederik Buytendijk, »Les différences essentielles des fonctions psychiques de l'homme et des animaux«, in: *Vue sur la psychologie animale*, Paris 1930, S. 76; zitiert in: Elemér Hankiss, *Fear and Symbols*, Budapest 2001, S. 219.

18 Shauna Niequist, *Der Geschmack von Leben*, Witten 2008, S. 73.

sehr wörtlichem Sinn die Erde bevölkert ...) von der Schönheit des Lebens berauschen lässt. Wenn sie den Weg dafür bereitet, warum sollte sie kein enthusiastischer Fan des Lebens werden?

Und doch hören so viele christliche Lehrer nicht damit auf, Gottes Erde Gottes Reich gegenüberzustellen – als ob die beiden immer im Gegensatz zueinander stünden. Wir halten fromme Aktivitäten wie Gebet und Gottesdienst hoch und werten demgegenüber andere menschliche Realitäten wie die Ehe, Sport, das Reisen, das Lesen zum Vergnügen und das Lachen ab.

Verstehen Sie mich bitte nicht falsch: Das Herz eines gesunden Gläubigen fühlt sich zur Anbetung, zum Singen und zur Danksagung hingezogen. All diese guten Dinge bringen viel Freude und Vergnügen. Aber Gott ist nicht nur unser Erlöser, er ist auch unser *Schöpfer.* Er hat uns und auch diese Welt erschaffen. Wenn wir also an ihr teilhaben, wie er sie gemacht hat, dann feiern wir ihn genauso sehr, wie wir ihn ehren, wenn wir Dinge tun, die sein Erlösungswerk widerspiegeln. Genau genommen kränken wir ihn, wenn wir die Herrlichkeit seiner Kreativität von uns weisen. Wenn wir von Gott nur als Erlöser reden, dann benutzen wir ihn als Retter – aber er ist weit mehr als das! Er lädt uns dazu ein, sich wirklich an ihm zu freuen und an dem, was er erschaffen hat; wir benutzen Gott nicht mehr bloß dazu, die Welt zu genießen (da er uns von Abhängigkeiten befreit, wir dank seiner Hilfe unsere Finanzen in den Griff kriegen oder er unsere Gesundheit wiederherstellt), sondern wir nützen auch die Welt, um uns an Gott zu freuen!

Dies ist eine Aufforderung, sich auf die Welt auf eine Weise einzulassen, die für viele Christen radikal sein mag. Wie kann es Gott die Ehre geben, wenn wir ihn bitten, unsere Probleme zu lösen, unsere Familien zu stabilisieren und den Schandfleck unserer Sünden zu beseitigen, während wir ignorieren, was er erschaffen hat, all die Farben und Formen? Das ist ähnlich dumm, wie wenn jemand Gitarre spielen lernen würde, nur damit seine Finger kräftiger und flinker werden. Oder wie wenn jemand anfängt, Flöte zu spielen, mit dem einzigen Zweck, dass man hinterher besser atmen kann. Man verpasst die Schönheit und Poesie der ganzen Aufgabe, reduziert diese Welt auf einen zweckmäßigen Wegwerfartikel, der des Geheimnisses und der Wunder eines unendlich kreativen und großzügigen Gottes beraubt ist.

Ich bin der Lehre überdrüssig, dass sogar für die Erlösten diese gute Welt, die Gott geschaffen hat, mit ihm konkurriert, statt auf ihn hinzuweisen. Ich habe die Denkweise satt, die Vergnügen und Gott voneinander trennt, so als ob ich Gott mehr »lieben« sollte als eine Lieblingsbeschäftigung wie etwa das Laufen oder das Genießen eines Stückchens Schokolade. Was für ein bizarrer Vergleich! Dabei genieße ich Schokolade doch, weil Gott mir Geschmacksknospen gegeben hat. Und alles Vergnügen, das ich beim Essen empfinde, ist von Gott so gewollt und wird von ihm unterstützt. Augustinus drückte es so aus: »Wenn man sich an einem gottgefälligen Menschen erfreut, erfreut man sich mehr an Gott als an dem Menschen«. Ich kann über die Freude am Laufen oder Schokoladeessen so reden, als seien sie Versuchungen zum Götzendienst, oder aber ich kann über sie reden, als seien sie etwas, das Gott würdigt und ihm die Ehre gibt. Er hat doch schließlich die körperliche Anstrengung und das Essen von Schokolade sowohl möglich als auch angenehm gemacht. »Für Menschen, die ein reines Gewissen haben, ist alles rein. Doch für die Verdorbenen und Ungläubigen ist überhaupt nichts rein« (Titus 1,15).

Obwohl es nicht mehr ganz so häufig vorkommt, bin ich es auch satt, wenn Pastoren sexuelles Vergnügen herunterspielen. Gott hat uns dafür *erschaffen* und uns die Hirnchemie und die Körperhormone gegeben, die bewirken, dass wir es *immer und immer wieder* tun wollen – natürlich sind wir an Sex interessiert! So hat Gott uns gemacht. Statt dieses Verlangen zu verdammen, sollten wir Menschen helfen, ein Leben zu führen, das durch eine *heilige,* sexuelle Intimität Würze bekommt, gestärkt und gesegnet wird, die man als tolles und großzügiges Geschenk eines Vergnügen liebenden und Vergnügen schenkenden Gottes ansehen kann.

Ein zeitgenössischer Autor hat diese typische Spannung zwischen der Liebe zu Gott und der Freude an der Welt aufgenommen: »Aber wird Jesus genügen? Die Welt scheint so viel mehr zu bieten zu haben – und so viel leichter und schneller. Finde ich in der Schönheit, die in Jesus liegt und die er anbietet, ausreichend Freude, um meine Seele zufriedenzustellen und die Suche nach anderen Freuden einzudämmen?«[19]

Es klingt gefährlich, den Gedanken überhaupt nur *anzudeuten*, dass Jesus »nicht genug« ist. Doch das obige Zitat konstruiert einen unnötigen Gegensatz. Wie sollte es Jesus keine Ehre machen, auch die Freuden der Kunst, der menschlichen Gemeinschaft und all dessen zu genießen, was Gott schenkt? Jesus kämpft nicht gegen diese Freuden; er richtet seinen Blick auf sie, heiligt sie und steigert sie noch. Er schuf den allerbesten Wein für die Hochzeit eines Freundes. (Es ist vielleicht interessant, dass die sieben Gefäße, um die Jesus bat, eigentlich Behältnisse waren, die zur religiösen Reinigung bestimmt waren. Jesus nahm einen religiösen Gegenstand und füllte ihn mit einer Freude dieser Welt.) Er bat seine Nachfolger, sich die Vögel im Himmel und die Blumen auf dem Feld anzuschauen – richtig anzuschauen! Er lachte mit seinen Jüngern, und er weinte, als der Tod ihm einen Freund nahm (vgl. Matthäus 6,25-34; 9,14-15; Johannes 2,1-10; 11,33-44). Von Jesus erlöst, bin ich endlich frei dafür, die Dinge der Welt zu genießen und an ihnen Anteil zu haben, ohne mich in sündiger Weise in ihnen zu verfangen.

Wie sollte es Jesus keine Ehre machen, auch die Freuden der Kunst, der menschlichen Gemeinschaft und all dessen zu genießen, was Gott schenkt?

Das ist letztlich der Punkt, von dem der Prediger spricht: »Auch jeder Mensch, dem Gott Reichtum und Güter gegeben und den er ermächtigt hat, davon zu genießen und sein Teil zu nehmen und sich bei seiner Mühe zu freuen – das ist eine Gabe Gottes ... weil Gott ihn mit der Freude seines Herzens beschäftigt« (5,18-19; ELB). Schauen Sie genau, was Gottes inspiriertes Wort *wirklich* sagt: Wenn Gott

19 Sam Storms, *Pleasures Evermore: The Life-Changing Power of Enjoying God*, Colorado Springs 2000, S. 162.

jemandem Besitz schenkt *und diesem dann auch noch die Fähigkeit gibt, sich daran zu freuen* – dann ist das eine Gabe Gottes!

Die Fähigkeit, Essen zu genießen, ohne zum Vielfraß zu werden, mit sinnlichen Vergnügungen umzugehen, ohne zu ihrem Sklaven zu werden, in gesunder Weise aufrichtig zu lachen, mit Wohlstand verantwortlich umzugehen, ohne dabei stolz und selbstsüchtig zu werden – das sind Segnungen des Schöpfers, die indes *auch der Berührung durch den Erlöser bedürfen.* Wenn die Bibel sagt, dass Gott uns dazu »ermächtigt«, diese Freuden zu genießen, dann können wir mit Fug und Recht annehmen, dass das auch ein Werk der Gnade ist. Manche Menschen, die Gott nicht die Ehre geben, haben solche Dinge vielleicht auch, nicht aber die Gnade, sich wirklich an ihnen zu freuen. Für sie fühlt sich die Welt in der Tat eher wie eine Hure als wie eine Mutter an.

Aber nicht für die Erlösten! Sogar die Tatsache, dass unser Leben vorbeigeht und unsere Gesundheit zerbrechlich ist und wir allgegenwärtig davon bedroht sind, all diese Reichtümer zu verlieren, wird die Freude einer Person, die zu Gott gehört, nicht auslöschen können: »Wer dazu in der Lage ist, denkt nicht mehr oft über die Kürze seines Lebens nach. Denn Gott hat ihm Freude ins Herz gegeben« (Prediger 5,19).

Scheint es angesichts dessen nicht viel vorteilhafter zu sein, in unseren Kirchen und Gemeinden zu lehren, für die guten Vergnügungen dankbar zu sein, statt wie besessen zu fürchten, dass wir unsere Wertschätzung für ein schönes Gemälde oder ein ergreifendes Musikstück irgendwie mit der Freude vergleichen müssten, die wir haben, wenn wir die Psalmen lesen oder über die Herrlichkeit Gottes nachsinnen? Gott möchte, dass uns *beides* zu ihm hinführt.

Um das zu veranschaulichen, möchte ich gerne von einer persönlichen Erfahrung berichten.

Der Mut eines jungen Mannes

Meine Frau und ich hatten das Vergnügen, einen erstaunlichen jungen Mann großzuziehen. Leider hat er das Nebenhöhlensystem seines Vaters geerbt – ein Trümmerhaufen aus blockierten Gehörgängen, hämmernden Kopfschmerzen und verengten Nebenhöhlen, die regelmäßig verstopft sind.

Trotzdem wollte er ein Läufer sein. Sein Schwung und seine Hingabe inspirierten seine Mannschaft. Als er in der 10. Klasse war, bekam er von seinen Mitschülern sogar Auszeichnungen für seinen Einsatz. Nicht schlecht für ein Kind, das mit Asthma aufgewachsen ist und zu jedem Rennen einen Inhalator mitnehmen muss.

In der 11. Klasse hatte er die schlimmste Nebenhöhlenentzündung seines Lebens, ausgerechnet zwei Tage vor einem wichtigen Qualifikationswettkampf für sein Team. Ich saß mit Graham um zwei Uhr morgens in der Notfallambulanz, wo er tapfer die Schmerzen in seinen Nebenhöhlen ertrug, die so verstopft waren, dass sie kurz vor dem Explodieren waren.

Weniger als 48 Stunden später trat Graham gegen die besten Crossläufer unseres Bundesstaats an. Seine Krankheit ließ ihn nach Luft schnappen, aber ein enger Freund war auch einer der besten Querfeldeinläufer der USA, und dieser wollte nicht ohne die Unterstützung seines Teams laufen. Als ein Schlüsselmitglied der Mannschaft konnte Graham es nicht ertragen, seinen Freund oder sein Team im Stich zu lassen.

Also lief er.

Es war nicht annähernd sein schnellstes Rennen, aber wahrscheinlich sein härtestes. Ich kann mich daran erinnern, wie er mit den Tränen kämpfte, als er mit wilder Geschwindigkeit von der Startlinie aus losraste. Da ich die Qual eines Crosslaufs kenne und weiß, wie schwächend sich ein aus den Fugen geratenes Nebenhöhlensystem auswirken kann, konnte ich nur allzu gut nachvollziehen, was für einen Mut er haben musste, diese Herausforderung anzunehmen.

Zwölf Monate später setzte sich Graham für sein letztes Studienjahr ein hehres Ziel: Er wollte sich für den Kampf auf Landesebene als Einzelläufer qualifizieren. Das ist im Staat Washington eine harte Angelegenheit, da er, trotz der bekannten regnerischen Wetterverhältnisse, ein paar der konkurrenzfähigsten Läufer der ganzen USA hervorbringt. Und Grahams Bezirk war auch noch der schnellste in unserem Bundesstaat.

Wir konnten beobachten, wie er das Fundament für seinen Erfolg legte. Er lief bei Regen, obwohl er müde war, weil er den ganzen Tag gelernt hatte. Er lief auch an den Wochenenden. Treu machte er den Sommer über mit seinem Härteprogramm weiter, sogar unter den heißen Bedingungen, die eine Reise nach Hawaii mit sich bringt. Eine Trainingstour endete fürchterlich. Spätabends, als er auf einem abgelegenen Feld auf der Insel Kauai lief, rannte er in einen Schwarm Käfer von geradezu biblischer Bösartigkeit hinein. Wie in einem Horrorfilm bedeckten ihn die Insekten wie ein lebendes Netz. Graham versuchte, sie wegzuwischen, aber letztlich schaffte er es nur, sie über seinen ganzen Körper zu schmieren. Die schwarzen Flugsoldaten flogen in seine Nase, krochen in seine Ohren, bissen ihm in die Augen, und als er sie dann anbrüllte, marschierten sie voller Eifer noch in seinen Mund. Er konnte sie nicht loswerden. Ich rede hier nicht von einem Dutzend Käfer – es waren Tausende, die an Grahams vor Schweiß glänzendem Körper hafteten, als sei er ihr rechtmäßiges Eigentum. Ich brauchte nach seiner Rückkehr zwanzig Minuten, nur um die Wasserflaschen und den Gürtel zu reinigen, an dem er seine Verpflegung mitnahm. Die Käferkadaver klebten in jeder Ritze.

Am nächsten Tag wachte er früh auf und lief schon wieder – indes vermied er klugerweise besagtes Feld.

Graham hat die Gene seiner Eltern, die seine Geschwindigkeit einschränken. Er muss sich schmerzlich antrainieren, was andere von Natur aus schaffen. Er arbeitete äußerst hart, doch würde sein Erfolg ausschließlich an seiner Leistung bei *einem* Rennen an einem Wochenende im Spätoktober gemessen werden: dem Bezirkswettkampf.

Ich konnte kaum mit ansehen, wie sehr er den Sieg wollte. Er wusste, wie hart er gearbeitet hatte, wusste, wie hoch das Wettkampfniveau war, und wusste, dass Dutzende junger Männer dasselbe mit dem gleichen Feuereifer wollten.

Graham startete mit gleichmäßiger, wenn auch erschreckend geringer Geschwindigkeit. Er ist keiner, der vorneweg rennt, sodass er nach den ersten beiden Kilometern fernab von jeglicher Qualifikation lag.

Natürlich beschlich mich Panik.

Dann aber kam Graham in Schwung. Er knöpfte sich einen Läufer nach dem anderen vor. Unglaublich mutig rollte er das Feld von hinten auf, und nach dem fünften Kilometer war klar, dass er sich mit Leichtigkeit qualifizieren würde, und zwar mit weit größerer Leichtigkeit, als wir je zu träumen gewagt hatten.

Ich werde nie vergessen, wie ich ihn aus dem Wald kommen sah; ich hatte die Läufer gezählt, als plötzlich mein Sohn auftauchte – mit typisch rotem Gesicht, sein Hemd von Schweiß durchnässt, seine Schienbeine schlammverkrustet, aber angetrieben von grimmiger Entschlossenheit und großartiger Tapferkeit.

»Er wird es schaffen«, sagte ich zu meiner Frau, »er schafft es!«

Als Graham auf der Zielgerade war, machte ich mich auf einen Sturz gefasst oder darauf, dass andere es ausnutzen würden, dass seine Geschwindigkeit nachließ. Aber stattdessen zog Graham noch seinen Verfolgern davon. *Niemand* sollte ihm den Sieg wegnehmen.

Ich schämte mich nicht, mir die Tränen aus den Augen zu wischen. In einem Augenblick, den ich nie vergessen werde, sah ich meine Frau an und wir umarmten uns.

Er hatte es geschafft!

Ich war so stolz auf ihn, so verliebt in meine Frau, so sehr in meiner Seele befriedigt – ein transzendenter Augenblick mitten in der Zeit. Und es war mir in vielerlei Hinsicht auch geistlich von Nutzen.

Graham genoss die Freude, das Leben voll auszukosten: Er arbeitete hart, war Teil eines Teams, schwitzte, wurde schmutzig, spürte seine Muskeln brennen und seine Lungen nach mehr Luft schreien.

Für meine Frau und mich hatte das Auswirkungen. Wir teilten etwas Erstaunliches miteinander: Wir haben unseren Sohn beobachtet, die Spannung ausgehalten, die Freude gefeiert. Und diese freudige Erinnerung werden wir für den Rest unseres Lebens haben. Keine andere Frau wird das je mit mir teilen und kein anderer Mann mit ihr. Und so sind wir umso mehr miteinander und mit unserer Familie verbunden.

Stehen diese Liebe, diese Hingabe, diese Befriedigung in Konkurrenz zu Jesus? Ist sie eine Bedrohung für meine Befriedigung, die ich in Gott finde? Schwächt sie in irgendeiner Weise den echten Glauben?

Die Bibel würde genau entgegengesetzt argumentieren. Jakobus schreibt: »Alle gute Gabe und alle vollkommene Gabe kommt von oben herab, von dem Vater des Lichts« (1,17; LUT). Jesus versichert seinen Nachfolgern: »Wenn ihr, die ihr Sünder seid, wisst, wie man seinen Kindern Gutes tut, wie viel mehr wird euer Vater im Himmel denen, die ihn darum bitten, Gutes tun« (Matthäus 7,11). Der einzige Grund, warum mein Sohn existiert, ist, dass Gott meine Ehe gesegnet, bewahrt, unterstützt und dann meiner Frau aus großer Güte gestattet hat, Kinder zu empfangen und auszutragen. Mein Sohn läuft nur, weil er einen wettbewerbsfähigen Körper hat und eine Seele, die edel genug ist, um sich hehre Ziele zu setzen. *Alles* an diesem Moment hat uns gegenüber Gott dankbar sein lassen. Ich konnte ihn hinterher nicht genug anbeten.

Es ist geistliche Grausamkeit, ein Geschenk Gottes in einen Frömmigkeitstest umzudefinieren.

Nun würden einige Spaßverderber sagen: »Aber würdest du Gott genauso eifrig anbeten, wenn dein Sohn sich nicht qualifiziert hätte? Das würde ein Mann *nach dem Herzen Gottes* doch tun, oder?«

Ihnen würde ich entgegnen: »Hier geht es nicht um mich und meine Reaktion! Es ist geistliche Grausamkeit, ein Geschenk Gottes in einen Frömmigkeitstest umzudefinieren. Kann ich nicht von der schieren Freude überwältigt sein, dass ein junger Mann sich ein Ziel gesetzt, hart gearbeitet und schlussendlich sein Ziel erreicht hat?

Muss ich diesen Augenblick unbedingt dadurch verderben, dass ich mich frage, ob mein Glück und meine Freudentränen irgendwie Gott keine Ehre machen, weil ich so froh bin, wie alles ausgegangen ist? In Wirklichkeit haben mich Grahams beständiges Training und sein konzentriertes Rennen zurück zu Gott und einer Anbetung aus vollem Herzen geführt. Würde nicht sogar Jesus selbst lächeln und meinen Sohn dafür feiern, wie er *seine* Gaben eingesetzt hat?«

Gott allein kennt mein Herz und Gott allein wird mein Richter sein. Warum also sollte ein Akt großer Freude zu einer Prüfung für meine geistliche Reife werden? Frömmigkeit, die von sich selbst besessen ist, kann geheiligte Dinge zersetzen, wenn sie ihren faulen Atem über heilige Augenblicke der Freude und des Vergnügens ausströmt. Auf lange Sicht wird eine solche Besessenheit zu einem Feind der Frömmigkeit. Denn wenn ich solche Momente voll und ganz genieße und auskoste, ist es weniger wahrscheinlich, dass ich nach gottlosen Reizen und Stimulation schiele. Dieser Tag stärkte meine Familie wie auch meinen Glauben an Gott, der diesen Augenblick zur Fülle erblühen ließ.

Der Jesus hinter der Freude

Und doch höre ich regelmäßig die üblichen Fragen einer von Schuld erdrückten Frömmigkeit. Frischverheiratete fragen mich, ob es möglich sei, seinen Schatz »zu viel« zu lieben. Junge Mütter machen sich darüber Sorgen, dass sie ihre Babys mehr lieben als Gott. Ich höre von Gläubigen, die davon überzeugt sind, dass, sofern sie Klavier spielen, Gott ihnen die Finger zerquetschen wird, sollte es ihnen »zu viel bedeuten«; sind sie Maler, würde Gott sie erblinden lassen, und sind sie ganz und gar Familienmenschen, wird Gott sie mit Krebs heimsuchen, sodass sie nie ihre Enkelkinder sehen werden. Geschäftsleute, die hart für eine Beförderung arbeiten, hören schlimme Warnungen, ihren Beruf nicht zum Götzen zu machen, damit Gott sie nicht in die Arbeitslosigkeit stürzt. Die meisten äußern solche Gedanken nicht, aber wie oft sind sie uns schon durch den Kopf gegangen?

Vielerorts haben Kirchen und Gemeinden die Kunst, der Freude nachzujagen, aus jedem menschlichen Bestreben ausgetrieben.

Nur als ein Beispiel sei hier die geistliche Gewalt genannt, die wir jungen Müttern antun, wenn wir sie beschämen, nur weil sie von einer Liebe zu ihren Babys überwältigt sind, die sie *in diesem speziellen Moment* nicht für Gott empfinden. Heute verstehen Neurologen, dass, wenn eine Mutter ihr Neugeborenes stillt, ihr Gehirn ihr eine Extradosis Oxytocin und Prolaktin verabreicht, Hormone, die tiefe Gefühle von Vertrautheit und den Rausch emotionaler Liebe auslösen. Tatsächlich setzt das Stillen auch beim Säugling Oxytocin frei. Im von Gott geschaffenen Akt des Stillens verschmelzen Mutter und Kind fast miteinander, von intensiven Gefühlen der Verehrung, der Vertrautheit und Nähe überwältigt. Das Gehirn ist von dieser positiven und angenehmen Wirkung ganz durchdrungen. Wissenschaftler haben herausgefunden, dass diese chemische Reaktion so übermächtig ist, dass Rattenmütter ihre Neugeborenen Kokain vorziehen.

Unser Schöpfer hat diese Wechselwirkung erschaffen, und zwar in großartiger Weise. In einer Lebensspanne, die für junge Mütter so viel Arbeit bedeutet – Windeln wechseln, mit schlaflosen Nächten kämpfen, mit permanentem Geschrei fertig werden, unappetitliche Gerüche einatmen –, ist es ein Zeichen göttlicher Genialität, dass er genauso für eine ungewöhnlich intensive emotionale Bindung sorgt.

Wenn jene junge Frau nun ihr Baby beiseitelegt und zur Bibel greift, gibt es neurologisch gesehen keinen Hinweis darauf, dass 1. Samuel (und nicht einmal das Hohelied Salomos) die gleiche Ausschüttung von Oxytocin auslöst. Wenn wir ihr deswegen Schuldgefühle einreden – als würde etwas mit ihr nicht stimmen –, geht das gegen Gottes geschaffene Ordnung. Wenn man ihr erklärt, was aus neurologischer Sicht geschieht, wird ihr das verstehen helfen, warum sie sich ihrem Kind so sehr verbunden fühlt und ihrem Ehemann oder vielleicht sogar Gott weniger.

Besser wäre, man würde den jungen Müttern Mut machen, die

Vertrautheit des Stillens zu genießen und sie als Grundlage für beständige Dankbarkeit und Anbetung zu nutzen. Statt diese Gefühle als etwas zu deklarieren, wofür man Buße tun sollte, kann die christliche Gemeinde jungen Müttern nahelegen, sie als ein weiteres großzügiges Geschenk eines liebenden Schöpfers zu bejahen. Ich könnte mir das Gebet einer jungen Mutter so vorstellen: »Wie gut und freundlich bist du, mein himmlischer Vater, dass du für eine so schöne Vertrautheit zwischen einer Mutter und ihrem Baby gesorgt hast. Was ist es doch für eine Freude, dass mein Baby und ich dies als Gabe aus deiner Hand nehmen können. Du hast mein Gehirn geschaffen, um diese regelmäßigen Zeiten der Nähe zu genießen und eine Beziehung zu einem Kind aufzubauen, über das ich mich andernfalls vielleicht ärgern würde.«

Lassen Sie uns doch nicht die kostbare geistliche, emotionale und körperliche Vertrautheit des Stillens dadurch zerstören, dass wir jungen Müttern womöglich vorhalten, sie würden sich von Gott wegbewegen, wenn sie ganz in Liebe für ihr Kind aufgehen und sich (eben auch hormonbedingt) von Gott etwas entfernter fühlen.

Wenn Christen, die nach Gottes Bild erschaffen und erlöst sind, das Leben in all seiner Fülle (Familie, Beruf, Erfolge) nicht bejahen können – wer sollte es dann tun?

Da wir gerade dabei sind, hier noch ein Gedanke zu einer völlig anderen Gruppe. Statt einem erfolgreichen Berufstätigen, der sich eine schöne Gehaltserhöhung und eine Beförderung verdient hat, etwas über die Gefahren des Materialismus und der Macht zu predigen, wäre es vielleicht angebracht, so zu reagieren: »Glückwunsch! Ist Gott nicht unglaublich freundlich? Komm, wir schmeißen eine Party und feiern!«

Aber kann das nicht Hochmut fördern?

Mag sein, aber wenn wir *nicht* in dieser Weise reagieren, fördert das womöglich die Undankbarkeit!

Wenn Christen, die nach Gottes Bild erschaffen und erlöst sind, das Leben in all seiner Fülle (Familie, Beruf, Erfolge) nicht bejahen können – wer sollte es dann tun?

Ja, es *ist* möglich, dass wir einen Menschen (ein Kind, eine romantische Beziehung, einen Freund) oder ein Ziel über Gott stellen. Die Bibel stellt dies als echte Bedrohung dar. Wir müssen mit allen Vergnügungen gehorsam umgehen. Gott macht kein Geheimnis daraus, wie er Schmerz, Enttäuschungen, Schwierigkeiten und Trockenheit nutzt, um uns in das Bild seines Sohnes zu verwandeln. Die Christenheit wird immer das Lied der Selbstverleugnung singen. Doch wenn wir erlösten Christen beibringen, dass Gefühle der Liebe oder des Erfolgs auf Gott hinweisen, statt mit ihm zu konkurrieren, können wir die Dinge dieser Welt dazu nutzen, ihren Glauben zu festigen, statt ihn zu schwächen.

Ich mag die Art, wie C.S. Lewis mit einer jungen Leserin umging, die Sorge hatte, dass sie Aslan aus den Narnia-Büchern mehr liebte als Jesus. Zu Recht antwortete Lewis, dass diese Leserin Jesus in Aslan liebte. Alles, was sie an Aslan anzog, war der Geist und das Wesen von Jesus Christus – demzufolge liebte sie Aslan nicht wirklich mehr als Jesus. Ganz im Gegenteil: Aslan zeigte ihr nur die Schönheit von Jesus in einer Weise, die sie verstehen konnte.

Wenn eine Mutter ihr Baby liebt, liebt sie die Mutterschaft, wie sie der himmlische Vater erschaffen und gefeiert hat. Wenn Gott als unser Vater uns gestattet, Eltern zu werden, werfen wir damit auch einen Blick auf ihn. Wenn wir unseren Ehepartner lieben, lieben wir die Art und Weise, wie unser himmlischer König sich zu seinem Volk verhält, und sehen darin Gott in einer Weise, die wir verstehen können. *Das* ist es, was wir an unserem Ehepartner im Grunde lieben. Wenn wir Musik mögen, lieben wir Gottes Kreativität. Wenn wir gerne essen, lieben wir die Großzügigkeit und den Erfindungsreichtum unseres Herrn. Für die Erlösten spiegelt alles, was wir an diesen reinen Freuden lieben, Gott wider. Wir können sie dazu nutzen, um uns auf die Anbetung Gottes zu konzentrieren, statt sie als Feinde zu sehen, die mit ihm konkurrieren.

Während einer unserer Urlaube wollte ich meinen Kindern beibringen, genau das zu tun. Als wir um den Tisch herum saßen, sagte ich: »Alles, was ihr an diesem Leben liebt, kommt von Gott. Die Tatsache, dass eure Eltern noch verheiratet sind, ist das Werk unseres Schöpfers. Dass wir Geld haben, um in diesen Urlaub zu fahren, verdanken wir der Versorgung Jahwe-Jirehs. Dass ich tun kann, was ich gerne tue, um meinen Lebensunterhalt zu verdienen, und daher grundsätzlich freudig gestimmt bin – das ist Gottes Geschenk. Die Tatsache, dass ihr nicht missbraucht, vernachlässigt oder bloßgestellt worden seid, liegt daran, dass eure Eltern Jesus nachfolgen. Buchstäblich jeder Aspekt eures Lebens, den ihr angenehm und befriedigend findet, hat seine Wurzeln in der Güte Gottes.«

Eine berechtigte Sorge

Nachdem ich dies alles gesagt habe, möchte ich uns indes daran erinnern, dass wir auch den Götzendienst als eine ernstliche geistliche Gefahr ansehen müssen. Paulus warnte vor denen, die »das von Gott Geschaffene verehrten statt den Schöpfer selbst« (Römer 1,25). Aber etwas nicht anzubeten, heißt noch lange nicht, dass wir etwas verachten oder auch nur gering schätzen sollten. Zwischen Anbetung und Verachtung liegt ein weites Feld.

Lassen Sie mich das erklären. Wenn ich mich fern von Gott fühle, dann sind exzessiver Alkoholgenuss, gefährliche Verhaltensweisen oder sexuelle Erfahrungen, die wir suchen, um den Schmerz zu betäuben, gefährliche Fallen. Das ist ein Missbrauch, ja, eine Anbetung des Vergnügens. Wenn wir so handeln, benutzen wir das Vergnügen dazu, von Gott wegzurennen, anstatt uns in seine Arme fallen zu lassen. Aber die Tatsache, dass ich das Vergnügen nicht *missbrauchen* sollte, ist etwas ganz anderes, als das Vergnügen *herabzuwürdigen* oder zu behaupten, dass man es nicht hin und wieder braucht.

Ich missachte Gott doch nicht, wenn ich mich über eine schöne Tasse Kaffee freue oder einen kunstvoll angefertigten Stuhl oder wenn ich über geistreichen Humor lachen kann. Nein, ich glaube, dass ich ihm damit die Ehre gebe und mich zu ihm hinwende, anstatt mich von ihm wegzubewegen. Zugegeben: Ein Ungläubiger kann dieselbe Tasse Kaffee genießen und sie nie mit Gott in Verbindung bringen. Vielleicht benutzt er diese Freude, um den Schmerz in seiner Seele zu lindern, den er hat, weil Gott nicht Teil seines bewussten Alltagslebens ist. Ein Atheist kann einen gut gearbeiteten Stuhl zu schätzen wissen und nie daran denken, dem Schöpfer zu danken, der unsere Körper erschaffen und manche Menschen befähigt hat, mit Holz umzugehen. Und ein Agnostiker kann durchaus Menschen zum Lachen bringen. Unser himmlischer Vater ist gütig zu den Gerechten *und* den Ungerechten. Obwohl der Tag des Gerichts droht, schenkt Gott gnädige Augenblicke der Freude auf den Straßen zum Himmel, *aber auch* auf denen zur Hölle.

Wenn wir in Christus lebendig gemacht werden, können wir Freude empfangen und uns sogar an ihr weiden, und zwar so, dass gewöhnliche Dinge zu einem Mittel der Anbetung werden. Psalm 23 gibt uns ein Musterbeispiel; hier feiert David Gottes Güte:

Der Herr ist mein Hirte, ich habe alles, was ich brauche.
Er lässt mich in grünen Tälern ausruhen,
er führt mich zum frischen Wasser …
Du deckst mir einen Tisch vor den Augen meiner Feinde …

Wäre es nicht befremdlich, wenn David sich beunruhigt und gefragt hätte: »Liebe ich die grünen Täler, das frische Wasser und den gedeckten Tisch mehr als Gott?« Er sieht diese guten Freuden als Abglanz der Güte Gottes. Statt mit seiner Leidenschaft für Gott zu wetteifern, dienen sie eben dieser Leidenschaft.

Wenn unsere Tochter Kelsey mir sagt: »Paps, die Cornflakes sind alle. Kannst du welche einkaufen?«, antworte ich nicht: »Genüge ich dir etwa nicht?« Es macht mir doch Freude, sie mit ihrem Lieblingsfrühstück zu versorgen. Als meine Töchter klein waren und ich ihnen ihre lang ersehnten American-Girls-Puppen zu Weihnachten schenkte, habe ich nicht erwartet, dass sie zu mir sagen: »Oh, Papi, ich mag diese Puppe sehr! Aber natürlich mag ich dich noch lieber.« Ich fühlte mich nicht dadurch bedroht, dass sie die Puppen gernehaben und sich an ihnen freuen. Im Gegenteil: Ich habe darauf gehofft, dass sie völlig begeistert sind. Genauso fühlt Gott sich nicht dadurch bedroht, dass wir uns an dieser Welt freuen. Er freut sich an unserer Freude, wenn wir sie als Zeichen seiner Freundlichkeit, Güte, Barmherzigkeit und Großzügigkeit betrachten.

Gott fühlt sich nicht dadurch bedroht, dass wir uns an dieser Welt freuen.

Wir beschämen Singles, wenn wir ihnen das Gefühl geben, dass es götzendienerisch oder eine Sünde sei, sich nach einer Ehe zu sehnen: »Du solltest in Gott allein glücklich sein!« Aber die meisten von uns hat Gott für die Ehe vorgesehen. Wenn ich diese Sehnsucht anerkenne, hat das nichts mit hochmütiger Auflehnung gegen Gott zu tun, sondern mit demütiger Unterordnung unter seinen Schöpferplan.

Darum können wir uns selbst an der Musik, dem Humor oder der künstlerischen Kreativität von Ungläubigen erfreuen. Wenn ich im Auto unterwegs müde werde, meinen iPod einschalte und Lieder von Nina Gordon höre oder beim Joggen mein Lieblingstitel von David Crowder erklingt, dann lächle ich und denke, wie gut, wirklich gut das Leben ist. Und dieses überfließende Leben kann ich nur genießen, weil Gott es mir großzügigerweise gestattet. Wenn jemand kunstvoll Noten zusammenwebt, werden sie zu Tönen, wie Gott es geplant hat, die wiederum zu unseren Ohren geschickt werden – die auch er erschaffen hat. Viele Autoren und Komponisten haben vielleicht auch noch Einblicke in die Wahrheit Gottes, die wir anerkennen, wertschätzen und von denen wir lernen können. Muss aber in jedem Refrain »Preist den Herrn« vorkommen, damit er akzeptabel ist? Nein, weil die Wahrheit und die Qualität des Musikstücks Gott schon aus sich selbst heraus preist und ihn als das Genie hinter unserer menschlichen Existenz bestätigt.

Die große Verbindung

Alberto Salazar, einer der fähigsten US-Marathonläufer aller Zeiten und ein gläubiger Katholik, bekannte einmal: »Laufen ist nicht nur eine Disziplin, es kann zum Zwang werden – es kann wie ein Gott werden. Wenn du diesen Gott anbetest, vergisst du alles andere. Und wenn du diesen Gott verlierst, hast du nichts.«[20] Da wir der sehr realen Gefahr ausgesetzt sind, dass irdische Freuden uns für Gott blind machen, unsere Herzen von ihm wegstehlen und gute Dinge zu schlechten werden *können,* stellt sich die Frage, wie wir die Balance halten können.

Man höre darauf, wie Mose das Volk Israel warnte:

Passt aber auf, dass ihr den Herrn, euren Gott, nicht vergesst ... Wenn ihr genug zu essen habt und euch prächtige Häuser baut und darin wohnt und wenn eure Schaf-, Ziegen- und Rinderherden groß werden und ihr viel Gold, Silber und vieles andere besitzt, dann werdet nicht überheblich und vergesst nicht den Herrn, euren Gott, der euch aus der Sklaverei in Ägypten befreit hat (5. Mose 8,11-14).

Reißt man diese Verse aus dem Zusammenhang, könnte man eine überzeugende Predigt über die »Gefahren« des Vergnügens halten und darüber, wie es zwangsläufig unser Herz von Gott wegziehen wird. Doch hat diese Aussage einen wichtigen Prolog und einen ebenso wichtigen Epilog. Der Prolog sagt, dass die Freuden der Welt direkt aus der Hand Gottes kommen:

Denn der Herr, euer Gott, bringt euch in ein gutes Land. Dort gibt es Flüsse, Seen und Quellen, die in den Tälern und Bergen entspringen, und Weizen und Gerste, Weinstöcke und Feigenbäume, Granatäpfel, Ölbäume und Honig. Es ist ein Land, in dem ihr euch satt essen könnt und es euch an nichts fehlen wird. Ein Land, in dem die Steine Eisen enthalten und aus dessen Bergen du Kupfer abbauen kannst (5. Mose 8,7-9).

---

20 Zitiert in: John Brant, *Duel in the Sun: Alberto Salazar, Dick Beardsley, and America's Greatest Marathon*, New York 2006, S. 150.

Ein Land der Freude!

Wenn solche Freuden uns *zwangsläufig* von Gott wegführten, würde er sie nicht schenken. Er weiß um ihr Potenzial, dies zu tun, und warnt uns ehrlich vor der Versuchung, aber er erteilt uns auch (vorher und nachher) einen Rat, wie wir Freuden verantwortlich und in einer Weise genießen können, die uns zu Gott *hin*führt statt *von ihm weg*.

Den ersten Schritt zum verantwortlichen Umgang mit diesen Freuden finden wir in Vers 6: »Lebt nach dem Willen des Herrn, eures Gottes, und habt Ehrfurcht vor ihm, indem ihr seine Gebote in eurem Leben umsetzt.«

Wir können uns also verantwortlich auf diese Freuden einlassen, wenn wir sie *entsprechend dem Plan Gottes genießen* – trinken, ohne uns zu betrinken; essen, ohne in die Völlerei abzugleiten; uns die Früchte des Landes schmecken lassen, ohne dem Materialismus in die Falle zu gehen; Sex genießen, aber nur in der Ehe. Jegliche Freude an irdischen Dingen und Erfahrungen, die dem widerspricht, was Gottes Gebote darüber aussagen, *wie* sie genossen werden sollen, wird zum Götzendienst. Ich kann die Neigungen meines Herzens nicht sehr gut bemessen, aber ich *kann* meine Taten bemessen. Kein rechtmäßiges Vergnügen steht dem offenbarten Willen Gottes entgegen.

Nicht das Vergnügen an sich ist das Problem, sondern das Vergnügen, das von der Gegenwart Gottes getrennt ist.

Zweitens: Wir schützen die Freude, wenn wir *Gott anerkennen.* Mose erklärt: »Wenn ihr dann gegessen habt und satt seid, sollt ihr den Herrn, euren Gott, für das gute Land, das er euch gegeben hat, loben. Passt aber auf, dass ihr den Herrn, euren Gott, nicht vergesst und dann seine Gebote, Vorschriften und Gesetze, die ich euch heute gebe, nicht mehr befolgt« (5. Mose 8,10-11).

Anders ausgedrückt: Gottes Segnungen und Freuden sollen Sie *an ihn erinnern*, statt Sie für seine Gegenwart unempfänglich zu machen. Nicht das Vergnügen an sich ist das Problem, sondern das Vergnügen, das von der Gegenwart Gottes getrennt ist.

Denkt nur nicht, ihr wärt aus eigener Kraft und Anstrengung reich geworden. Erinnert euch vielmehr daran, dass es der Herr, euer Gott, ist, der euch die Kraft gibt, Reichtum zu erwerben. Denn er erfüllt den Bund, den er mit euren Vorfahren schloss und der jetzt noch gilt. Eines jedoch kann ich euch heute versichern: Wenn ihr den Herrn, euren Gott, vergesst und anderen Göttern nachlauft, sie verehrt und anbetet, dann werdet ihr umkommen (5. Mose 8,17-19).

Ohne Zweifel besteht eine echte Gefahr darin, die Welt zu lieben. Tatsächlich: Wenn wir den Schwerpunkt der Bibel sehen, konzentriert sie sich mehr darauf, Menschen vor dem Reiz unerlaubter Freuden zu warnen, als darauf, die guten Dinge, die die Welt zu bieten hat, frei zu genießen. Das mag daran liegen, dass unser sündiger Zustand uns anfällig dafür macht, Gottes Gaben zu missbrauchen, sodass wir doppelt gewarnt werden müssen.

Aber eine Halbwahrheit ist und bleibt ein Trugschluss. Gott lädt uns ein, ja, befiehlt uns gar, diese Welt zu genießen, wie er sie erschaffen hat – vorausgesetzt, wir tun dies in der von ihm vorgesehenen Weise. Unter den Geboten Gottes wird diese Welt ein herrlicher Ort der Anbetung, der Freude und des geistlichen Staunens. Wir ehren Gott, wenn wir akzeptieren, dass er mehr ist als ein guter Retter – er ist auch ein großartiger Gestalter und Schöpfer.

Kapitel 5

Party wie in biblischen Zeiten

Geht und feiert ein Fest mit köstlichem Essen und süßen Getränken und teilt eure Speisen mit denen, die nichts vorbereitet haben. Denn dies ist ein heiliger Tag für unseren Herrn. Seid nicht traurig, denn die Freude am Herrn ist eure Zuflucht!

NEHEMIA 8,10

Der Kampf, dem Vergnügen zu widerstehen und stattdessen das Richtige zu tun, ist nicht der wesentliche Kampf, den das Christentum in unser Leben bringt. Der wesentliche Kampf ist, zu glauben, dass die ewige Gemeinschaft, die Gott in seiner Dreieinigkeit mit sich selbst hat, eine Party ist, bei der wir alle unbedingt dabei sein möchten, und unsere tiefsten Leidenschaften für seine Art von Vergnügen zu entdecken und ihnen ungehindert nachzugeben.

LARRY CRABB

Ich glaube, diese Lebenseinstellung, diese Konzentration auf die Gegenwart, das Alltägliche, das Greifbare, dieser Blick – nicht auf die Schlagzeilen im Fernsehen, sondern auf die Blumen, die in unserem eigenen Garten wachsen, auf die Kinder, die in unserem eigenen Haus heranwachsen – diese Lebenseinstellung trägt das Potenzial in sich, den Himmel zu öffnen, eine Handvoll funkelnder Diamanten zu ernten, wo wir vorher nur Kohlenstoff sahen.

SHAUNA NIEQUIST

Für Christen, die in enger Gemeinschaft mit Gott leben, ist das Leben wie ein Fest.

DR. JAMES HOUSTON

Wie viele Teens in den 1970ern besuchte ich mehr als eine »Verbrenne deine Schallplatten für Jesus«-Veranstaltung. Manche charismatische Redner verdienten nicht schlecht, indem sie das Land bereisten, Treffen auf Zeltplätzen organisierten und uns junge Leute ermutigten, unsere Rock-'n'-Roll-Musik für Jesus (dem »Rock that doesn't roll«) aufzugeben.

Als junger, gewissenhafter Christ war ich dafür mehr als empfänglich; und ehrlich gesagt, war ich bei einigen Platten auch heilfroh, sie los zu sein. (Andere indes hätte ich genauso gerne unbedingt wieder.) Den größten Teil eines ganzen Jahrzehnts habe ich ausschließlich Musik von Keith Green, Larry Norman, Randy Stonehill, Kelly Willard, Amy Grant und ihren musikalischen Anverwandten gehört. Nur unter unglaublichen Schuldgefühlen habe ich mir Jahre später gestattet, wieder meinen drei Lieblings-B (Boston, den Beatles und den Bee Gees) zu lauschen.

Ich kann mich noch daran erinnern, wie ich als Schüler an der Highschool meine Plattensammlung durchging (durch den Verkauf mancher Platten hätte ich meine Kinder durchs College bringen können, hätte ich sie nicht verbrannt) und dabei auf Chuck Mangiones Instrumentalhit *Feels So Good* (dt. »Das fühlt sich so gut an«) stieß.

»Die muss weg«, sagte ich laut, »der Titel spricht für sich.«

Diejenigen, die sich an die Brillanz der Kompositionen Mangiones erinnern, wissen sicher auch noch, dass Mangione Flügelhorn spielte. Seine Alben bestanden komplett aus Instrumentalmusik, ganz ohne Texte. Irgendwie war mein schuldbeladenes Hirn davon überzeugt, dass jemand, der ein Lied *Feels So Good* nannte, irgendwo einen verborgenen dämonischen Geist in sich trug; und dass dieser Geist nur darauf wartete, sich auf meine Seele zu stürzen, sobald ich es wagte, die Scheibe auf meinen Plattenteller zu legen.

Warum bloß habe ich mich von einem Menschen bedroht gefühlt, dessen Musik mir anbot, mich gut zu fühlen? Was in meiner Theologie und in meinem ungeformten Verstand hat »sich gut fühlen« mit »Teufelsmusik« gleichgesetzt?

Damals habe ich eine Menge Predigten gehört. Mehr Verkündiger, als ich zählen kann, wetterten gegen ein in den 70ern sehr populäres Poster, das ein Nilpferd in einem Schlammloch zeigte. Unterschrift: »Wenn es sich gut anfühlt, dann tu es.« Hätten Pastoren eine kleine Gebühr dafür zahlen müssen, wenn sie ein beliebtes Poster anprangerten, wäre Farrah Fawcett-Majors reicher als Bill Gates geworden und besagtes Nilpferd hätte in Champagner baden können.

Tatsache ist, dass ich mit dem Gedanken aufgewachsen bin, dass der Teufel will, dass ich das tue, was sich gut anfühlt, und Gott möchte, dass ich allem entsage, was mir gefällt, abgesehen vom Gottesdienstbesuch, Beten und Bibellesen natürlich. Selbstverständlich spricht die Bibel über Selbstverleugnung und Selbstkontrolle genauso wie über Mission und Dienst, aber wir liegen schief, wenn wir annehmen, dass Spaß kein wesentlicher Teil unseres Lebens sein kann.

Selbstverständlich spricht die Bibel über Selbstverleugnung und Selbstkontrolle genauso wie über Mission und Dienst, aber wir liegen schief, wenn wir annehmen, dass Spaß kein wesentlicher Teil unseres Lebens sein kann.

Unser Spaß gibt der Welt gegenüber ein Statement ab, ja, er ist ein Zeugnis. Er ist weit davon entfernt, eine Ablenkung von Gott zu sein, sondern verkündet laut, dass wir, die Schuldigen, gerecht gesprochen worden sind. Wir, die Gefangenen, sind frei gemacht worden. Wenn wir trübsinnig Verdammte bleiben, verleugnet das die Wirksamkeit des Opfers, das Jesus für uns am Kreuz gebracht hat – so als müssten wir den Unzulänglichkeiten Jesu durch übertrieben ernstes und nüchternes Gebaren irgendwie auf die Sprünge helfen. Zu Recht erklärte der Theologe Jürgen Moltmann: »Freiheit will nicht nur *realisiert,* sondern auch *gefeiert* werden.[21]« Anders ausgedrückt: Wir sollten unser Heil spielerisch und enthusiastisch in Empfang nehmen (inmitten eines angemessenen Rufes zum Dienen). Wenn Gottes erlöstes Volk nicht spielen und feiern kann, ja wer dann? Warum sollten solch gute Nachrichten uns so traurig erscheinen lassen?

Gott einen Spaßverderber zu nennen, entehrt ihn als den, der die Freude erschaffen hat und uns ewige Freude verspricht. Es bedeutet, Gott die Ehre zu verweigern, die man seinem Namen schuldet, da er so einen hohen Preis dafür bezahlt hat, uns vom Gewicht und von den Konsequenzen der Sünde zu befreien. Wie es Moltmann tref-

21 Moltmann, *Freigelassenen der Schöpfung,* S. 29.

fend sagt: »Darum sind bei den Befreiten Osterlachen und Kreuzesleid zugleich miteinander lebendig.«[22]

Kraftlose Grundsätze

Das Problem an dem Poster mit dem Spruch »Wenn es sich gut anfühlt, dann tu es« ist, dass die dahintersteckende Philosophie viel Elend hervorgebracht hat und viele Abhängigkeiten, die die Freude zerstören. Gefühle *können* uns auf Abwege bringen. Unser Appetit *kann* uns kaputt machen. Wir *müssen* einige Grenzen setzen.

Aber eine andere Herausforderung bedroht uns genauso: *Wir haben als Christen eine solche Angst vor dem Verfall, dass wir unsere Wünsche verurteilen.* Für die Bibel ist diese Verbotshaltung eine ungesunde und unproduktive Art, mit dem Vergnügen umzugehen. Man denke an die Worte des Paulus:

Ihr seid mit Christus gestorben, und er hat euch aus den Händen der Mächte dieser Welt befreit. Warum folgt ihr dann noch weltlichen Regeln wie: »Damit sollst du nichts zu tun haben, das sollst du nicht essen, dies nicht anfassen.« Solche Regeln sind nichts als menschliche Vorschriften für Dinge, die doch nur dazu da sind, von uns benutzt und verbraucht zu werden. Sie mögen weise wirken, weil sie Hingabe, Demut und strenge körperliche Disziplin verlangen. *Aber sie sind ohne Wert und dienen nur menschlichen Zielen* (Kolosser 2,20-23; Hervorhebung durch den Autor).

Johannes Calvin (1509-1564), führender Schweizer Reformator, kritisierte vernichtend bestimmte Glaubenshaltungen von Menschen, die immer noch einen Schritt mehr tun mussten, um ihre Frömmigkeit unter Beweis zu stellen. Er führt aus, dass die Kolosser ein altes Spiel spielten: Man fängt an zu sagen: Man sollte nicht viel von etwas essen, darum sollte man es nicht *teilweise* verzehren und des-

22 Moltmann, *Freigelassenen der Schöpfung*, S. 38.

halb sollte man es nicht einmal kosten. Über kurz oder lang wurde sogar als frevelhaft angesehen, es nur zu berühren. Kurz gesagt: Wenn Menschen einmal angefangen haben, über menschliche Seelen zu herrschen, nimmt es mit neuen Gesetzen, die täglich den alten hinzugefügt werden, kein Ende, und immer und immer wieder werden weitere Verordnungen hinzugefügt.[23]

Die Kirche steht immer in der Gefahr, in diese Falle zu tappen. Der bekannte Bibellehrer F.F. Bruce setzt die Worte des Paulus in Umgangssprache:

> Oh, ich stimme zu, dass das Anerkennen dieser Verbote sehr gut aussieht; es macht einen vorteilhaften Eindruck auf viele Leute und legt nahe, dass man eine höhere Ebene der Weisheit erlangt hat, von der aus man die materielle Welt verachten kann. All diese freiwillige Frömmigkeit, diese Demütigung des Selbst, diese Strenge zum Körper ist vordergründig bestechend. Aber bringt es einen wirklich irgendwo hin? Lassen Sie mich versichern, dass das nicht der Fall ist. Das Anerkennen all dieser asketischen Auflagen ist ohne Bedeutung, wenn es zu einem wirklichen Kampf gegen die Nachgiebigkeit des »Fleisches« kommt.[24]

Ein anderer Abschnitt offenbart, dass dieses »Einen-Schritt-darüber Hinausgehen« womöglich in der frühen Kirche weit verbreitet war. Als Paulus an Timotheus schrieb, warnte er vor denen, die die Ehe verbieten und vor bestimmten Nahrungsmitteln warnen, derer man sich enthalten soll: »Weil alles, was Gott geschaffen hat, gut ist, sollen wir nichts davon ablehnen. Wir dürfen es dankbar annehmen« (1. Timotheus 4,3). So unbehaglich sich manche bei dieser Vorstellung fühlen mögen, scheint es doch so, dass Paulus sich eher mit

---

23 Vgl. John Calvin, *Calvin's Commentaries: Philippians, Colossians, and Thessalonians,* Grand Rapids 2003, S. 200.

24 F.F. Bruce, *The Epistles to the Colossians, to Philemon, and to the Ephesians,* New International Commentary on the New Testament; Grand Rapids 1984, S. 253.

der »liberalen« Masse identifiziert als mit den radikalen Verbotsexperten.

Darin geht er im Gleichschritt mit Jesus. Nie drängt uns Jesus zur Askese. Beispielsweise befiehlt er seinen Jüngern nie ausdrücklich, zu fasten. Er deutet an, dass seine Jünger fasten *werden* (vgl. Markus 2,18-20), und er nennt Richtlinien, wie man angemessen fasten kann (vgl. Matthäus 6,16-18), aber sie nehmen nie die Form eines Befehls an. Auch fordert Jesus keine heldenhaften und lang andauernden Gebetsversammlungen. Im Gegenteil. Er sagt seinen Jüngern: »Plappert nicht vor euch hin, wenn ihr betet, wie es die Menschen tun, die Gott nicht kennen. Sie glauben, dass ihre Gebete erhört werden, wenn sie die Worte nur oft genug wiederholen. Seid nicht wie sie, denn euer Vater weiß genau, was ihr braucht, noch bevor ihr ihn darum bittet!« (Matthäus 6,7-8). Kategorisch lehnt er eine strenge Definition des Sabbats ab und prägte dazu das berühmte und kraftvolle Wort: »Der Sabbat wurde zum Wohl des Menschen gemacht und nicht der Mensch für den Sabbat« (Markus 2,27).

Sicher: Jesus war in manchen Dingen heldenhaft asketisch – 40 Tage fasten, frühmorgendliche Gebete, Verzicht auf ein eigenes Zuhause. Bei anderer Gelegenheit aß und trank er aber eindeutig in wohlhabendem Milieu – und das in einem Ausmaß, dass Beobachter dies klar zur Kenntnis nahmen (Matthäus 11,19 zeigt, dass er als »Säufer« angesehen wurde). In Lukas 15,25 erwähnt er das Tanzen bei einem festlichen Anlass als etwas Positives.

Jesus ging davon aus, dass seine Nachfolger ein diszipliniertes Leben führen würden, und warnt uns vor einem testosterongetriebenen Wettbewerb darum, wer frömmer ist. Er will, dass wir voll am Leben teilhaben, ohne uns von ihm gefangen nehmen zu lassen – die letztlich ausgewogene Sichtweise für Vergnügungen.

Jesus warnt uns vor einem testosterongetriebenen Wettbewerb darum, wer frömmer ist.

Als ein Fan von Biografien glaube ich, dass die inspirierendsten Lebensgeschichten, die Gott die meiste Ehre geben, immer in diesem Gleichgewicht stehen. Sie verbinden eine Neigung zur Selbstdisziplin mit einer gesunden Wertschätzung akzeptabler Vergnügungen und Freuden. Mein theologischer Mentor, der hochgebildete und sehr belesene James I. Packer, verteidigte energisch seine Gewohnheit, Krimis zu lesen, »nur um den Verstand wachzuhalten«. Der Theologe Karl Barth lebte nach den Aussagen seiner Frau ein strenges Leben geprägt von Studium und Entsagung, doch er würzte diese Disziplinen mit einem abendlichen Glas Wein oder Bier und hörte dabei die Musik seines geliebten Mozart. Um den Wert der Freude zu lehren, gab es in Barths Konfirmandenklassen regelmäßig Schneeballschlachten. Er selbst war ein passionierter Reiter. Martin Luther riet sorgenbeladenen Gemütern dazu, mit Freunden eine Gaststätte zu besuchen. Und J. R. R. Tolkien machte sich einmal über die Fastenpraxis des C. S. Lewis lustig. Lewis hatte sich für die Fastenzeit entschlossen, nur zwei Bier am Tag zu trinken statt seiner üblichen drei.

Ohne anmaßend klingen zu wollen, glaube ich, dass Gott will, dass die Gemeinde die Art und Weise, wie wir Vergnügungen betrachten, sowie unsere entsprechenden Verbote neu überprüft. Manche wohlmeinenden Christen werden nun versucht sein, dieses Buch zuzuklappen, und mich lautstark anprangern, sobald ich damit anfange, anzudeuten, dass ihre lang gehegten Verbote eher aus ihrer Kultur als aus der Bibel stammen. Aber wollen wir nicht wenigstens dafür beten, dass Gott unseren Verstand für seine Wahrheit öffnet (auch wenn wir dafür gut gemeinten, aber womöglich fehlgeleiteten Tabus zu Leibe rücken)? Wollen wir nicht betend darüber nachdenken, dass, wenn etwas im Übermaß schädlich ist, es nicht bedeutet, dass es maßvoll genossen ungesund ist? Was *wirklich* nach Jesus, Paulus oder auch Calvin ungesund ist, ist, das zu verbieten, was Gott uns zu unserer Freude gegeben hat.

Größere Freude

Als Collegestudent las ich die Worte eines radikal klingenden, populären christlichen Lehrers, der hinterfragte, warum Teens etwas anderes tun sollten, als zu beten, Gottesdienst zu feiern, die Bibel zu lesen oder ihren Glauben zu bezeugen.

»Wenn du an diesen Dingen keinen Gefallen hast, und zwar den ganzen Tag lang und nur an diesen Dingen«, so dieser Prediger, »wirst du im Himmel sehr unglücklich sein.«

Leider definieren viele Gläubige Freude wie dieser Prediger so eng, dass sie sie auf spezielle geistliche Anbetung einschränken. Dies reduziert die gewaltige Rolle drastisch, die die Freude in ihrem Leben einnehmen will. Der Prediger irrt meines Erachtens nicht nur im Hinblick auf den Stellenwert der Freude in unserem Leben; er liegt auch im Hinblick auf die Freude in Bezug auf das sogenannte »Leben nach dem Tod« völlig schief. Da geht es um weit mehr als nur darum, Anbetungslieder zu singen.

In einem großen Geschenk an Gottes Gemeinde – dem fantastischen Buch »Der Himmel« – fegt Randy Alcorn viele irrige Auffassungen über den Himmel vom Tisch, einschließlich der Tatsache, dass dort alles »geistlich« sei und bar jeder körperlichen Freude. Kraftvoll und überzeugend stellt Randy die Sichtweise infrage, dass alles, was wir im Himmel tun, nur aus Beten, Singen und Bibellesen besteht. Diesen Irrtum nennt er »Christoplatonismus«, eine Verfälschung des Glaubens, die davon ausgeht, dass alles Geistliche gut und alles Körperliche schlecht ist. Tatsächlich spricht Randy darüber, dass es im Himmel Haustiere gibt oder – halten Sie sich fest – Kaffee![25]

Henry Drummond, ein Autor des 19. Jahrhunderts und ehemaliger Präsident des CVJM, schreibt Offenbarung 21,2 große Bedeutung zu: »Und ich sah die heilige Stadt, das neue Jerusalem, von Gott aus dem Himmel herabkommen wie eine schöne Braut, die sich für ihren Bräutigam geschmückt hat.« Denken Sie einmal darüber nach: Der Himmel ist eine Stadt. Was für ein radikaler Gedanke!

Ich zitiere Drummond hier ausführlicher:

25 Randy Alcorn, *Der Himmel*, Holzgerlingen [6]2010.

Keine andere Religion mit einem Himmel hatte je einen Himmel wie diesen. Der Grieche, sofern er überhaupt in die Zukunft sah, erwartete das Elysium; der Osten das Nirwana. Alle anderen Himmel sind Gärten, Traumländer – mehr oder weniger richtungslose Passivitäten. Selbst für die meisten von uns ist der Himmel eine Siesta und keine Stadt ...

Der Himmel des Christentums unterscheidet sich von allen anderen Himmeln, weil sich das Christentum von allen anderen Religionen unterscheidet. Das Christentum ist die Religion der Städte. Es bewegt sich unter den realen Dingen. Seine Sphäre ist die Straße, der Marktplatz, das Arbeitsleben der Welt.[26]

Die theologische Bedeutung dieser Wahrheit ist verblüffend, nicht nur, wie Drummond schreibt, wegen dem, was über den Himmel gesagt wird, sondern auch wegen dem, was es über Gottes Sicht unseres Lebens in der Welt von heute sagt:

Das Stadtleben ist menschliches Leben der intensivsten Art, der Mensch in seinen realsten Beziehungen ...

Wenn der Himmel eine Siesta wäre, könnte die Religion als Träumerei aufgefasst werden. Wenn das zukünftige Leben sich hauptsächlich in einem Tempel abspielt, mag das jetzige Leben hauptsächlich in der Kirche verbracht werden. Aber wenn der Himmel eine Stadt ist, dann muss das Leben der Menschen, die dorthin gelangen, ein echtes Leben sein. Der Mensch, der in den Himmel des Johannes kommt ... muss ein echter Mensch sein.[27]

Eigentlich ist es sogar noch schockierender: Im Himmel gibt es kein Kirchengebäude, nur eine Stadt. Johannes teilt uns mit: »Kein Tempel war in der Stadt zu sehen, denn der Herr, Gott, der Allmächtige, und das Lamm sind ihr Tempel« (Offenbarung 21,22). Eine Stadt,

26 Henry Drummond, *The Greatest Thing in the World: and 21 Other Addresses*, London 1953, S. 82.

27 Ebd., S. 83-84.

aber keine Kirche – klingt das wie ein Ort, der vom echten Leben, wie wir es heute kennen, abgeschottet ist?

Der Gnostizismus, jene antike Lehre, die vorgab, über »Geheimwissen« von Jesus Christus zu verfügen, sah das Fleisch und die geschöpfliche Welt als von Natur aus böse an. Die frühe Kirche hat diese Lehre schnell und offiziell zurückgewiesen. Nach dieser ketzerischen Sicht war das Fleisch absolut schlecht und nur die nichtmaterielle Seele gut. Das führte die Gnostiker dazu, abzustreiten, dass Jesus tatsächlich in einem materiellen, menschlichen Körper gelebt hat. Während die frühe Kirche den Gnostizismus offiziell angeprangert hat, haben gnostische *Tendenzen* (vor allem der vermeintliche Vorzug der Seele über den Körper) bis heute Bestand. Christen, die erschreckt wären, wenn man behaupten würde, dass Jesus nicht wirklich in einem Körper gelebt hat, empfinden trotzdem Unbehagen bei dem Gedanken, dass Jesus körperliche Freuden genoss (oder auch wir es tun).

Christen, die erschreckt wären, wenn man behaupten würde, dass Jesus nicht wirklich in einem Körper gelebt hat, empfinden trotzdem Unbehagen bei dem Gedanken, dass Jesus körperliche Freuden genoss.

Diese Denkweise hat die Art beeinflusst, wie wir den neuen Himmel und die neue Erde sehen. In jenen herrlichen Zeiten werden wir unsere Freude an einem Ort des Feierns, des Spiels und der Künste haben. »Es wird köstliches Essen geben, fette Speisen und leckeren Wein, Markspeisen und erlesene Weine« (Jesaja 25,6). Es wird dort erlesene Früchte geben (vgl. Offenbarung 22,2), Lachen (vgl. Lukas 6,21) und eine blühende, geschäftige und herrliche Metropole (vgl. Offenbarung 21,2). Einige treue Gläubige werden in großem Reichtum leben (vgl. Matthäus 6,19-21). Der Himmel scheint ziemlich eindeutig ein extravaganter Ort zu sein.

Es ist keine – aber wirklich absolut keine – Frage, dass das Beste und Lohnenswerteste am Himmel ist, in der Gegenwart Gottes zu leben – im Licht seiner Herrlichkeit feiernd sein Angesicht zu sehen. Dazu hat er uns erschaffen. Wir werden Gott in seiner Herrlichkeit sehen und wissen, dass nichts – keine Freude, kein Vergnügen, keine materielle Sache – dem gleichkommt. Doch statt dass Gott uns dazu bringt, die materiellen und nebensächlichen Dinge zu verachten, wird seine Gegenwart uns dafür freisetzen, all das, was er zu unserem Nutzen geschaffen hat, wirklich zu genießen.

Erlöste Seelen müssen nicht bis zum Himmel warten, um anzufangen, diese wahren Wunder zu genießen. Wir können unsere Zeit auf dieser Erde dazu nutzen, um zu lernen, wie man solche Gaben als großartige Manifestationen von Gottes Geist annimmt, die unsere Wertschätzung von und Ehrfurcht gegenüber seiner Kreativität und Genialität noch steigern. Die Bibel feiert Vergnügen eindeutig – aber nicht nur im Himmel. Sie sagt viel darüber, dass man Zeit und Geld für Vergnügen hier auf der Erde reservieren sollte.

Der Zehnte, den niemand lehrt

Viele Pastoren predigen regelmäßig, manche gar in Predigtreihen, über den Zehnten unter Anwendung sorgfältig (und selektiv) ausgewählter Abschnitte des Alten Testaments, besonders dem, in dem Maleachi (vgl. 3,8-9) dazu drängt, Gott nicht die Gabe des Zehnten vorzuenthalten. Aber ich habe noch nie, nicht ein einziges Mal eine Predigt gehört, die sich auf die Worte des Mose in 5. Mose 14 bezieht:

> Gebt jedes Jahr den zehnten Teil dessen, was auf euren Feldern wächst, ab ... (ihr) dürft ... den zehnten Teil eurer Ernte und Tiere verkaufen und mit dem Erlös an den Ort gehen, den der Herr, euer Gott, erwählen wird. Kauft dort von dem Geld, was immer ihr wollt – Rinder, Schafe, Ziegen, Wein oder andere alkoholische Getränke oder was ihr sonst möchtet. Feiert dann mit eurer Familie ein fröhliches Fest in der Gegenwart des Herrn, eures Gottes (5. Mose 14,22.25-26).

Um fair zu sein: Mose ergänzt noch: »Übergeht dabei die Leviten nicht« (V. 27, damals die vollzeitlichen Mitarbeiter am Heiligtum); das Gleiche galt für die Benachteiligten der Gesellschaft (Ausländer, Waisen und Witwen, V. 29). Nanu? Noch nie habe ich einen Prediger gehört, der der Gemeinde gesagt hat, wenigstens einen *Teil* des Zehnten aufzubewahren, um damit in ein teures Restaurant zu gehen, Filet Mignon und exquisiten Wein zu bestellen und diesen Zehnten in der Gegenwart Gottes zu genießen und sich daran zu freuen, wie gut Gott zu uns ist.

Warum nicht? Warum berührt es uns anscheinend unangenehm, zuzugeben, dass Gott ausdrücklich zu seinem Volk sagt, das Geld des Zehnten zum Feiern zu verwenden und davon »Wein oder andere alkoholische Getränke« zu kaufen? Sehen Sie nun, wie selektiv wir bestimmte Passagen zum Thema Pflichterfüllung und Opfer betonen, während wir dazugehörige Abschnitte, die von Feiern, Spaß haben und sogar Partys reden, beinahe völlig ignorieren? Nicht die Bibel allein bestimmt unsere Sicht von Gott und dem christlichen Leben. Wir lesen die Bibel durch unsere kulturellen Brillen. Wenn wir die Schrift nehmen, wie sie ist, sehen wir vielleicht, dass wir im Hinblick darauf, was das Leben mit Jesus Christus beinhaltet, zu einer unausgewogenen Sichtweise gelangt sind.

Halten wir inne und bedenken, was dieser Abschnitt sagt: Gott möchte, dass Sie Geld, das für *ihn* reserviert ist, nutzen, um fröhlich mit einigen kulinarischen und flüssigen Luxusgütern zu feiern. Das bedeutet nicht, dass wir nun damit aufhören können, die Gemeindearbeit zu unterstützen, oder unser Geld leichtfertig ausgeben sollen. Es bedeutet auch nicht, dass wir nicht mehr aufopferungsvoll spenden sollen. Gemeint ist, dass wir anerkennen können und sollen, dass ein Vergnügen, das Gott die Ehre gibt, seinen Platz hat. Wir sollten uns vor Augen halten, dass Gott uns dazu geschaffen hat, ein solches Vergnügen zu genießen, und dass dies aus Gottes Sicht ein Akt der Anbetung ist.

Dieser Abschnitt in 5. Mose wird gestützt durch einen anderen Bericht über das Leben und den Dienst von Esra und Nehemia, großen Männern des Alten Testaments. Als Esra das »verlorene Gesetz« vorlas (Abschnitte der Heiligen Schrift, die vernachlässigt worden waren), traf dies die Menschen ins Herz: »Alle Menschen hatten geweint, als sie die Worte des Gesetzes hörten.« Schnell kamen Esra, Nehemia und die Leviten zu dem Schluss, dass die ergriffenen Menschen *falsch* reagiert hatten, und sie sagten ihnen: »Heute ist ein heiliger Tag für den Herrn, euren Gott. Weint also nicht und trauert auch nicht!« (Nehemia 8,9).

Stattdessen ordneten sie eine Party an: »Geht und feiert ein Fest mit köstlichem Essen und süßen Getränken und teilt eure Speisen mit denen, die nichts vorbereitet haben. Denn dies ist ein heiliger Tag für unseren Herrn. Seid nicht traurig, *denn die Freude am Herrn ist eure Zuflucht!*« (Nehemia 8,10; Hervorhebung durch den Autor).

Diese so mächtigen und überzeugenden Diener Gottes sagten im Wesentlichen: »Weg mit den Taschentüchern, packt das gute Essen und die starken Getränke aus. Es ist Zeit zum Feiern.« In seinem Gleichnis vom verlorenen Sohn in Lukas 15,25 befürwortet Jesus selbst die Idee einer festlichen Party (mit Musik und sogar Tanz).

Wenn wir heute ein bisschen mehr Freude in unseren Gemeinden hätten, hätten wir vielleicht eine Menge mehr Kraft.

Natürlich haben Weinen, Buße und Nüchternheit auch ihren Platz; aber manchmal sind solche Reaktionen einfach nicht angebracht. Manche Gelegenheiten schreien geradezu nach Feiern, Freuen, Tanzen, Singen, Schlemmen, Lachen und Spielen.

Gottes Boden

C. S. Lewis hat all das so gut wie kaum ein anderer verstanden. In seinem Klassiker *Dienstanweisung für einen Unterteufel* bekennt Screwtape seinem Dämonenschützling: »Vergiss nie, dass wir uns in gewissem Sinn auf Feindesboden begeben, wenn wir uns mit irgendeinem Vergnügen in seiner gesunden, normalen und befriedigenden Form befassen. Ich weiß, wir haben durch Vergnügungen schon manche Seele gewonnen. Trotzdem, die Freude ist seine Erfindung, und nicht die unsrige.«[28]

Screwtape knüpft an diesen Kommentar später in seiner Korrespondenz noch einmal an, wo der Meisterdämon anerkennend von Gott sagt:

Im Grunde ist Er ein Genießer. Alle jene Fastenzeiten und Vigilien und Scheiterhaufen und Kreuze sind nichts weiter als Fassaden, nichts als Schaum an der Meeresküste. Draußen aber auf dem Meere, auf Seinem Meere, da ist Freude und wiederum Freude. Er macht kein Geheimnis daraus. Zu Seiner rechten Hand sind »Freuden ohne Ende« ... Er hat seine Welt mit Freuden aller Art erfüllt. Die Menschen beschäftigen sich im Laufe des Tages mit so vielen Dingen, um die Er sich nicht im Geringsten kümmert: schlafen, waschen, essen, trinken, lieben, spielen, beten, arbeiten. Alles muss zuerst *verdreht* werden, ehe es uns irgendwie von Nutzen sein kann.[29]

Jesus lässt uns einen Blick darauf werfen, wie Gott ist. Trotz unserer Unsicherheiten und Ängste, dem Vergnügen zu erliegen, müssen wir uns mit einem Jesus auseinandersetzen, der beschuldigt wurde, ein Trunkenbold und Fresser zu sein. (vgl. Johannes 7,34), im Gegensatz zum asketischen Johannes dem Täufer. In einer Hinsicht schießt diese Charakterisierung völlig am Ziel vorbei. Man erinnere sich: Jesus hat ein 40-tägiges Fasten überlebt. Andererseits indes lässt sie uns wie ein Fenster einen Blick auf das *Gleichgewicht* im Leben Jesu tun. Warum sollte jemand an Jesus eine solche Kritik üben, wenn er seine Mahlzeiten und ein Glas guten Weines nicht genossen hätte? Vielleicht haben sie sein

Trotz unserer Unsicherheiten und Ängste, dem Vergnügen zu erliegen, müssen wir uns mit einem Jesus auseinandersetzen, der beschuldigt wurde, ein Trunkenbold und Fresser zu sein

28 C.S. Lewis, *Dienstanweisung für einen Unterteufel*, Freiburg [26]1984, S. 42.
29 Ebd., S. 95.

Lachen als Betrunkenheit fehlinterpretiert. Sicherlich ist der, der über das Wasser ging, nie aus einem Haus herausgetorkelt. Und der, der die Welt ins Dasein rief, hat gewiss nicht gelallt. Vielleicht haben die Pharisäer das Lachen von Jesus beobachtet – er ließ es sich sicher gut gehen – und diese Ungezwungenheit führte dann zu den skurrilen Anschuldigungen in Bezug auf seine Trunkenheit.

Wenn wir die Freude willkommen heißen, stehen wir auf göttlichem Boden. Gott benutzt das Vergnügen, um uns zu motivieren und zu segnen. Er erzählt den Israeliten von einer großen und herrlichen Zukunft: »›Und an jenem Tag‹, spricht der Herr, der Allmächtige, ›werdet ihr euch gegenseitig unter euren Weinstock und euren Feigenbaum einladen‹« (Sacharja 3,10). Was bereitet mehr Freude, als wenn ein Hausbesitzer sein Eigentum mit seinen Freunden teilt?

Diejenigen, die leugnen, dass die Freude einen angemessenen Platz im Leben hat, weisen vielleicht unbewusst auch Gott nicht seinen angemessenen Platz zu. Gott schuf diese Welt mit einigen köstlichen Freuden. Wenn wir unser Herz für diese Genüsse weit öffnen, öffnen wir unsere Herzen weit für Gott. Was ich hier sage, mag für manche revolutionär sein, für andere gar ketzerisch, aber so ist es nun einmal: *Als Christen sind wir dazu eingeladen, ja, verpflichtet, ein Leben echter Freude zu kultivieren, und zwar als einen Weg zum Gehorsam, ja, zur Anbetung.*

Kapitel 6

Freude praktisch

Nichts ist materialistischer, als eine Freude als bloß materiell zu verachten.

G.K. Chesterton

Die Freude zu verachten, ist alles andere als überragende Geistlichkeit, sondern in Wirklichkeit ... die Sünde des Stolzes. Die Freude ist von Gott bestimmt, um unser Empfinden für Gottes Güte zu steigern, unsere Dankbarkeit ihm gegenüber zu vertiefen und unsere Hoffnung auf reichere Freuden, die im Jenseits kommen werden, zu stärken.

James I. Packer

Das Feuer des Vergnügens der Lust muss mit dem Feuer der Vergnügungen Gottes bekämpft werden. Wenn wir versuchen, das Feuer der Lust mit Verboten und Drohungen allein zu bekämpfen – sogar mit den schrecklichen Warnungen Jesu –, werden wir scheitern. Wir müssen es mit einer gewaltigen Verheißung überragenden Glücks bekämpfen. Wir müssen das kleine Flackern des Vergnügens, das die Lust bietet, mit der Feuersbrunst heiliger Zufriedenheit verschlingen.

John Piper

Freu dich am Herrn, und er wird dir geben, was dein Herz wünscht.

Psalm 37,4

Tief in der Nacht wurde ich von einem lauten Piepen geweckt. »Warum müssen die Batterien der Rauchmelder immer dann ihren Geist aufgeben, wenn man im Bett ist?«, dachte ich. »Können die nicht einmal nachmittags mit dem Piepen anfangen?«

Zunächst versuchte ich, das Piepen zu ignorieren, aber es hätte seinen Rhythmus nicht besser finden können. Gerade wenn ich in einen angenehmen Schlummer zurückgefallen war, rüttelte mich das nächste Piepen wach.

Ich fing an, das Piepen zu *hassen.*

Ich knurrte, stieg aus dem Bett und ging zur Garage. Unser Schlafzimmer hat eine gewölbte Decke, darum befindet sich unser

Rauchmelder idealerweise fast vier Meter über uns. Ich musste eine Leiter holen.

Ich setzte die Leiter an, kletterte hoch zum Rauchmelder, wechselte die Batterie und kroch zurück ins Bett.

Pieeeep!!!

Ich musste den falschen erwischt haben!

Ich warf die Bettdecke beiseite, stand in der Mitte des Raumes und wartete darauf, dass der Alarm wieder losging, nur um sicherzustellen, welchen ich als Nächstes in Angriff nehmen sollte.

Es hatte aufgehört.

Ich verbuchte das Ganze als technische Panne und kletterte zurück ins Bett, bereit, mich dem Schlummer hinzugeben.

Pieeeep!!!

Meiner erster Gedanke: »Wo ist Grahams Baseballschläger?«

Ich kletterte aus dem Bett, wartete wieder und schwor mir, dort auszuharren, damit ich direkt unter dem Ding stand, wenn es mit dem Piepen wieder anfing – und das dumme, böse, satanische Piepen wartete drei Sommerferien lang, bevor es wieder losging.

Und – es kam mit Sicherheit *nicht* von unserer Zimmerdecke.

Ich schleppte mich in den Flur und sah einen anderen Rauchmelder. Pflichtbewusst trottete ich die Treppe hinunter zur Küche, um eine weitere Batterie zu holen und meinen garstigen Feind mit einer brandneuen Energiequelle zu füttern.

Die angenehme Stille der Nacht endete mit einem neuerlichen Piepen, das höflich gewartet hatte, bis ich unter die Bettdecke abgetaucht war.

»Was ist denn los?«, fragte meine Frau, als ich vor Hast praktisch die Matratze umdrehte, um aus dem Bett zu kommen und das Dach unseres trauten Heims herunterzureißen.

»Nichts Besonderes«, antwortete ich, »unser Haus ist nur besessen.«

Ich hielt meine nächste Wache unter dem Feuermelder im Flur. Ich hätte das ganze Alte Testament rückwärts lesen können, bevor mein niederträchtiger Freund *Pieeeep!!!* machte.

Aha! Der war es also auch nicht!

Ich stürzte ins Zimmer meiner Tochter und nahm einen anderen Rauchmelder ins Visier, nur zwei Meter Luftlinie vom Rauchmelder im Flur entfernt. Was habe ich wohl getan? Ich riss das Gerät von der Decke, stopfte eine neue Batterie hinein und forderte damit den Rest der Rauchmelder heraus, sich mit mir anzulegen.

Vielleicht bin ich ein kleines bisschen zu energisch ins Bett zurückgesprungen – jedenfalls wurde meine Frau einen knappen Meter in die Luft geschleudert.

»Hast du's repariert?«, fragte sie.

»Ich hab's nicht nur repariert«, entgegnete ich, »ich habe es *besiegt*. Ich bin der Herr und Meister dieses Hauses.«

Pieeeep!!!

»Und was war dann das?«

Mein Gesichtsausdruck erschreckte meine Frau sogar im Dunkeln.

Ihre aus mehr als zwanzig Ehejahren gewonnene Intuition warnte sie davor, dass ich im Begriff war, auszurasten. »Gary, was auch immer du denkst, das du tun solltest, tu es nicht!«

Ich antwortete ihr mit einem meiner Lieblingszitate aus einem der *Rocky*-Filme: »Ich habe dich nie darum gebeten, dass du aufhörst, eine Frau zu sein. Nun bitte du mich nicht, dass ich aufhöre, ein Mann zu sein« – und dann machte ich weiter und riss jeden Rauchmelder von jeder Decke und warf das ganze Zeug in die Garage.

»Aber was ist, wenn es brennt?«, fragte meine Frau.

»Solange das Feuer auch die Rauchmelder mitnimmt«, entgegnete ich, »ist Gottes Wille erfüllt.«

Just in diesem Moment hörten wir ein weiteres *Pieeep*.

Lisa lachte.

»Du kannst lachen, so viel du willst«, sagte ich, »ich rufe morgen einen Exorzisten an.«

Drei Piepszyklen vergingen, bis mein Sohn nach Hause kam und an unsere Schlafzimmertür klopfte, um uns zu sagen, dass er wie vereinbart pünktlich nach Hause gekommen war.

»Wie war dein Abend?«, fragte Lisa und wurde sofort von einem dieser bösartigen Piepser unterbrochen.

Graham schaute auf meine Kommode, nahm mein Handy und sagte: »Papa, weißt du, dass du einen Anruf verpasst hast?«

Christen können geistliche Krankheiten genauso falsch diagnostizieren wie ich das üble Piepsen. Wir versuchen so häufig, das Falsche zu reparieren, und suchen nach einer »geistlichen« Antwort, während die Lösung doch vielleicht sehr praktisch und naheliegend ist.

Wir versuchen so häufig, das Falsche zu reparieren, und suchen nach einer »geistlichen« Antwort, während die Lösung doch vielleicht sehr praktisch und naheliegend ist.

Die Macht der Freude freisetzen

Einer der tiefsten geistlichen Ratschläge, die ich je gehört habe, kam aus der Feder des berühmten baptistischen Predigers des 19. Jahrhunderts, Charles H. Spurgeon. »Hunderte geistlicher Missstände könnten gelöst werden, wenn man eine Nacht gut durchgeschlafen hat«, schrieb er.

Spurgeon meinte, dass die Lösung oft überhaupt nicht »geistlicher«, sondern praktischer Natur ist. Fühlen Sie sich niedergedrückt? Müde? Ausgebrannt? Haben Sie, statt für eine Lösung zu beten und zu fasten, je erwogen, einfach mehr auszuruhen?

Der Klinikseelsorger Douglas Weiss gibt in seinem Buch *The Power of Pleasure* (»Die Macht der Freude«) ein großartiges Beispiel. Während seiner Arbeit mit einem Schulinspektor, der sich niedergeschlagen und ausgebrannt fühlte, wurde Doug klar, dass der Mann in seinem Leben beinahe keine Freude hatte.[30] Er lebte für die Arbeit, die Pflicht und die Verantwortung. Nachdem sie über die Vergangenheit gesprochen hatten, entdeckten sie, dass dieser Mann

30 Douglas Weiss erzählt diese Geschichte in seinem Buch: *The Power of Pleasure*, Carlsbad 2007, S. 127-129.

positive Erinnerungen an seine Kindheit in einer ziemlich armen Gegend in Alabama hatte. Dort waren die meisten Autos ziemlich alt und mussten häufig repariert werden. Also sammelten sich jeden Abend die Männer aus dem Häuserblock, um Batterien zu ersetzen, Zündkerzen zu überprüfen oder Bremsbeläge zu wechseln.

Der Inspektor, der neun Stunden am Tag in einem Gebäude steckte, um Menschen zu beaufsichtigen, statt mit ihnen über Sport oder das Leben im Allgemeinen zu sprechen, fühlte sich, als ob er sich inmitten seiner Verantwortlichkeiten auflösen würde. Er vermisste regelmäßige Zeiten, in denen er Kontakte knüpfen konnte und nicht immerzu etwas entscheiden musste.

Er hatte die einfache Wahl: Antidepressiva einzunehmen, seinen Job zu schmeißen oder zu lernen, einen angemessenen Anteil an Vergnügen in seine ausgelastete Arbeitswoche zu integrieren. Klugerweise ging der Inspektor nach Hause, rief einen Cousin an, der im Vorjahr einen Karosseriebausatz gekauft, aber kaum damit angefangen hatte, ihn zusammenzusetzen. Sie verabredeten sich wöchentlich, um das Auto ernstlich zusammenzubauen.

So einfach war das. Die Depression verschwand und der Inspektor entdeckte seine erneuerte Lebensenergie. Indem er jede Woche ein klein wenig investierte, wurde er zu Hause fröhlicher, dynamischer bei der Arbeit und ein viel glücklicherer Mensch. (Damit soll *nicht* infrage gestellt werden, dass eine klinisch diagnostizierte Depression mit einer angemessenen Medikation behandelt werden kann. Aber selbst wenn das erforderlich ist, gehören Änderungen im Lebensstil immer zum Genesungsprozess.)

Statt den neuesten geistlichen Ratschlagsguru aufzusuchen, möchte ich Sie dazu ermutigen, zuerst etwas ganz Einfaches zu probieren: sich bewusster vorzunehmen, der Macht der Freude in Ihrem Leben Raum zu geben. Wenn Sie dieses von Gott erschaffene Bedürfnis respektieren, wird Sie das letztlich gesünder, glücklicher und effektiver in Ihrer Berufung und Ihrem Dienst machen. Es für einen erheblichen Zeitraum zu ignorieren, bringt Sie nicht nur in Gefahr, sondern lässt Ihre Freude kleiner werden und verringert normalerweise Ihre Fähigkeiten wie auch Ihre Treue. Wir werden dann wie stumpfe

Sägen, ärmliche Imitationen dessen, was wir sein sollten. Größere Anstrengung wird nichts mehr ausrichten; es wird alles nur noch schlimmer. Wir müssen uns Zeit nehmen, uns schärfen zu lassen.

Ist Ihre Ehe erlahmt? Wann hatten Sie das letzte Mal gemeinsam Spaß? Wann haben Sie sich zum letzten Mal um Ihre sexuelle Beziehung bemüht oder einfach nur einige Stunden mit etwas verbracht, was Sie beide mögen?

Haben Sie den Bezug zu Ihren Teenagern verloren? Warum unternehmen Sie nicht etwas gemeinsam, das Sie zum Lachen bringt? Belehren und beseelsorgern Sie sie nicht. Tun Sie nichts, außer sich zu freuen, bei ihnen zu sein. Für einen Abend soll es nur um den Spaß gehen.

Behindern sich Ihre Kollegen bei der Arbeit (oder in der Gemeinde) gegenseitig? Konkurrieren sie miteinander, sind sie unproduktiv und unverantwortlich? Wenn Sie Wochen damit verbracht haben, die »unentdeckte Sünde« herauszufinden, wenn Sie gebetet und gefastet haben, um den »geistlichen Kampf« abzuwehren, aber nichts passiert ist – darf ich dann eine viel einfachere Lösung vorschlagen? Nehmen Sie im Leben der Beteiligten Freude wahr, oder sind alle kurz davor, sich unglücklich zu fühlen? Warum sollten Sie eine fröhliche Atmosphäre erwarten, wenn sich traurige Leute versammeln?

Mein Freund Kevin Harney stellte fest, dass sein Team in der reformierten Gemeinde durch eine besonders harte Zeit voll überladener Terminkalender, die Anforderungen des vollzeitlichen Dienstes und die typischen Gemeindeherausforderungen ging. Mit Weisheit entschied er, dass er das nächste Teamtreffen in ein geselliges Eisessen verwandeln würde. Er und sein Mitpastor mixten Getränke, sogar besonders gesunde Milchshakes (für die, die so etwas mögen), und sie verbrachten einfach Zeit miteinander. In Kevins Worten: »An dem Tag haben wir absolut gar nichts gemacht außer dem Allerdringlichsten: Wir haben gespielt und Eis gegessen wie Kinder.« Nach Kevins Ansicht war dieser Augenblick der Freude ein Wendepunkt. »Wir brauchten kein weiteres Strategietreffen«, sagte er, »was wir brauchten, war das Sakrament der Eiscreme und des Lachens.«

Wann immer Sie die Verlockung der Sünde spüren, ist es Zeit, eine heilige und gesunde Alternative zu suchen.

Um Ihretwillen, um Gottes willen, um Ihrer Familie willen, um jedermanns willen, der Ihr selbst verschuldetes Elend ertragen muss: Setzen Sie ein bisschen Freude in Gang. Fangen Sie damit an, die Versuchung als ein Zeichen zu sehen, dass Ihr Leben zusammengeschrumpft ist und Sie es im praktischen und körperlichen Sinn erweitern müssen (ohne die geistlichen Dinge völlig außer Acht zu lassen). Kurz: Wann immer Sie die Verlockung der Sünde spüren, ist es Zeit, eine heilige und gesunde Alternative zu suchen.

Die religiöse Falle

Haben Sie je darüber nachgedacht, dass Satan uns von der Freude fernhalten will? Die meisten Leute denken, dass Satan uns mit Vergnügungen verführt. Sicherlich tut er das, aber manchmal, besonders bei bestimmten ernsthaften Christen, ist er eifriger darum bemüht, uns von den wahren Freuden abzuhalten, die Gott für uns geplant hat.

Ohne Freude werden manche ärgerlich und müde, fühlen sich nicht wertgeschätzt und grollen schließlich anderen, statt sie zu lieben. Andere werden zu Richtern und zeigen auf, wie jeder um sie herum sündigt (während sie sich vielleicht insgeheim wünschen, genau dasselbe zu tun). Freude kann ein wunderbares Gegengift gegen diese geistlichen Missstände sein – sie kann uns erneuern und erfrischen, sodass wir geduldiger, energiegeladener und mit unserer Zeit und unserer Zuneigung großzügiger werden. So ist es nur zu verständlich, dass Satan uns von wahrer Freude fernhalten will, denn er hasst ihre positiven Auswirkungen.

Die religiöse Falle, in die so manche ernsthafte Christen hineintappen, ist die, dass wir versuchen, den religiösen Weg aus einer Sünde oder Verlockung heraus zu finden. Wir glauben, dass wir disziplinierter sein müssten, treuer in unserem Bibellesen, aktiver im geistlichen Dienst. Darin mag ein Körnchen Wahrheit stecken, aber wenn Ihre Seele echte Freude braucht und sabbatmäßige Erfrischung, aber Sie zu dem Schluss kommen, dass Sie mehr arbeiten müssten, dann steuern Sie unausweichlich auf eine Katastrophe zu.

Und wer ist für dieses Unglück am meisten anfällig? Die Christen, die es am allerernstesten meinen. Douglas Weiss hat beobachtet, dass es einfacher ist, Fresssüchtige dazu zu bringen, ihr Essen einzuschränken, als Magersüchtige dazu zu bewegen, mit dem Essen anzufangen.[31] Wir können stolz auf unsere Disziplin sein, *selbst dann, wenn genau diese Disziplin uns geistlich krank macht.* Manchen Christen scheint es selbstsüchtig, schwach oder beschämend zu sein, wenn sie nur fünf Stunden in der Woche für etwas reservieren, was sie wirklich gerne tun, mag es Malen, Gartenarbeit oder ein Kinobesuch sein. Wenn sie diesen Wünschen trotzdem nachgeben, kämpfen sie womöglich mit Reue und Schamgefühlen, statt in diesen Aktivitäten Ruhe und Entspannung zu finden. Ob die Ursache nun Stolz, die eigene Persönlichkeit oder eine Versuchung ist, alles führt zum selben Ergebnis: Die geistlichen Segnungen der göttlichen Freude bleiben ihnen vorenthalten. Statt sich erfrischt zu fühlen, fühlen diese armen Christen sich nur schuldig.

Wenn die Freude so unangenehm wird, wenn sie mit so viel Schuld und Reue behaftet ist, dass man sie nicht genießen kann, dann steht man womöglich unter dem Beschuss Satans. Zielorientiertes Handeln ist nun angebracht. Es lohnt sich, dafür zu kämpfen, dass Freude genossen und wertgeschätzt werden kann.

Wenn Sie *nicht* fünf Stunden in der Woche für ein erholsames Vergnügen reservieren können (was das genau heißt und wie wir dahin kommen können, darüber mehr im nächsten Kapitel), dann laufen Sie wahrscheinlich schon auf Reserve und sind anfällig für alle erdenklichen geistlichen Krankheiten. Fünf Stunden sind hier willkürlich genannt – ich bin kein Therapeut –, aber das scheint mir eine realistische Zeit für jede Woche zu sein. Fünf Stunden in der

31 Weiss, *Power of Pleasure,* S. 87.

Woche sind unserem Vergnügungsbedürfnis wahrscheinlich noch nicht angemessen.

Ich sage nicht, dass der einzige Grund, warum wir sündigen, darin liegt, dass wir durstig oder gelangweilt sind; wir sündigen aufgrund unserer in uns verbliebenen sündigen Natur. Diese Sünde müssen wir bekämpfen – ernsthaft, wissentlich und unermüdlich – bis zum Tag unseres Todes. Eine Art, wie wir Sünde bekämpfen können, ist, ein Leben heiliger Freude zu führen.

In einer schwierigen Lebensphase entdeckte die Autorin Shauna Niequist die heilenden Wirkungen eines Grillabends.[32] Sie wurde unglaublich ermutigt, während sie mit Freunden zusammen ein tolles Essen zu sich nahm. Vielleicht ist für Sie eine Solorunde Golf das Richtige, vielleicht ein langer Nachmittag, an dem Sie einen ganzen Roman lesen, oder ein Vormittag mit Gartenarbeit. Man sollte diese praktischen Hilfen keineswegs verachten.

Erinnern Sie sich an die biblische Geschichte von Naaman, dem Heerführer des Aramäerkönigs? Er machte Elisa ausfindig, da er hoffte, vom Aussatz geheilt werden zu können, und war schwer beleidigt, als Elisa ihm sagte, er solle siebenmal im Jordan untertauchen. Zum Glück hatte Naaman weise Begleiter, die ihm sagten: »Wenn der Prophet etwas Großes von dir verlangt hätte, hättest du es dann nicht getan? Wie viel eher solltest du ihm gehorchen, wenn er dich nur auffordert: ›Bade dich, damit du wieder gesund wirst!‹« (2. Könige 5,13).

Vielleicht wünschen Sie sich ein Geheimrezept für Ihre Not leidende Seele – und in Wahrheit brauchen Sie einen Grillabend.

Vielleicht wünschen Sie sich ein Geheimrezept für Ihre Not leidende Seele – und in Wahrheit brauchen Sie einen Grillabend.

32 Vgl. Niequist, *Geschmack von Leben*, S. 92-94.

Seelen ohne Körper

Ich behaupte, dass wir einfühlsamer werden können und unseren Mitchristen besser helfen sollten, sich mit den *legitimen* körperlichen Bedürfnissen zu befassen – in der Art, wie Gott es getan hat, als er mit Adam vertraut im Garten Eden zusammenlebte und sagte: »Es ist nicht gut für den Menschen, allein zu sein« (1. Mose 2,18). Gott sagte nicht: »Adam, du brauchst Eva nicht; du musst nur auf mich sehen.«

Wenn das Gott aber nicht gesagt hat, warum handeln wir dann so?

Die hochmütige »religiöse« Reaktion ist: »Nun, *ist* nicht Jesus genug? Was brauchen wir mehr?« Wer wagt da zunächst einmal, etwas anderes zu behaupten? Wer möchte schon sagen, dass Jesus nicht genug ist? Aber vielleicht sollten wir die Frage hinterfragen. Oberflächlich betrachtet ist die einzige definitiv angemessene Antwort auf die Frage: »Ist Jesus genug?«, ein bedingungsloses Ja. Aber die definitiv angemessene Antwort auf die Frage: »Reichen Brot und Wasser, um einen Menschen am Leben zu erhalten?«, ist ebenfalls bedingungslos Ja. Bedeutet das aber, dass ich Obst und Fleisch und sogar ein gelegentliches Stück Kuchen verachten soll, wenn diese Nahrungsmittel für mich verfügbar sind?[33]

Adam lebte mit Gott, freute sich an Gott, betete Gott an und sprach mit Gott – weit intensiver und direkter als wir heute. Und doch war es Gott, der sagte: »Es ist nicht gut für den Menschen, allein zu sein. Ich will ihm ein Wesen schaffen, das zu ihm passt« (1. Mose 2,18).

Man fasse es: Gott sagt Adam buchstäblich: »Ich meine, dass die Art, wie du lebst – nur du und ich –, nicht genug ist, mindestens jetzt nicht. *Es ist nicht gut* für dich, allein mit mir hier zu sein und ohne Gesellschaft. Daher erschaffe ich noch jemand anderen, eine Frau, mit der du dein Leben und deine Beziehung zu mir teilen kannst.«

33 Hier hinkt natürlich der Vergleich, denn Jesus ist sicherlich »Kuchen und Obst« und nicht nur das Existenzminimum Wasser und Brot. Aber haben Sie bitte Geduld mit mir, bis Sie verstehen, worauf ich hinauswill.

Liebe Mitchristen, in gewissem Sinne sagte *Gott* zu Adam: »Ich bin nicht genug.« Das sind nicht *meine* Worte, sondern seine!

In manchen Leben und in manchen Situationen wird das »Jesus allein« gelten. Gott mag uns unseren Ehepartner nehmen, unsere Kinder, unser Zuhause – scheinbar alle Freuden, die wir haben. Und in solchen Situationen werden wir entdecken, dass er wirklich und wahrhaftig genug ist. Aber ich glaube, die Weisheit lehrt uns, dass ein solches Leben »nur für geladene Gäste« bestimmt ist. Man kommt nur durch Gottes Führung dorthin. Wir sollten es nicht im Sinne einer selbst auferlegten Verpflichtung anstreben. Die Alte Kirche strafte junge Gläubige, die dem Märtyrertod nachstrebten. Sich der letzten Verfolgung demütig zu ergeben, ist das eine. Aber es ist etwas völlig anderes, sich selbst zu heldenhafter Frömmigkeit aufzuschwingen, um seine Reife zu beweisen.

Ich mag es, wie François Fénelon die Sache angeht: »Erwarten Sie keine Kreuze. Sie würden vielleicht solche suchen, die Gott Ihnen gar nicht geben will und die zu seinen Plänen mit Ihnen nicht passen. Aber nehmen Sie willig und ohne Zögern all die entgegen, die seine Hand Ihnen in jedem Augenblick bietet. Es gibt eine Vorsehung für Kreuze wie für die Notwendigkeiten des Lebens.«[34]

Mit anderen Worten: Es ist unsere Christenpflicht, das zu nehmen, was Gott uns bietet, und seine gütige Führung mindestens genauso sehr anzunehmen, wie wir uns willentlich jeder besonderen Freude hingeben sollen (wiederum unter seiner gütigen Fürsorge). Aber wir sollten damit aufhören, stolpernde Gläubige als körperlose Seelen zu behandeln, die nur ein bisschen geistlicher werden müssen. Gebet, Anbetung, Bibelstudium und Gemeinschaft sind das Brot des geistlichen Lebens, aber nicht die einzige Medizin für unsere leidenden Seelen. Tatsächlich werden sie umso wirkungsvoller, wenn sie mit anderen heiligen, »schöpfungsgemäßen« Freuden verbunden sind.

Der Apostel Paulus zum Beispiel empfahl Singles, die mit sexueller Versuchung zu kämpfen hatten, zu heiraten (vgl. 1. Korinther 7,9).

34 Fénelon, *Christian Perfection*, S. 21.

Er klagte sie nicht an nach dem Motto: »Was ist los mit euch? Könnt ihr nicht an Gott allein genug haben?« Im Gegenteil, er betont, dass Gott für unsere sexuellen Sehnsüchte vorgesorgt hat (durch die Ehe), und wenn wir unsere sexuellen Triebe nicht angemessen im Griff haben, sollten wir umso ernsthafter nach diesem praktischen und heiligen Ventil streben.

Zugegeben, diese gefallene Welt ist voller Enttäuschungen. Freuden, von denen ich abhängig bin, werden mich letztlich enttäuschen, und manche werden auch auf unbestimmte Zeit aufgeschoben. Aber nur weil die Freuden der Schöpfung nicht all unsere Probleme lösen können, bedeutet das nicht, dass wir sie allesamt verachten sollten, wie manche Christen es tun. Wenn wir entdecken, welchen Platz die Bibel der Freude zuweist, wird uns das dazu befreien, kreativer und willentlicher nach angemessenen Vergnügungen zu suchen und ihre Kraft für die höchsten geistlichen und Gott die Ehre gebenden Dinge nutzbar zu machen. Ich möchte, dass Sie sich frei fühlen – ja, beherzt dazu *entschlossen* sind –, eine Freude zu kultivieren und zu genießen, die die Seele so sehr füllt, dass Sie gar nicht viel Zeit haben, sich im Negativen oder Unerlaubten aufzuhalten.

Nur weil die Freuden der Schöpfung nicht all unsere Probleme lösen können, bedeutet das nicht, dass wir sie allesamt verachten sollten, wie manche Christen es tun.

Ein ganz irdischer Ratschlag

Ich bekam einen Anruf von einem Pastor, in dessen Gemeinde ich einige Jahre zuvor gepredigt hatte. Er hatte sich öffentlich zur Sünde der Harmoniesucht und der Menschenfurcht bekannt. Er hatte es lange Zeit vermieden, gegen ein Unrecht in seiner Gemeinde aufzustehen. Leider beging er einen Fehler, den viele machen – auch ich schon öfter–, nämlich anzunehmen, dass das Eingeständnis der Sünde und die Reue über sie solche Gewohnheiten verschwinden lassen.

Unser Stolz sagt: »Ich hab's erkannt, ich hab's bekannt, nun kann ich die Sache vergessen.«

Wenn es nur so einfach wäre.

Eine Reihe von Ereignissen hatte ihm offenbart, wie sehr er noch in seine Sünde verstrickt war. Als ein Konflikt zwischen einem Freund und einem Pastorenkollegen auftrat, wollte er seinen Freund nicht korrigieren, der sich gut mit seiner Frau verstand, noch wollte er seinem Kollegen auf den Schlips treten, mit dem er zusammenarbeiten musste. So lavierte er in seiner Unentschlossenheit herum und machte den Konflikt dadurch schlimmer, dass er darin versagte, als Pastor die Dinge zu begleiten und versöhnend zu wirken. Danach sah sich die Gemeinde einer strittigen theologischen Frage ausgesetzt, die die Gemeinschaft zu spalten drohte. Dieser Pastor wusste, dass er eine Partei zurechtweisen musste, aber der Gedanke daran, eine Position zu beziehen, die jemand anders verärgern könnte, widersprach offenbar dem, wie er gern gesehen werden wollte. Nachdem er sich ein Jahr damit herumgeschlagen hatte, konnte er sich noch immer nicht dazu zwingen, dem Problem zu begegnen.

Das Problem ist natürlich Folgendes: Wenn Gott Sie – wie diesen Mann – in eine Leitungsfunktion beruft, ist »beliebt« zu sein ein Luxus, den man sich nicht immer erlauben kann. Und jener Pastor schien unfähig, irgendetwas zu tun, das andere veranlassen könnte, ihn nicht zu mögen. Bei seinen Predigten fühlten sich alle wohl. Er war der freundliche, seelsorgerliche Lehrer, den jeder mochte und lobte. Und in dieser Rolle wollte er bleiben.

Manche Leute würden sagen, dass das schlichte Bekennen unserer Sünde und die Anwendung des theologischen »Gegenmittels« ausreichend sind. Sicher hilft dies, doch glaube ich, dass wir uns zusätzlich noch stärken können, indem wir das Problem noch allgemeiner und praktischer betrachten. Ohne die geistlichen und theologischen Wahrheiten (Überführung von Schuld, Bekenntnis, Umkehr, Vertrauen in Gottes zukünftige Gnade) zu vernachlässigen, können wir unser Leben stützen, wenn wir uns dem widmen, was uns ursprünglich verwundbar gemacht hat.

In diesem Fall riet ich dem Pastor, darüber nachzudenken, warum er so abhängig davon zu sein schien, Befriedigung und Erfüllung in seiner Berufung zu finden. »Wenn du ein Leben in Gottes Nähe lebst und im täglichen Leben viele heilige Freuden und Vergnügungen hast, ist es nicht so schwierig, auf die Arbeit zu gehen und zu wissen, dass man einige Menschen enttäuschen wird«, erklärte ich ihm. »Du würdest nicht so verzweifelt nach Anerkennung streben, wenn du durch ein erfülltes Leben außerhalb des Schlachtfelds deines Pastorendienstes gestärkt würdest. Aber wenn du denkst, das Leben außerhalb deines Dienstes sei nicht wichtig, wenn du deine Beziehung zu deiner Frau und deinen Kindern vernachlässigt hast und wenn du keine angenehmen Beschäftigungen außerhalb der Gemeinde hast, kannst du es dir gar nicht erlauben, in deiner Arbeit für Unruhe zu sorgen. Denn du hast ja nur deine Arbeit. Bist du abhängig davon, Menschen zu gefallen, weil du es zugelassen hast, dass dein Leben zu klein geworden ist?«

Indem ich mein Freudenbedürfnis anerkenne und ihm den richtigen Platz zuweise, kann ich mit gewöhnlichen Versuchungen dadurch fertig werden, dass ich eine Verteidigungsstrategie bereithalte. Das Vergnügen arbeitet nun *für* statt gegen mich. Ich nutze es, um meine Familie und meine Integrität zu schützen, statt sie zu zerstören. Weil ich immer noch ein Sünder bin, bedeutet dies nicht, dass ich nie gefallen bin oder zukünftig nicht mehr fallen werde. Aber ein solcher Weg ist eine brauchbare, praktische Herangehensweise, um mit den Mechanismen der Versuchung fertig zu werden.

Ein »Schloss« an die Freude hängen

Vielleicht wenden Sie nun ein: »Sicher, Gary, ich würde gerne die Kraft der Freude entfesseln, aber ich bin zu armselig, zu allein, zu krank, zu ...« Mit solchen Entschuldigungen bleiben Sie nur in Ihrem Gefängnis eingesperrt.

Als ich in einem Büro arbeitete und meine kleinen Kinder zu Hause auf mich warteten, konnte ich keine langen Waldspaziergänge unternehmen (die ich wirklich genieße), aber regelmäßig entschlüpfte ich zur Mittagszeit für zwanzig kurze Minuten in den Stadtpark. Die Unerreichbarkeit eines Ideals sollte Sie nicht davon abhalten, *etwas* Konstruktives zu unternehmen.

Weise schlägt Douglass Weiss vor, vor unsere Freude ein »Schloss« zu hängen – sie also davor zu schützen, das Erste zu sein, was wir vernachlässigen, wenn es in unserem Leben hektisch wird.[35] Wenn Sie eher zu den verantwortlichen Menschen gehören, werden Sie sich wohl erst dann eine Freude gestatten, wenn alle Aufgaben erledigt sind, das Haus fleckenlos sauber ist, niemand im Umkreis von hundert Kilometern krank ist, niemand etwas braucht und auf unserem Planeten schließlich der Weltfriede herrscht.

Das wird nicht passieren. Wenn Sie Pastor sind, braucht irgendjemand immer Ihre Zeit. Sind Sie Mutter oder Vater, gibt es immer unerledigte Aufgaben. Haben Sie eine eigene Firma, finden Sie immer noch etwas, das Sie tun könnten. Die Familie ruft ständig nach Ihnen, Freunde bitten um Gefälligkeiten und Ihre Gemeinde möchte Sie als Mitarbeiter – immer und immer wieder!

Wenn Sie *immer* Ihre Vergnügungen opfern und sich *nie* Erholung gönnen, werden die Menschen um Sie herum auch darunter leiden. Gott wird Ihr Jammern ertragen müssen. Ihre Familie Ihr Verhalten. Ihr Freundes- und Kollegenkreis wird Ihre zunehmende Kratzbürstigkeit aushalten müssen. Ihr Körper wird unter den Folgen von Stress leiden und der Pflege durch andere bedürfen. Ein entlarvendes Zitat von Elton Trueblood fordert mich regelmäßig heraus: »Ein Mensch, der immer verfügbar ist, ist nicht viel wert, wenn er verfügbar ist.«[36] Wenn ich mir keine Zeit zum Auftanken nehme, nimmt meine Fähigkeit zu dienen drastisch ab.

Ihre Neurosen, irgendwelche Spaßbremsen oder Ihr geistlicher Feind mögen vielleicht versuchen, Ihnen Schuldgefühle einzureden, wenn Sie ein Schloss vor Ihren notwendigen Freudenzeiten anbringen. Aber wenn Sie das tun, bejahen Sie das Leben. Es lädt Sie dazu ein, sich an Gott zu erfreuen, und ist auf lange Sicht eine Investition

35 Weiss, *Power of Pleasure*, S. 176-177.
36 Elton Trueblood, *The Company of the Committed*, New York 1961, S. 43.

in Ihre geistliche, mentale, körperliche und emotionale Gesundheit. Ja, natürlich *müssen* manchmal unmittelbare Vergnügungen geopfert werden – aber nicht immer.

Nicht immer.

Schaffen Sie in Ihrem Leben Raum für die Freude.

Verachten Sie nie den Stock, wenn Sie einen brauchen

Letztendlich glaube ich, dass es darauf hinausläuft: Wen will ich beeindrucken? Ich bin ein Sünder, der in vielfacher Hinsicht strauchelt (vgl. Jakobus 3,2). Meine Frömmigkeit wird selten einen Menschen beeindrucken, und niemals Gott. Ich lebe mit häufigen Versuchungen, verdrehten Begierden, einem gefallenen Herzen und einer Seele, die anfällig dafür ist, umherzuschweifen ...

Das Singen von Anbetungsliedern und das Lesen der Bibel sind mir oft eine Stütze. Aber Gott, der meine vielen Schwachheiten kennt und sich freundlicherweise meiner jämmerlichen Frömmigkeit erbarmt, hat mir viele Freuden geschenkt, tut dies immer noch und wird es auch zukünftig tun – Freuden, um meine Seele zu stärken, meinen Geist und mein Herz weit zu machen. Nach einem langen Arbeitstag lässt er mich über eine nette Comedy lachen, mich ein paar träge Kilometer auf bislang unbekannten Wegen laufen, mich auf meinem Hotelbett sitzen und in Begeisterung ausbrechen, wenn auf dem Footballfeld eine sportliche Meisterleistung zu sehen ist, oder mich mit meiner Frau für innige Momente zusammen sein. Ich denke, ich wäre ein Dummkopf, wenn ich diese hilfreichen Freunde ablehnen würde. Es wäre für mich der Höhepunkt der Verrücktheit, der Triumph der Arroganz, wenn ich annähme, dass ich ohne das auskommen könnte, was Gott mir zu meinen Füßen gelegt hat, als gute Geschenke aus seiner gnädigen Hand.

Fénelon sieht dies sehr praktisch:

Der Gebrechliche, der nicht ohne Stock laufen kann, kann ihn sich nicht von irgendjemand wegnehmen lassen. Er fühlt seine Schwäche.

Er hat Angst zu fallen und das sollte er auch. Aber er sollte nicht darüber bestürzt sein, wenn er einen gesunden und starken Mann sieht, der dieser Unterstützung nicht bedarf. Der gesunde Mann läuft ungehinderter ohne Stock. Aber er sollte nie auf den herabsehen, der ohne diesen nicht auskommt.[37]

Vielleicht gehören Sie zu den wenigen, die keine anderen Freuden brauchen. Solange Sie nicht die Augen vor der Wahrheit verschließen und vor einem großen Zusammenbruch stehen – gut für Sie. Es fällt mir nicht schwer, zu akzeptieren, dass viele andere eine stärkere geistliche Konstitution haben als ich. Aber schauen Sie nicht auf uns herab, die wir unsere Schwachheiten kennen, die wir glauben, dass in unserer augenblicklichen Lage Freuden nicht nur ein Geschenk sind, sondern eine praktische Unterstützung, ein Stock, auf den wir uns stützen können, der uns dabei hilft, durch eine sündige Welt zu gehen, die voller Versuchungen und Prüfungen ist.

Darf ich ehrlich zu Ihnen sein? Manchmal wünscht sich unsereins, wir bräuchten keinen Stock; aber wenn wir ihn brauchen, sind wir doch dankbar dafür, dass Gott ihn uns gegeben hat.

Es ist weit besser, demütig anzuerkennen, dass man einen Stock braucht und dass man mit Bedacht gesunde, schöpfungsgemäße Freuden entwickelt, die Gott die Ehre geben, als vorzugeben, dass man über ein solches Bedürfnis erhaben ist, und dann suchtgetriebenem, sündigem und schändlichem Verhalten anheimzufallen.

Freuden sind für uns das, was der Puls der Mutter für ein neugeborenes Baby ist. Da das Herz einer schwangeren Frau durchschnittlich 60 Mal pro Minute schlägt, ist ein ungeborenes Kind von dem ständigen, sicheren Rhythmus des Mutterherzens umgeben, 3 600 Mal in der Stunde, 86 400 Mal am Tag und 24 Millionen Mal während der neun Monate der Entwicklung des Kindes. Der gleichförmige Rhythmus schafft eine beruhigende Realität. Das erklärt, warum weise Erzieher herausgefunden haben, dass man quen-

37 Fénelon, *Perfection*, S. 141.

gelige Babys dadurch beruhigen kann, dass man einen Wecker unter das Kopfkissen des Neugeborenen schiebt.[38]

Gott benutzt den vertrauten Rhythmus der Freuden, um unsere Körper zu beruhigen, Zufriedenheit in unsere Seele rieseln zu lassen und unser Herz gegen Versuchungen festzumachen. Diese Rhythmen gestatten uns, viele Verlockungen zu »verschlafen«, sodass wir uns ausgeruht fühlen können und munter für die zu erledigenden Aufgaben aufwachen. Oder wie Dr. James Houston es ausdrückt: »Wir bleiben Menschen mit bebendem Fleisch und pulsierenden Nerven, die die kleinen Freuden emotionalen Wohlbefindens brauchen.«[39]

Gott benutzt den vertrauten Rhythmus der Freuden, um unsere Körper zu beruhigen, Zufriedenheit in unsere Seele rieseln zu lassen und unser Herz gegen Versuchungen festzumachen.

Wenn wir natürlich das Vergnügen bewusst einsetzen, bedeutet das, dass wir wissen, was uns Freude bereitet. Dieser Punkt ist es wert, gesondert abgehandelt zu werden. Darum wenden wir ihm nun unsere Aufmerksamkeit zu.

38 Vgl. James Houston, *In Pursuit of Happiness: Finding Genuine Fulfillment in Life*, Colorado Springs, S. 238.

39 Ebd., S. 249.

Kapitel 7

Was macht Ihnen Freude?

Wenn ich an einem normalen Dienstag meine Lieblingsschuhe anziehe, ist dieser normale Dienstag besser.

Shauna Niequist

Wenn wir sehen, wie unsere alte Persönlichkeit verändert wird, dann ist unser Glück wahrhaftig ein umgestaltendes Glück.

James Houston

Selbst die leichtfertigsten Vergnügungen werden sich in gute Werke verwandeln, wenn Sie sich mit wahrer Umsicht auf sie einlassen und um dem Plan Gottes zu folgen. Wie das Herz weit wird, wenn Gott diesen Weg der Einfachheit auftut!

François Fénelon

Du wirst mir den Weg zum Leben zeigen und mir die Freude deiner Gegenwart schenken. Aus deiner Hand kommt mir ewiges Glück.

Psalm 16,11

Ein legendärer Bericht erzählt von der Zeit, in der der bekannte baptistische (und Zigarren rauchende) Pastor Charles H. Spurgeon den berühmten Evangelisten Dwight L. Moody einlud, in seiner Gemeinde zu predigen. Moody machte sich daran, über das Böse und die Heuchelei der Christen zu schimpfen, die rauchen. Spurgeon erhob sich, stand der Versammlung gegenüber, die ihn (und seine »Laster«) gut kannte, und sagte zu Moody: »Mr. Moody, ich werde meine Zigarren aufgeben, wenn Sie Ihre Gabel niederlegen.«

Egal, ob dieser Bericht nun wirklich wahr ist, zwei Dinge sind unumstritten: Moody liebte das Essen und Spurgeon seine Zigarren. Eine dritte Sache ist ebenso unbestreitbar wahr: Wir predigen normalerweise immer gegen die Vergnügen anderer Leute, während wir an unseren eigenen blind festhalten.

Lassen Sie uns für einen Augenblick vom Richten weg zum demütigen Lernen sehen. Ich werde Ihnen eine Reihe von Fragen stellen, die Ihnen womöglich niemand in Ihrer Gemeinde zuvor gestellt hat. Aber es sind gesunde und heilige Fragen.

Was bereitet Ihnen wahre und bleibende Freude? Was bewirkt, dass Sie sich erfrischt, erneuert und neu belebt fühlen? Was inspiriert Sie so, dass es Ihre Seele erfüllt und Sie danach sehnen lässt, treu und gehorsam zu sein? Was verschafft Ihnen echte und befriedigende Ruhe?

An der frischen Luft sein? Einen Filmklassiker gucken? Eine wirklich gute Massage genießen? Den Garten umgraben? Ein halbes Stündchen einen guten Portwein trinken? Ein Stück 72%iger Bitterschokolade im Mund zerschmelzen lassen? Sich in einem großen Roman verlieren, vielleicht mit einem Cappuccino in der Hand? Den Lieblingsfußballverein spielen sehen, im Jägerstand sitzen, einen kalten Wintermorgen mit einer Angel in der Hand auf einem zugefrorenen See verbringen? Ist es etwas, was Sie zum Lachen oder zum Schwitzen bringt? Möchten Sie etwas kreieren oder etwas pflanzen oder einfach nur am Strand liegen und absolut nichts »tun«?

Haben Sie sich jemals gestattet, darüber nachzudenken, was Ihnen wirklich Freude bereitet?

Haben Sie sich jemals gestattet, darüber nachzudenken, was Ihnen wirklich Freude bereitet? Oder haben Sie sich schuldig gefühlt, das zu tun?

Sinnesfreuden

Nehmen wir uns etwas Zeit, um uns verschiedene Arten anzusehen, wie man Freude genießen kann.

Berührung

Vielleicht haben Sie Freude daran, etwas zu berühren, an einem Holzklotz zu schnitzen oder sich für eine heiße Ölmassage hinzulegen. Ich habe einen Freund, der, so könnte man sagen, seit einiger

Zeit finanziell etwas »unabhängiger« ist als wir. Einmal trafen wir uns während einer meiner Vortragsreisen in einem Hotel. Er hatte einen Bademantel an und würde in Kürze massiert werden. Ich habe noch nie eine professionelle Massage bekommen, aber meinem Freund, der ebenfalls sehr viel reist, helfen Massagen, sich zu entspannen und wieder zu Kräften zu kommen, wenn er zuvor in einen Flugzeugsitz gequetscht war, der von der Beinfreiheit her für einen Dreijährigen ausgelegt ist.

Einer der besten Wege, um herauszufinden, was Ihnen wirklich Freude macht, ist, darüber nachzudenken, wofür Sie Ihr Geld ausgeben. Menschen, die Freude an Berührung haben, berappen über hundert Euro für Super-Luxus-Bettlaken mit hoher Fadenzahl. Das Gefühl, in das weiche, liebkosende Tuch zu fallen, ist ihnen mehr wert, als einen Monat lang Latte macchiatos zu trinken. Da ich in so vielen Hotels schlafe (mehr als hundert Nächte im Jahr), denke ich nicht viel über Bettlaken nach – außer wenn sie furchtbar sind. Meine Frau und ich verbrachten einmal eine Nacht in einem Low-Budget-Hotel, wo sich die Laken wie Sandpapier anfühlten.

»Nun«, sagte ich, »vielleicht hat das mit Marketing zu tun.«

»Was soll das hier mit Marketing zu tun haben?«, fragte meine Frau.

»Genießen Sie ein Peeling im Schlaf!«

Es versteht sich fast von selbst, dass die Freude der Berührung die treibende Kraft hinter sexuellem Vergnügen ist. Gott hat sinnliche Freude erschaffen. Sie ist entstanden, weil er großartig ist, und unterstreicht die Klugheit seines planenden Geistes. Aber die Freude der Berührung geht weit, weit über sexuelle Aktivität hinaus. Viele Frauen erfahren durch das Stillen ihrer Kinder große Freude; andere wollen gerne ein bisschen Abstand zu den Kindern und sich in eine heiße Badewanne gleiten lassen, von Seifenschaum umgeben. Für einige kommt das Gefühl, in einer Hängematte zu schaukeln oder auf einem Bootsdeck zu liegen und zu spüren, wie sanfte Wellen das Boot bewegen, dem Himmel auf dieser Seite der Ewigkeit am nächsten. Manche Frauen genießen es, einen um ihren Hals gewickelten Kaschmirschal zu tragen oder in einen warmen, kuscheligen Pullover eingemummelt zu sein. Wenn weiches Tuch ihre Haut berührt, fühlt sich sogar ein hektischer Tag besser und ein wenig erträglicher an.

Hören

Während ich an einem Buch mit einem erfolgreichen Musiker arbeitete, saß ich auf dem Beifahrersitz einer Luxus-Geländelimousine. Der Künstler schob seine jüngste – noch unveröffentlichte – CD ein, und die Lautsprecher erwachten durch den Sound zum Leben. Der Bass klang tiefer und voller, als ich es je zuvor gehört hatte. Man konnte ihn fühlen, in einer guten Weise. Aber er übertönte nicht die Harmonien. Die hohen Töne klangen deutlich und fein, obwohl die tiefen Lagen mit mächtigem Klang nachhallten.

»Deshalb geben manche Leute Unmengen von Geld für eine Luxus-Stereoanlage aus«, dachte ich.

Und gerade hier können wir so leicht dem Richtgeist verfallen. Musikalisch gesehen bin ich nicht besonders anspruchsvoll. Ich hatte nie verstanden, warum jemand so viel Geld für ein Nobel-Soundsystem ausgeben sollte. Und die Tatsache, dass *Kopfhörer* für über 400 Euro verkauft werden, verblüfft mich völlig. Da ich oft fliege, bekomme ich gelegentlich ein Upgrade auf die erste Klasse. Auf einer solchen Reise saßen wir zu acht (alles Männer) in der Vorderkabine und durchflogen den freundlichen Himmel Richtung Seattle. Mitten im Flug sah ich mich um und lachte. Die anderen sieben – alle außer mir – trugen Bose-Kopfhörer. Diese sind für Geschäftsleute das, was Gucci-Handtaschen für modebewusste Frauen sind.

Für mich wäre ein solches Vergnügen Verschwendung. Es hat für mich keinen Wert. Obwohl mein Stolz mich dazu verleitet, es *moralisch* zu sehen (»Wie kann es verantwortlich sein, Kopfhörer zu tragen, die so viel kosten, wie manche Leute in Namibia in einem ganzen Jahr verdienen?«), ist es doch bloß eine Sache von Vorlieben. Ich würde lieber auf eine 200 Euro teure Laufuhr sparen, die Entfernungen und Geschwindigkeit anzeigt, was für manch anderen empörend sein mag.

Schmecken

Jeder Gourmetkoch liebt drei Dinge, die ich verabscheue: Koriander, Knoblauch und Feta-Käse. Es ist mehr als ein bloßes Nichtmögen; ich ekle mich beinahe vor ihnen. Klingt das primitiv? Wenn es um Geschmacksvorlieben geht, bin ich so anspruchslos, wie man nur sein kann.

So stellen Sie sich einmal meine »Freude« vor, als ein Freund uns zu sich zum Abendessen einlud und mir dann zeigte, was er auf der Speisekarte hatte (ungelogen): »Du wirst diese Pizza lieben, Gary«, sagte er und listete verschiedene Zutaten auf, einschließlich – Sie ahnen es schon – Koriander, Knoblauch und Feta-Käse, die unheilige Dreieinigkeit der Magenbeleidigung.

»Klingt großartig«, log ich. Aber wissen Sie was? Er hat es tatsächlich geschafft. Es schmeckte ganz gut. Dieser Mann ist erstaunlich.

Lisa dachte, sie hätte gerade eine Stunde im Himmel verbracht. Ich bin in dieser Hinsicht für meine Frau eine große Enttäuschung, da Essen für mich in erster Linie eine zweckmäßige Funktion hat. Es ist mehr eine lästige Pflicht oder eine enttäuschende Unterbrechung als eine höchst ergötzliche Erfahrung. Wir träumten einmal davon, nach Europa zu reisen, aber Lisa sagte mir unmissverständlich, dass Freunde mitkommen sollten. »Ich möchte diese Restaurants mit jemandem besuchen, der mit mir gemeinsam das Essen genießen kann«, erklärte sie. Sie sehen: Lisa kann den Geschmack, die Konsistenz und die Temperatur eines gut gekochten Essens in einer Weise würdigen, die mir völlig abgeht.

Vielleicht tendiert Ihr Geschmack eher zu edlen Weinen oder exotischen Kaffeesorten. Über 50 Prozent der Bevölkerung, inklusive 90 Prozent derer, die schwanger werden können, geraten über köstliche dunkle Schokolade in Verzückung.

Der Psalmist David benutzt diese Sinnesfreude, um Gottes Güte zu verkünden: »Schmecke und sieh, dass der Herr gut ist« (Psalm 34,9). In gleicher Weise feiern die Sprüche Salomos diese Gabe Gottes: »Mein Sohn, iss Honig, denn er ist gut und schmeckt so süß« (Sprüche 24,13).

Als Gott den Israeliten ein Land versprach, das von »Milch und Honig« überfließt (2. Mose 3,17), beschrieb er ein Land, das ernähren (Milch) und erfreuen (Honig) würde. Mit seinen milchhaltigen Gourmetdrinks hat *Starbucks* eine Möglichkeit gefunden, beides einer neuen Klientel anzubieten.

Riechen

In gewisser Weise habe ich die Nase einer Frau. Frauen haben im Allgemeinen einen sensibleren Geruchssinn als Männer. Aber ich habe früh im Leben entdeckt, wie viel Freude ich daran haben kann, wie etwas duftet. Es konnte schon mal vorkommen, dass ich im Flur der Schule an einem Mädchen vorbeiging, ganz verzaubert war, wie gut sie duftete, und ihr beinahe auf der Stelle einen Antrag machen wollte.

»Willst du mich heiraten?«

»Ich kenne dich doch nicht mal.«

»Solange du so duftest, werden wir einander lieben lernen.«

Wie sich solche Dinge nun einmal entwickeln, habe ich eine Frau geheiratet, deren Lieblingsduft »ohne Duftstoffe« ist. Nach zehn Jahren Ehe begann ich, all meine Wäsche selbst zu waschen, damit ich auch Lenorduft in meine Handtücher und Kleidung bekam. Lisa benutzt eine Bio-Marke, die, nun ja, riecht wie das Biozeug, mit dem ich versuche, meine Schuhe zu putzen.

Ich habe beides nie in Zusammenhang gebracht, aber Lisa hat nie meine Vorliebe für Duftkerzen verstanden. Einmal hat sie tatsächlich die Kerzen gezählt, die ich gebunkert hatte, und ernsthaft überlegt, hart durchzugreifen. Aber wenn ich morgens arbeite oder abends lese, ist eine gute Kerze im Hintergrund für mich das, was ein ruhiges, klassisches Musikstück für den ist, der gerne großartige Klänge hört.

Andere bevorzugen eher natürliche Düfte wie frisch geschnittene Blumen oder selbst gebackene Plätzchen oder Kuchen. Manche Gartenfreunde lechzen nach frischer Luft und sogar nach dem Duft umgegrabener Erde. Kaffeeliebhaber saugen das Aroma eines Gourmet-Kaffeegeschäfts förmlich in sich auf. Viele Büchernarren gehen in Buchhandlungen, nur um den Geruch eines neuen, ja sogar gebrauchten Buchs zu genießen. Eher traditionell veranlagte religiöse Menschen wissen das Aroma des Weihrauchs zu schätzen. Junge Mütter wiederum werden Ihnen sagen, dass nichts so betörend riecht wie der Duft eines frisch gebadeten Babys, dessen Haar mit Babyshampoo gewaschen wurde. Die Bibel preist an vielen Stellen die Myrrhe, ein antikes Parfüm, das die Weisen Jesus bei seiner Geburt schenkten.

Wenn Sie Freude daran haben, wie etwas riecht, sollten Sie innehalten und sich die Zeit zum Schnuppern nehmen.

Wenn Sie Freude daran haben, wie etwas riecht, sollten Sie innehalten und sich die Zeit zum Schnuppern nehmen. Ohne Verlegenheit oder Scham sollten Sie dieses Vergnügen in Ihrem Zuhause oder Büro etablieren. Saugen Sie jene Momente in sich auf, und stärken Sie Ihr anbetendes Herz, indem Sie Ihre Nase benutzen.

Sehen

Alle Eltern werden Ihnen sagen, dass nur wenige Anblicke so atemberaubend schön sind wie der, ihren Säugling schlafen zu sehen – wie die winzigen Nasenlöcher sich bei jedem Atemzug erweitern. Eine solche Szene zu betrachten, tut vor Liebe fast schon weh.

Als ich einen frustrierenden Job hatte und wir in einer finanziell angespannten Lage waren, suchte ich nach der Arbeit Zuflucht bei Spaziergängen um das Schlachtfeld in Manassas (Virginia). An einem Herbstabend, als die Sonne über dem Horizont stand und die Bäume in einer wahrhaft herrlichen Farbenpracht zur Geltung brachte, sagte ich mir: »Ob ich ein Milliardär bin oder pleite (was damals der Fall war) – ich kann diesen Anblick genießen.« (Natürlich kann der Milliardär sich einen solchen Anblick durch sein Fenster *kaufen*, ich musste dafür erst einmal wandern.)

Das Betrachten bereitet nicht jedem dasselbe Vergnügen, aber wenn es Ihrem Ehepartner wirklich etwas bedeutet, dann respektieren Sie es. Es macht für manche Menschen einen großen Unterschied, ob sie in der Stadt wohnen oder auf eine Wiese oder einen

Wald blicken. Andere lieben die Schönheit eines französischen Gartens, wieder andere wünschen sich ein Gewässer, das einem abendlichen Sonnenuntergang als Kulisse dient. An einem langen Tag können sie es schwerlich aushalten, bis die zwanzig Minuten kommen, in denen sie beobachten, wie die Sonne sich hinter den Horizont senkt.

Eine gute Bekannte von mir besichtigte mit ihrer Mutter die National Cathedral in Washington D.C. Diese war entschieden weniger als beeindruckt und höhnte: »Ich würde viel lieber in einer kleinen Holzhütte Gottesdienst feiern als in diesem Ding!«

Meine Bekannte, eine große Architekturliebhaberin, antwortete: »Weißt du, Mutter, du solltest dich besser daran gewöhnen. Die Beschreibung des neuen Jerusalem in der Offenbarung klingt wesentlich mehr nach dieser Kathedrale als nach deiner bescheidenen Holzhütte.«

Als Lisa und ich vor einigen Jahren ein Haus kauften, habe ich nicht verstanden, warum Lisa den Teppich herausreißen wollte, der noch gut in Schuss war, oder die Tapete abmachen, die fast überhaupt nicht abgenutzt war (das Haus war keine zwei Jahre alt, als wir es kauften). Aber nachdem wir ein, zwei Zimmer hergerichtet hatten, war ich beeindruckt, in welcher Weise sich meine Frau gerade von diesen Räumen angezogen fühlte. Der Grund dafür? Sie spiegelten ihren Geschmack wider und machten ihr damit große Freude. Ich habe nur an die Kosten und an den zweckmäßigen Charakter des Hauses gedacht (wenn es noch in Ordnung ist, warum sollte man etwas ändern?). Meine Abneigung hatte dabei weniger mit sparsamer Haushaltsführung zu tun. Vielmehr war sie Ausdruck meines mangelnden Einfühlungsvermögens, hauptsächlich, weil ich weniger Interesse an diesen »optischen Freuden« habe als meine Frau. Ich liebe die Natur, bin aber zufrieden damit, in meinem von Büchern gesäumten, unordentlichen Büro zu arbeiten.

Die Freuden, sich mit etwas zu beschäftigen

Neben den Sinnesfreuden beschreiben die »Freuden der Beschäftigung«, wie wir das, was wir tun, genießen.

Schöpferisch tätig sein

Es sollte uns vielleicht nicht überraschen, dass viele Gläubige Freude daran haben, Dinge zu kreieren. Schließlich sind wir alle im Bilde des Schöpfergottes erschaffen. Die ungezügelte Vielfalt der kreativen Künste spiegelt die enorme Vielgestaltigkeit des Volkes Gottes wider. Das »Handwerk« Ihrer Wahl kann so filigran sein wie Schmuck, so duftend wie Kerzen oder so grob wie Skulpturen aus Kettensägen. Viele Christen fühlen sich am lebendigsten, wenn sie sich die Zeit nehmen, etwas zu erschaffen.

In vieler Hinsicht bedroht unsere Massenproduktionskultur diese Freude. Um das handwerkliche Vergnügen voll wertzuschätzen, müssen wir die krasse »Legitimation durch den Handel« überwinden. Manche Maler weigern sich, sich als echte Maler anzusehen, bevor sie ihre Gemälde nicht verkaufen können. Andere meinen, dass sie keine richtigen Fotografen seien, bis sie ihre Dienste oder ihre Fotos vermarkten können. Die Schönheit, dass wir im Bilde des Schöpfergottes gemacht sind, bedeutet aber, dass wir freimütig das Schöpferische um des Schöpferischen willen feiern können. Wenn Sie daran Freude haben, kann es sogar eine Form der Anbetung werden.

Die Schönheit, dass wir im Bilde des Schöpfergottes gemacht sind, bedeutet aber, dass wir freimütig das Schöpferische um des Schöpferischen willen feiern können.

Also nur zu! Erschaffen Sie etwas, nur weil Sie Freude daran haben – selbst dann, wenn Sic es nie verkaufen wollen. Schreiben Sie Gedichte, malen Sie Gemälde und weben Sie Wandteppiche. Beziehen Sie so in prophetischer Weise Stellung gegenüber einer Kultur, die den feinen und tiefgründigen Akt schöpferischen Handelns nur als Mittel zur Ankurbelung der Wirtschaft ansieht. Seien Sie rebellisch – erschaffen Sie etwas, weil Sie es als schön empfinden und weil Sie es können!

Nervenkitzel

»Möchtest du ein kraftvolles Predigtbeispiel hören?«, fragte mich mein Freund.

»Klar.«

»Als der Hurrikan *Katrina* Zehntausende von Menschen in New Orleans und Mississippi heimsuchte, bewirkte er auf der anderen Seite der Golfküste die besten Surfvoraussetzungen unseres Lebens.«

Mein Freund beschrieb den Adrenalinstoß, als er über seine Schulter geblickt und eine fünf Meter hohe Wellenwand gesehen hatte (»Sie sah wie ein Berg aus«) und wie er anschließend für volle zwei Minuten auf dieser Welle geritten war (einer Ewigkeit für Surfer, die normalerweise nach einem 30-Sekunden-Trip schon aus dem Häuschen sind).

»Und ich will dir was sagen«, meinte er, »diese Welle zu reiten, mit den Fingern durch die Wellen zu fahren im Bewusstsein, dass die Kraft des Wassers mich zermalmen oder forttreiben kann, kommt von allen Gefühlen denen am nächsten, die ich beim Sex mit meiner Frau habe.«

Ob es Bungee-Jumping oder Bergsteigen, Paragliden oder Fallschirmspringen ist – für manche Leute gilt: Gefahr macht ihnen Spaß. Ihre Freude entsteht zum großen Teil durch Adrenalinstöße. Wenn nicht eine Erklärung unterzeichnet werden muss, die auf die Gefahr des Todes oder der Verstümmelung hinweist, hat es für sie keinen Wert, es zu machen. Sagen wir es einmal so: Jungs kaufen keine Harley-Davidson, um sie mit Schalldämpfern zu versehen, und sie kaufen keine Suzuki Hayabusa, um 10 km/h über dem Tempolimit zu fahren.

Ich habe vor Kurzem drei ernsthafte Verletzungen innerhalb von drei Jahren durchlitten (eine pro Jahr), und zwar durch das Training für Marathonläufe. Mein Arzt sagte mir: »Sie wissen, Gary, Sie sind jetzt ein Mittvierziger. Vielleicht ist es Zeit, auf einen anderen Sport umzusteigen. Wie wär's mit Fahrradfahren?«

Also habe ich den Arzt gewechselt.

Der Neue ist ein früherer Top-Marathonläufer und versteht meinen Ehrgeiz. Er macht bei mir jedes Jahr mehr Punkte.

Nachdem meine Frau sich die Klagen über den hochsensiblen Ratschlag meines ersten Arztes, dass ich nicht mehr 90 Kilometer die Woche laufen solle, angehört hatte, fragte sie mich in zärtlicher, feinfühliger Weise: »Hast du je darüber nachgedacht, Halbmarathons zu laufen? Die strapazieren dich nicht so.«

»*Halb*marathons?«, fragte ich ungläubig. »Du meinst, ich soll mich den Leuten anschließen, die nach 21 Kilometern Schluss machen?«

»Gary, 21 Kilometer sind eine lange Strecke. Warum rennst du die nicht öfter?«, fuhr sie hartnäckig fort.

»Weil ich keine Angst vor ihnen habe«, sagte ich.

Meine Antwort überraschte sogar mich selbst. Manchmal verstehen wir die Gründe nicht, warum uns etwas Freude macht, aber an diesem Tag wurde mir klar, dass ich gehörigen Respekt vor der Marathondistanz habe. Ich kann nahezu jeden Tag in der Woche locker 25 Kilometer laufen, aber wenn man die 42 Kilometer schaffen will, muss man sich besser vorbereiten.

Dr. Douglas Weiss spricht darüber, was für negative Auswirkungen es hat, wenn Männer sich von diesem Adrenalinstoß »kurieren« möchten:

Ich habe zahllose Männer beraten, die es vor ihrer Hochzeit gewohnt waren, das ein oder andere zu tun, das diesen Bedürfnissen entsprach. Nun waren sie »zivilisiert«, hatten Kinder und eine Menge Arbeit. Ohne darüber nachzudenken, haben sie das Risiko und die erregte Spannung in ihrem Leben verloren. Mehr und mehr wurden sie niedergedrückt, verloren an Gewicht, wurden sogar depressiv. Für viele Männer sind Risiko, Erregung und Abenteuer notwendige Vergnügungen, die wie alle anderen Bedürfnisse gehandhabt bzw. eingeplant werden müssen.[40]

Als Therapeut hat Dr. Weiss eine Herangehensweise, die ich nicht habe. Er rät Menschen, die gerne ein Risiko eingehen: »Bedenken Sie: Wenn das Risiko die vorrangige Freude Ihrer Seele ist, ist das Ihr Brunnen, aus dem Sie trinken. Es ist für Ihre Seele so befriedigend wie jede andere sinnliche Erfahrung, die Sie machen können.«[41]

Obwohl das Vergnügen eine wichtige Rolle spielt, sollte es natürlich nie zu unserer höchsten Motivation werden. Ich denke nicht, dass eine Frau einen Bergsteiger heiraten und ihn dann kurz nach der Hochzeit dazu bringen sollte, sein Hobby aufzugeben. Sie wusste ja, auf was sie sich einlässt. Andererseits gilt: Wenn ein Mann neue Verantwortung übernimmt, etwa Vater wird, muss er das große Ganze betrachten (besonders wenn er der Brötchenverdiener der Familie ist). Sollte er um der Jagd nach dem Nervenkitzel willen die Zukunft seiner Familie riskieren?

Mit anderen Worten: Obwohl ich mir bewusst sein sollte, was mir wirklich Freude macht, muss ich auch um meine Verpflichtungen und Verantwortlichkeiten wissen. In bestimmten Lebensphasen müssen persönliche Wünsche dem Wohle der Menschen im Umfeld Platz machen. Elternschaft ist eine dieser Lebensphasen. Profisportler unterzeichnen häufig Verträge, in denen sie zustimmen, riskantes Verhalten zu vermeiden. Väter von Kindern, die von ihnen abhängig sind, haben umso mehr Veranlassung, ihre Handlungen im Licht ihrer gegenwärtigen Verpflichtungen zu betrachten.

Obwohl ich mir bewusst sein sollte, was mir wirklich Freude macht, muss ich auch um meine Verpflichtungen und Verantwortlichkeiten wissen.

Vergnügen ist zwar wichtig, steht aber *nicht an erster Stelle.*

---

40 Weiss, *The Power of Pleasure*, S. 238.
41 Ebd.

Geistige Stimulation

Manche Paare geraten sich darüber in die Haare, wer das Sonntagskreuzworträtsel machen darf. Andere lösen lieber Sudokus oder drehen Rubiks Zauberwürfel. Ich habe schon Leute getroffen, die Handbücher gekauft haben, um das neueste Computerspiel zu knacken. Andere spielen nicht nur Schach, sondern lesen alles darüber und schauen sich im Internet Schachspiele der Großmeister an. Der geistige Schachwettkampf bringt ihnen einen Kick wie nichts anderes sonst.

Echte Leser bezeugen, dass sie wenige Dinge als so angenehm empfinden, wie ein wirklich gutes Buch mit einer tollen Story und liebenswerten Charakteren zu verschlingen. Sie gehen durch den Tag und halten nach einer kleinen Unterbrechung Ausschau, in der sie sich in die Welt des Schriftstellers zurückziehen können und herausfinden, was passiert. Genauso gibt es nichts Traurigeres, als ein Buch ausgelesen zu haben, von dem man sich wünscht, es würde immer und immer weitergehen.

Beziehungen

Manche Menschen möchten (ja, brauchen) Beziehungen. Unsere Tochter Kelsey lebt für Beziehungen. Ihr Handy könnte man als technologischen Treff- und Knotenpunkt bezeichnen – es geht immer sehr geschäftig und lebendig zu. Sie sieht sich meinen Lebensstil an (zu Hause vor dem Computer arbeiten und alleine reisen) und erschaudert bei dem bloßen Gedanken, nur einen halben Tag allein ohne jemanden zu verbringen, mit dem sie reden kann.

Vielleicht setzen Sie Alleinsein mit Qual gleich. Sie müssen in die Augen eines anderen Menschen blicken. Sie brauchen es, dass Seelen und Herzen sich Ihnen gegenüber öffnen. Sie haben große Freude daran, mit anderen gesellig beisammen zu sein.

Allison, unser ältestes Kind, kam eines Abends von einem Studentenmissionstreffen nach Hause, und ihr entfuhr ein sehr zufriedener Seufzer. Ally ist introvertiert (wie ich), aber auch Introvertierte können große Freude an sozialen Beziehungen haben. In diesem Fall sprach Allison, für den Sommer zurück aus dem College, darüber, wie bedeutsam es für sie war, zusammen mit einer Freundin aus Kindheitstagen Gott anzubeten. »Da sind wir nun, in unseren Zwanzigern, und beten immer noch Gott an.« Die Tatsache, dass sie neben jemandem Gottesdienst feierte, den sie 20 ihrer 21 Lebensjahre kannte, machte alles umso erfreulicher.

Der Seelsorger David Powlison drückt das so schön aus: »Das Paradies selbst ist: in der Gegenwart der Person zu leben, an der du am meisten Freude hast, in einem Raum voller Leute, bei denen du dich vollkommen entspannst und die du dich freust zu sehen.«[42]

Wenn Sie als Elternteil zu Hause bleiben und daran Freude haben, sich mit anderen auszutauschen, müssen Sie Wege finden, um sich zu vernetzen. Die Finanzen mögen diktieren, dass Sie mit Ihren Freunden Zeit verbringen, während Sie gleichzeitig ein Auge auf die Kinder haben müssen. Aber Sie schulden es sich selbst und den Menschen um sich herum, diesen Bedürfnissen zu begegnen. Wenn Sie den ganzen Tag in Ihrer Einsamkeit leiden und dann von Ihrem müden Ehepartner erwarten, dass er begierig darauf ist, zu reden, zuzuhören und Gemeinschaft zu haben (nachdem er oder sie das womöglich schon den ganzen Tag im Büro getan hat), ist Ihre Enttäuschung vorprogrammiert.

Bevor wir diesen Aspekt verlassen, noch ein Wort an den müden Ehegatten: Wenn Ihre Frau sich einsam fühlt und Sie ihr ständig die Freude verweigern, Ihre Beziehung zu pflegen und vertraulich zu reden, dann sind Sie sehr dumm. Zu wissen, dass Ihre Frau an der Beziehungspflege große Freude hat, und nicht einmal den Versuch zu machen, ihr solche Augenblicke zu schenken, grenzt an Grausamkeit. Wenn sie ein ausgesprochener Beziehungsmensch ist, werden Sie vielleicht nie ihr Bedürfnis nach Gesprächen befriedigen können. Aber sich zu verweigern, wenigstens zu versuchen, einige ihrer Bedürfnisse zu stillen, ist unentschuldbar. Das ist so, als ob eine Frau einen Golfer oder einen Jäger heiratet und ihn dann bittet, nie mehr zu golfen oder zu jagen. Wenn Sie die Beziehung zu Ihrer

42 David Powlison, »Innocent Pleasures«, in: *Journal of Biblical Counseling* 23 (Herbst 2005), S. 32.

Frau gepflegt haben, um sie zur Heirat zu bewegen, sich dann aber nach der Hochzeit aus der Beziehung gefühlsmäßig ausklinken, begehen Sie einen Betrug. Eine äußerst beziehungsorientierte Frau wird fröhlich auch mit anderen Freundschaft schließen, aber selbst wenn sie ein halbes Dutzend enger Freundinnen hat, wird sie noch immer eine vertraute Beziehung zu ihrem Ehemann haben wollen. Das ist ein legitimer, wenn nicht gar heiliger Wunsch.

Lachen

Lachen hat erstaunliche physiologische Auswirkungen. Einen guten Witz zu hören, ist für die Seele das, was ein gesunder, fettreduzierter und proteinreicher Salat für den Körper ist: extrem nahrhaft.

Einen guten Witz zu hören, ist für die Seele das, was ein gesunder, fettreduzierter und proteinreicher Salat für den Körper ist: extrem nahrhaft.

Gemeinsam mit anderen zu lachen, ist eine der größten Freuden des Lebens. Als ich eine Seminargruppe unterrichtete, erwähnte ich nebenbei die Fernsehserie *Das Büro*[43]. Ungefähr ein Dutzend Studenten fing an zu lachen, ohne dass ich irgendetwas anderes sagte. Die Charaktere der Show (Michaels Dummheit; Dwights bizarres Verhalten; Stanleys Unausstehlichkeit und Tobys Stehvermögen unter dem Hass seines idiotischen Chefs) bereiten uns reine Freude. Die bloße Erwähnung der Serie bringt uns zum Lachen.

Diejenigen, die eine Portion Lachen nötig haben, finden Comedy im Radio ebenso einfach wie Musik, und das Fernsehen liefert 24 Stunden am Tag Stand-up-Comedy. Ich habe indes nie herzlicher gelacht als über Kinder in meiner Umgebung in alltäglichen Situationen. Und diese Situationen erfordern wesentlich weniger Urteilsvermögen als Humor in den Medien, der oft eher unangemessen als geistlich gesund ist.

Wir können am Ende einer langen Woche auch von einem herz-

43 Vergleichbar der deutschen Serie *Stromberg*, der sie als Vorbild diente; die Originalserie läuft unter dem Titel *Das Büro* aber auch bei Super RTL und im österreichischen Fernsehen (ORF).

lichen Lachen in der Gemeinde profitieren. Ich kenne ein paar Leute, die halten Lachen im Gottesdienst im besten Fall für fragwürdig. Doch wir werden diese Auffassung in einem späteren Kapitel noch eingehender diskutieren.

Freude ins Spiel bringen

Womöglich sind Ihnen noch andere Vergnügungen gekommen, die wir nicht angesprochen haben: Reisen zum Beispiel ist für viele eine große Freude. Ehrenamtliche Tätigkeiten. Politik und dramatische Wahlen. Jagen und Golf. Ich kann Ihnen keine erschöpfende Liste präsentieren, doch ich wünsche mir, dass Sie über Freuden nachdenken, die legitim sind, bei vielen Christen aber Schuldgefühle verursachen. Was verschafft Ihnen echte und andauernde Freude? Wie können Sie bei Ihrem momentanen Zeitplan die Tür für einige dieser Freuden öffnen?

In der Gemeinde werden Sie oft gefragt: »Wie viel Zeit am Tag verbringst du im Gebet? Liest du jeden Tag in der Bibel? Wann hast du das letzte Mal einem Nichtchristen vom Glauben erzählt? Für welchen Gemeindedienst meldest du dich freiwillig, um ihn zu unterstützen?«

Diese Fragen haben ihren Platz. Um ehrlich zu sein, sind Bibelstudium und Gebet zwei meiner *größten* Freuden. Aber ich halte es für unehrlich, wenn die Gemeinde diese Aktivitäten als die *einzigen* Freuden präsentiert, so als ob Gott nur rein »Religiöses« akzeptierte. Darum habe ich absichtlich *nicht* aufgelistet, was Douglas Weiss in seinem Buch die »geistlichen Freuden« nennt. Millionen Bäume haben ihr Leben gelassen, um Christen zur Andacht, zum Gebet, zum Dienst, zum Spenden und Ähnlichem zu ermahnen – und Gott sei es gedankt. Aber es ist an der Zeit, dass wir evangelikale Christen uns erlauben, eine Tasse Kaffee zu trinken, am Nachmittag Fußball zu gucken oder eine Duftkerze anzuzünden, ohne das Gefühl zu haben, dass Gott nun schleunigst den Raum verlassen müsste. Warum sollten wir nicht eher denken, dass er der Urheber dieser Freude ist?

Gestalten Sie Ihr Leben, indem Sie gesunden Vergnügungen Raum geben, die inmitten oft so schwieriger Tage Ihre Seele erheben. Vielleicht ist die Viertelstunde in einem nahe gelegenen Café die einzige »Urlaub«, die Sie erübrigen können. Vielleicht brauchen Sie drei Tage, um einen Zwei-Stunden-Film mit Humphrey Bogart oder Tom Hanks anzuschauen. Vielleicht müssen Sie sich mit drei Läufen pro Woche begnügen oder damit, Mozart auf Ihrem iPod in Zehn-Minuten-Einheiten zu hören. Oder Sie müssen ein Gespräch aufschieben, bis um zehn Uhr die Kinder endlich ins Bett steigen. Aber suchen Sie nach einem Weg, wie Sie diese Vergnügungen, die Ihre Seele aufbauen, dazwischenquetschen können.

Seien Sie auch im Hinblick auf Ihre Wünsche ehrlich, ebenso auf Ihre Fähigkeit, mit Enttäuschungen zu leben. Hat das Unterdrücken Ihrer Seele Sie anfällig für Betrug und Täuschung gemacht? Haben Sie Ihre Integrität, Ihren geistlichen Dienst und Ihre Familie in Gefahr gebracht, indem Sie so leben, als ob Sie 7 Tage 24 Stunden lang ohne Pause, ohne Spaß und ohne echtes Vergnügen auskommen könnten? Wenn Sie das versuchen – wenn Sie also die Wichtigkeit der Freude in Ihrem Leben ignorieren –, dann sind Sie, glaube ich, naiv, besonders, wo Sie doch im 21. Jahrhundert leben.

Kapitel 8

Geistliche Farne

Was brauchen wir? ... Nicht unsere eigenen Bedürfnisse zu vernachlässigen, während wir uns denen anderer Menschen widmen, und nicht die Bedürfnisse anderer zu vernachlässigen, während wir von unseren eigenen in Beschlag genommen sind.

François Fénelon

Es war, als ob ich nicht wirklich gewusst hätte, wie schlecht ich mich fühle, bis ich anfing, mich gut zu fühlen.

Alberto Salazar

Du beschenkst sie aus deinem Überfluss. Du überschüttest sie mit Freude.

Psalm 36,9

»Sehen Sie diesen Farn?« Die feste Stimme unseres Reiseführers klang unheilvoll. »Es ist die gefährlichste Pflanze auf ganz Hawaii.«

Jeder trat einen Schritt zurück.

Nicht Gift macht diesen speziellen Farn so gefährlich, wie jeder, der zurückwich, erwartet hatte. Seine Tücke ist weit indirekter. Unser Führer erklärte: »Dieser Farn wächst nur auf wirklich steilen Abhängen. Sie stehen genau vor einem senkrechten Steilhang, aber der Farn vermittelt Ihnen den trügerischen Eindruck einer leichten Böschung. Darum treten Menschen darauf und stürzen zu Tode.«

Manche »geistliche Farne« sind genauso tödlich. Für sich genommen würden sie uns nicht töten, aber sie zeigen, dass wir uns entlang eines heimtückischen Abhangs bewegen. Ich habe mindestens drei ausgemacht, die sich auf unsere Sicht des Vergnügens beziehen. Vielleicht können Sie weitere benennen.

Müdigkeit

Ich habe die geistliche Macht der Freude nicht ohne Kämpfe erkannt. Tatsächlich dämmerte mir neulich, dass ich *mehrere Jahre lang* einen nicht sehr weisen Terminplan hatte. Schließlich hat Gott während eines zweiwöchigen Urlaubs – den ersten, den ich nach beträchtlicher Zeit nahm – das Tempo lang genug herausgenommen, um mir zu helfen, mein Leben objektiv zu betrachten. Die Ehrlichkeit dieses Blicks erstaunte und erschreckte mich. Wäre ich mein eigener geistlicher Mentor gewesen, hätte ich gesagt: »Gary, wenn du so lebst, wie du es tust, kannst du zwischen drei Dingen wählen: einem Herzinfarkt, einem Nervenzusammenbruch oder einer Affäre.«

Wenn wir nur aus Verpflichtungen heraus leben und unser Bedürfnis nach Ruhe und Erholung vernachlässigen, *entscheiden* wir uns schlussendlich für einen geistlichen Zusammenbruch. Uns ist das nicht bewusst, aber all unsere kleinen Entscheidungen sind exakt darauf ausgerichtet.

Doch an diesem Punkt können sich wohlmeinende Christen in Schwierigkeiten bringen. Unser Stolz führt uns dazu, anzunehmen, dass wir ungesunde Terminpläne aufstellen können, ohne die Konsequenzen zu tragen. Das ist kein Glaube; das ist Neurose.

Viele sind tatsächlich stolz auf ihr Getriebensein. Die Psychoanalytikerin Karen Horney kommentiert das wie folgt: »Wenn wir einem Patienten sagen, dass er zu viel von sich selbst erwartet, erkennt er das oft ohne Zögern an ... Er wird gewöhnlich explizit oder implizit hinzufügen, dass es besser sei, zu viel von sich zu erwarten als zu wenig.«[44]

So geht ein ernsthafter Collegestudent auf eine anspruchsvolle Universität, lebt von Koffein und mit fünf Stunden Schlaf und verliert langsam seine Freude. Dann stellt er fest, dass er immer weniger betet, und wacht schließlich auf, nachdem er einen Abend mit Dingen verbracht hat, die ihn in seinem früheren Leben empört hätten. Und doch ist er wirklich überrascht: »Wie konnte *das* passieren?«

Eine junge Mutter treibt sich an, managt heldenhaft die Spannung zwischen Arbeit und Familienleben, vernachlässigt Grundbedürfnisse wie Schlaf, Ruhe, gesunde Ernährung und gelegent-

44 Horney, *Neurosis*, S. 56.

lichen Abstand von schreienden Kleinkindern mit laufenden Nasen – und muss feststellen, dass sie »ihren Mann nicht mehr liebt« oder dass sie die Tendenz hat, eins ihrer Kinder »ein wenig hart anzufassen«.

Ein wohlmeinender Gemeindeältester oder Diakon opfert sich für seine Berufung, opfert sich für seine Frau, opfert sich für seine Kinder und opfert viele Abende für seine Gemeinde – und ist dann erstaunt, wenn sein Körper streikt, er eine geistliche Krise hat, er sich in eine Affäre stürzt oder eine Sucht entwickelt. Wie Karen Horney beobachtet: »Seine Ansprüche, dass begrenzte Zeit und Energie für ihn nicht existieren sollten, sind stärker als die Vernunft.«[45]

Dr. Patrick Carnes, einer der herausragendsten Experten für sexuelle Abhängigkeiten, sieht vergnügliche Entspannung und Freizeit als wesentliche Elemente an, den Kreis und die Macht der Sucht zu durchbrechen:

> Nahezu jeder Rückfall in irgendeine Sucht beginnt mit einem unausgeglichenen Lebensstil. In Extremen zu leben, hektisch, überfordert und erschöpft zu sein, führt zu abhängig machenden Gefühlen der Berechtigung (»Ich habe das verdient«) oder der Leugnung (»Ein bisschen wird schon nichts ausmachen«). Die Vorteile von Beziehungen und die Ruhe des Genesungsprozesses sind unter diesen Umständen schwer fassbar. Einfach ausgedrückt: Abhängige und Co-Abhängige wissen oft nicht, wie sie spielen oder sich freuen sollen. Vielen ist es peinlich, eine Pause zu machen und den Duft der Rosen zu riechen; sie halten das für unverdient und unproduktiv.[46]

Auch vor »religiösen Abhängigkeiten« muss man sich in Acht nehmen. Viele Male bin ich in die Falle getappt, anzunehmen, dass die für mich schwierigste Sache immer Gottes Wille sei. Alles Fröhliche oder Spaßige grenzte per Definition schon an einen »Kompromiss«.

---

45 Horney, *Neurosis,* S. 6.
46 Patrick Carnes, *Don't Call It Love*, New York 1991, S. 279.

Kein Geringerer als François Fénelon half mir, die Gefahr dieser Denkweise zu sehen: »Nichts ist falscher und unbesonnener, als immer das wählen zu wollen, was uns in allem demütigt. Mit einer solchen Regel würde eine Person bald ihre Gesundheit zerstören, ihre Arbeit, ihren Ruf, ihre Beziehungen zu ihren Angehörigen und Freunden, eigentlich jegliches gute Werk, das die Vorsehung ihm bereitet.«[47]

Sie haben zum Beispiel einen Urlaub geplant (oder auch nur ein freies Wochenende), und jemand ruft Sie mit einem »dringenden« Bedürfnis an. Gehen Sie davon aus, dass es in jedem Fall der »göttliche« Weg ist, Ihr Wochenende zu opfern, um diesem Bedürfnis zu begegnen? Vielleicht hat Gott Ihnen aufs Herz gelegt, Pflegekinder aufzunehmen. Seien Sie vorsichtig, dass Sie damit Ihre Ehe nicht überstrapazieren, dass es Ihnen nicht legitime Zeit wegnimmt, um als Paar miteinander verbunden zu bleiben. Wenn Ihr geistlicher Feind Sie nicht dazu bringen kann, zu bremsen, um Sie vom geistlichen Dienst abzuhalten, wird er wohl versuchen, dass Sie bis zum Anschlag aufs Gaspedal treten, in der Hoffnung, dass Sie über einen Abhang rasen.

An diesem Punkt ist Stolz besonders gefährlich. Als geistliche Reife verkleidet sagt er uns, dass wir ungewöhnlich stark seien oder mindestens eine besondere Salbung empfangen haben, durch die wir Regeln brechen können, ohne zu fallen. Wir denken vielleicht, dass wir keine gelegentlichen Ruhezeiten brauchen wie die »Schwachen«, und wir vergeistlichen möglicherweise dieses Brechen der Regeln als »Glauben«. Aber wissen Sie was? Die Regeln *gelten* für uns. Wenn ich 5 000 Kalorien pro Tag zu mir nehme und keinen Sport treibe, werde ich fettleibig – und werde eher früher als später sterben. Wenn ich meine Ehe ignoriere, werden meine Frau und ich sich auseinanderentwickeln. Es ist dabei gleichgültig, ob ich meine Ehe vernachlässige, um eine Predigt vorzubereiten, einem Kind Nachhilfe zu geben, Bibelstunden zu halten oder mein Golfhandicap zu verbessern. Wenn ich meine Ehe ignoriere, werden wir aus-

47 Fénelon, *Christian Perfection*, S. 20-21.

einandertreiben, und wir werden für eine Affäre oder eine Scheidung anfälliger werden. Wenn ich nicht ausruhe, wenn ich denke, meinen Körper immer aufs Neue antreiben zu können, wird er schließlich zusammenbrechen.

Wir müssen demütig anerkennen, dass Gott uns so gemacht hat, dass wir ein Bedürfnis nach echtem, wahrem und bleibendem Vergnügen haben. Wenn wir dieses Bedürfnis leugnen, vorgeben, dass es nicht existiert, und uns weiter völlig verausgaben, wird sich unsere Psyche auflehnen und wir werden zu einem weiteren traurigen Beispiel für jemanden werden, der einen anständigen Start hatte, aber ein bedauerliches Ende.

Sie sind nicht anders als alle anderen. *Wenn Sie sich selbst zu sehr antreiben, wenn Sie sich selbst legitime Freuden versagen, wenn Sie zulassen, dass es in Ihrem Leben nur um Pflichten und Verantwortlichkeiten geht, dann werden Sie schließlich geistlich, geistig oder emotional zusammenbrechen.*

Unser Leben mag es uns nicht gestatten, Kurzurlaube und unschuldige Vergnügungen so oft zu genießen, wie wir gerne würden. Aber sie ganz zu vernachlässigen, macht uns anfällig für Versagen und beraubt Gott der Freude, die er daran hat, wenn wir uns freuen.

Bitte hören Sie auf mich – um Ihretwillen –: *Die Regeln gelten für Sie.* Sie sind nicht übermenschlich. Gott hat Sie mit bestimmten Bedürfnissen erschaffen – einschließlich Ruhe, Schlaf, Ernährung und Entspannung – und sogar eine regelmäßige Zeit der Entschleunigung geboten (den Sabbat). Wenn Sie die Vernunft und Gottes Gebote ignorieren, werden Sie mit schmerzlichen Konsequenzen rechnen müssen. Sie werden vielleicht nicht sofort kommen, aber sie werden kommen. Nur Hochmut und Leugnung, nicht der Glaube, gebieten Ihnen, sich rücksichtslos zu verheizen und dabei zu erwarten, dass Ihre Seele am Ende nicht zusammenbricht oder sich auflehnt.

Nur Hochmut und Leugnung, nicht der Glaube, gebieten Ihnen, sich rücksichtslos zu verheizen und dabei zu erwarten, dass Ihre Seele am Ende nicht zusammenbricht oder sich auflehnt.

Sehen Sie die Müdigkeit als »geistlichen Farn« an. Wir müssen ihre Warnzeichen respektieren und verstehen, wie sie uns für einen möglichen Sturz anfällig macht.

Einsamkeit/Distanzierung

Ein dreieiniger Gott hat uns erschaffen, um in Gemeinschaft und Beziehungen zu leben. Und darum hat es einen Wert, um Verbundenheit und Nähe zu kämpfen. Ohne das riskieren wir jede Menge persönlicher und geistlicher Krankheiten. Ein Autor drückte es so aus: »Kirchenleute sind oft sehr einsam, und viele schreckliche Dinge geschehen im Leben aufgrund von Einsamkeit.«[48]

Sowohl Introvertierte als auch Extrovertierte müssen Kontakt zu anderen haben. Der *Anteil* an Zeit, den Sie in der Gegenwart anderer Menschen zubringen, und die *Art und Weise*, wie Sie diese Zeit verbringen (über belanglose Dinge reden, über Witze lachen oder in tiefem Austausch miteinander sein), mag unterschiedlich sein, aber Gott hat uns alle als soziale Wesen geschaffen. Nachdem er Adam gemacht hatte, sagte Gott: »Es ist nicht gut für den Menschen, allein zu sein« (1. Mose 2,18).

Wir sind am besten dran, wenn wir soziale Kontakte ähnlich pflegen wie einen Garten. Da wir in einer sozialen Welt leben, werden wir in Beziehungen verschiedener Art geraten, aber der weise Mensch steuert dies ganz bewusst. Eine Studie hat herausgefunden, dass Glück »stärker auf *soziale Interaktion* bezogen ist als auf irgendeinen anderen Umwelteinfluss«[49]. Tiefe, beständige Freude – von der Art, die dauerhaft bleibt – hat eine Beziehungskomponente. Gott hat uns nicht gemacht, damit wir uns isolieren. Unsere Beziehungen beeinflussen unser Wohlgefühl radikal.

Haben Sie je bemerkt, wie Sünde uns isoliert? Die Bibel sagt, dass wir unsere Zusammenkünfte nicht versäumen sollen (vgl. Hebräer 10,25), aber die meisten Sünden scheinen wie geschaffen dafür zu

---

48 A. J. Russell, *For Sinners Only*, London 1932, S. 291.
49 Houston, *In Pursuit of Happiness*, S. 41.

sein, dass wir genau dies tun. Ein Mann erzählte mir eine der traurigsten Geschichten, die ich je gehört habe. Er bekannte, dass er sich aufgrund der Neigung, sich widerwärtige Seiten im Internet anzuschauen, mehr und mehr von seiner Familie isoliert fühlte. Als er wieder einmal online auf Bildersuche war, hörte er die Haustür, und seine Frau und seine Kinder kamen heim. Er war tatsächlich regelrecht *enttäuscht*, dass sie nach Hause gekommen waren. Wenn ich als Vater an die Gefühle denke, die ich durchgemacht habe, als die Kinder aufs College gingen, tut mir schon der Gedanken weh, eine Gewohnheit zu entwickeln, die dazu führt, dass ich *bedauere*, wenn meine Familie durch die Tür kommt.

Aber jede Sünde bewirkt das. Menschen, die sich den Bauch mit Essen vollschlagen, geben zu, dass sie ihren Geheimvorrat verstecken und sich in einen Nebenraum oder die Toilette verdrücken, um sich eine ganze Packung Eis zu genehmigen – ganz für sich alleine. Alkoholiker erkennen oft ihre Sucht nicht, bis sie entdecken, wie sehr sie sich vor Menschen verstecken, wenn sie trinken. Männer und Frauen, die eine Affäre haben, zeigen sich nicht in der Nachbarschaft – sie finden Orte, an die sie gehen können, wo niemand sie erkennen wird.

Wann immer ich feststelle, dass ich mich isoliere, wann immer ich bedaure, mit geliebten Menschen zusammen zu sein, wann immer ich mich verstecke, befinde ich mich neben einem *geistlichen* Farn, einem Zeichen, dass ich mich in eine ungesunde Situation, Gewohnheit oder einen entsprechenden Lebensstil hineinmanövriere. Als Introvertierter verstehe ich das Bedürfnis, Zeit in Einsamkeit zu verbringen, aber es gibt einen großen Unterschied zwischen »verarbeiten« und »verstecken«.

Es mag widersprüchlich klingen, aber die Notwendigkeit, soziale Beziehungen zu pflegen, betrifft *besonders* Paare. Man kann sich als Paar, ja sogar als Familie isolieren. Pärchen, die dies im Zustand der Verliebtheit tun, riskieren es, ihre Freunde zu verlieren, die sie aber brauchen, wenn die Verliebtheit verblasst oder wenn das Paar eine Ehe in Erwägung zieht. Sie verzichten auf die Sichtweise älterer und weiserer Paare gerade dann, wenn sie diese am meisten brauchen.

Und sie zementieren eine Beziehung mit einer Ehe, vor der sie objektive Freunde hätten warnen können. Eine gesunde Beziehung führt zu einer noch breiteren sozialen Interaktion. Isolation ist per Definition ein ungesundes Nebenprodukt einer ungesunden Beziehung.

Die Gefahr der »Paarisolation« bleibt sogar nach der Eheschließung bestehen. Ohne Gemeinschaft zu pflegen, wird Ihnen in Zeiten, in denen Ihre Ehe unvermeidliche Herausforderungen oder zeitweise Trennungsphasen durchstehen muss, die Unterstützung der Gemeinde Gottes fehlen, die Ihnen helfen könnte. Meine Frau und ich haben viele Paare am Rand des Zusammenbruchs gesehen, die es gerade noch in ihrer Ehe aushielten. Man kann fast garantieren, dass die, die das durchgehalten haben und nun in einer glücklichen Ehe leben, solche sind, die sich einem Hauskreis angeschlossen haben, der das Paar mit Gebet und Freundschaft umgeben hat.

Denken Sie einmal darüber nach, ob die Teilnahme an einem Hauskreis nicht dem Kauf einer »Eheversicherung« gleichkommt. Man kann Jahre fahren, ohne die Autoversicherung wirklich zu brauchen, aber man zahlt weiter, weil man weiß, dass man in einer Welt wie dieser wahrscheinlich irgendwann einen Unfall haben wird. Dasselbe geschieht in einer Beziehung. Sie mögen mehrere Jahrzehnte gut überstehen, doch wenn die Welt anfängt, Sie auseinanderzureißen – wie sie es mit nahezu jedem Paar tut –, brauchen Sie einige Unterstützung. Isolieren Sie sich nicht als Familie. Übernehmen Sie eine aktive, engagierte Rolle in Ihrer örtlichen Gemeinde.

Denken Sie einmal darüber nach, ob die Teilnahme an einem Hauskreis nicht dem Kauf einer »Eheversicherung« gleichkommt.

Wenn Sie, als Einzelner oder Paar, ein einsames Leben führen, bewegen Sie sich am geistlichen Abgrund. Wenn Sie das lange Zeit tun, werden Sie schließlich hinunterfallen. Gott hat Sie nicht als Einsiedler erschaffen, weder gefühlsmäßig noch sozial. Wir müssen uns Zeit nehmen, Verletzungen überwinden, uns die Mühe machen und gelegentliche Schmerzen und Enttäuschungen aushalten, um die heilige Freude sozialer Interaktion voll auszukosten. Mit anderen Beziehungen zu pflegen, ist wie Sport; wir fühlen uns oft nicht danach, es zu tun. Aber wenn wir jedes Mal unserer Abneigung erlauben, unsere Reaktion zu bestimmen, kommen wir nicht in Form – und werden persönlich sehr unglücklich.

Mangelnde Freude am Leben und an Gott

Jüngste Gehirnstudien liefern viele Erkenntnisse im Hinblick darauf, wie unser Verstand und unsere Gefühle arbeiten. Wir wissen nun zum Beispiel, dass, neurologisch gesprochen, Glück erworben, gesteuert und weitgehend erklärt werden kann durch chemische Stoffe, die durch unsere Körper strömen. Fitnessübungen, die Endorphine freisetzen, tragen zu diesem Gefühl genauso bei wie kreative Anstrengungen und sexuelle Intimität (die Oxytocin freisetzt). Lachen bringt alle Arten positiver chemischer Reaktionen hervor. Sogar etwas so Einfaches wie warmes, wirbelndes Wasser (in Whirlpools) kann Endorphine freisetzen.

Wir handeln weise und gehorsam, wenn wir diese körperlichen und persönlichen Realitäten bewusst suchen. Mürrische, frustrierte Heilige dienen Gott nicht sehr gut. Wenn es mir an Freude im Leben mangelt oder wenn die tägliche Existenz zur Schinderei wird, werde ich zu einer wandelnden Zeitbombe. Wenn mich jemand kritisiert, werde ich wahrscheinlich deutlich anders als gottgefällig reagieren. Wenn mich jemand enttäuscht oder gegen mich sündigt, wird mein trostloses, unzufriedenes Leben vermutlich nicht dazu führen, dass ich auf eine Weise reagiere, die das Wesen von Jesus Christus widerspiegelt.

Doch wenn ich bewusst heiligen und guten Freuden nachjage, erstaunt es mich selbst, wie viel geduldiger und verständnisvoller ich werden kann. Wenn jemand mich unberechtigt kritisiert, kann ich tatsächlich Bedauern über die Unsicherheit oder den Kummer der betreffenden Person empfinden, anstatt wegen des Schmerzes, den sie bei mir ausgelöst hat, auf Rache zu sinnen.

Gelegentliche Stimmungsschwankungen kommen vor. Ich spreche nicht darüber, dass man immer mit dümmlichem Grinsen herumlaufen soll. Aber wenn Sie Jesus kennen und über einen langen Zeitraum verdrießlich und brummig sind, wenn Sie sich nicht daran erinnern können, wann Sie das letzte Mal gelacht haben, wenn Sie kurz davor stehen, zu explodieren (obwohl dieser Zustand an sich nicht eigentlich »sündig« sein muss), dann hockt die Sünde vor Ihrer Tür und lauert auf eine günstige Gelegenheit, um zuzuschlagen. Und sie wird Erfolg haben, eher früher als später. Sie müssen diesen Zustand als geistlichen Farn ansehen, als Gefahrenhinweis, und angemessen damit umgehen.

Wenn Sie ein frommes Leben kultivieren, das auf Freude aufgebaut ist, haben Sie einen der besten Wege gefunden, um diese Verdrießlichkeit zu bekämpfen. Ich habe das Buch »Neun Wege, Gott zu lieben« geschrieben (ein Buch, das davon ausgeht, dass Gott jeden mit unterschiedlichen geistlichen Temperamenten oder »Wegen« erschaffen hat), um diese Grundwahrheit zu vermitteln. Wenn wir verstehen, wie wir am besten mit Gott in Verbindung treten, wird uns das helfen, Zeiten mit ihm zu verbringen, die uns stärken und die beständig sind. Wenn wir unsere tägliche Zeit mit Gott zu einer Pflicht machen, riskieren wir, dass wir sie ihrer stärkenden Kraft weitgehend entleeren.

Disziplin hat immer ihre Berechtigung. Ich verbringe konzentrierte Zeit mit Gott nicht *nur* dann, wenn ich mich danach fühle. Aber wenn ich eine Andachtszeit plane, die ich genieße, werde ich mich meistens auch danach *fühlen.* Ich habe eine lebenslange »Liebesaffäre« mit den christlichen Klassikern. Und wenige Dinge berühren mein Herz so wie Worte alter Weisheit, die überliefert wurden und die der Heilige Geist nun auf mein gegenwärtiges Leben anwendet. Ob Sie ein kontemplativer Mensch sind, ein Enthusiast, ein fürsorglicher Mensch, ein Aktivist oder irgendein anderes der neun Temperamente: Sie werden andere Arten entwickeln, Ihre Stille Zeit zu halten, als ich. Daher ist es hilfreich, wenn Sie Ihr Temperament kennen.

Wenn ich vertraut mit Gott lebe, die Zeit mit ihm pflege und bewahre, liebe ich Menschen einfach sehr viel mehr. Einmal, nach einem besonders reichen Dienstwochenende, saß ich in einem Flugzeug und *platzte* förmlich von dem Wunsch, so viel Menschen wie möglich zu lieben und zu segnen. Ich fing an zu beten: »Herr, wen kann ich ermutigen? Wen kann ich segnen? Wem kann ich dienen?« Das schenkte mir Zugang zu einer solchen Freude, dass ich mir nicht vorstellen konnte, dass es »vergnüglich« sein könnte, bewusst zu verletzen, zu zerstören, zu betrügen oder auszubeuten.

Lassen Sie uns lernen, uns an Gott zu freuen, damit wir uns an anderen und sogar am Leben freuen können.

Als sündige Menschen mit Herzen voller Sünde können wir nicht erwarten, aus uns selbst heraus liebevolle, großzügige und dienstbereite Herzen zu bewahren. Lassen Sie uns lernen, uns an Gott zu freuen, damit wir uns an anderen und sogar am Leben freuen können.

Denken Sie daran, dass harte Arbeit, eine mürrische Lebenshaltung und ein spannungsgeladener Geist allesamt Warnsignale dafür sind, dass wir fallen werden, wenn wir nicht umkehren.

Die zweite Verletzung wird Sie stoppen

Erfahrene Läufer werden Ihnen sagen, dass es nicht die erste Verletzung ist, die Sie außer Gefecht setzt, sondern die zweite. Man kann oft durch eine kleinere Verletzung hindurchlaufen. Aber wenn man dies zu aggressiv tut, steuert man auf eine schwerere Verletzung zu, sobald der Körper beginnt, zu kompensieren.

Als ich für einen Marathon trainierte, entwickelte sich eine leichte Schleimbeutelentzündung in meiner rechten Hüfte. Schleimbeutelentzündungen sind unangenehm und gekennzeichnet durch ein dumpfes Brennen, aber man kann diesen Schmerz leicht unter Kontrolle halten. Bis zirka einen Monat vor der unmittelbaren Phase der Marathonvorbereitung (mit reduzierter Kilometerleistung zwei bis drei Wochen vor dem Marathon) ignorierte ich ihn – bis ich eines

Morgens aufwachte und das Innere meines rechten Knies regelrecht in Flammen stand.

Ich habe das schon so oft gehört: Jemand hat eine entzündete Kniesehne, aber trainiert dennoch weiter und wacht dann mit einer entzündeten Achillessehne auf. Jemand anders hat einen verhärteten Quadrizeps, ändert unmerklich seinen Gang, was mit einer Stressfraktur im Fuß endet. Unsere Körper *werden* kompensieren. Kleinere Verletzungen führen, wenn sie ignoriert werden, normalerweise zu viel größeren und ernsthafteren Verletzungen.

Dasselbe geschieht mit unseren Seelen. Sich niedergeschlagen und ein bisschen mürrisch zu fühlen, mag für sich genommen noch keine Sünde sein, führt aber oft dazu, dass man auf Ereignisse in sündhafter Weise reagiert. Distanzierung, wiewohl selbst kein Skandal, kann uns dazu verführen, in skandalösen Gewässern zu waten. Müdigkeit, an sich keine geistliche Schwäche, kann uns zu einem ernsthaften Fall verleiten.

Wenn Sie die Einsamkeit, die Distanzierung, die Müdigkeit ignorieren, mögen Sie noch ganz gut funktionieren – für eine Weile. Aber früher oder später, so sicher wie Weihnachten Ende Dezember kommt, werden Sie mit weit größeren Problemen zu kämpfen haben. Ihre Seele wird kompensieren. »Wenn du dir keine Zeit für Freude nimmst«, wird sie sagen, »werde ich meine eigene finden. Wenn du keine Ruhe einplanst und mich so sehr antreibst, werde ich mich nach einer ganz und gar anderen Art der Ruhe sehnen. Wenn du keine echte Intimität pflegst, werde ich eine falsche Intimität finden.«

Wenn man kein Hobby kultiviert, das die Seele stärkt, wird einen das nicht vom Himmel fernhalten, aber eines Tages stolpert man vielleicht über irgendetwas im Internet oder fühlt sich zum unerlaubten Nervenkitzel des Glücksspiels hingezogen oder findet etwas anderes, das einem plötzlich die so nötige »Pause« von den Anspannungen und Belastungen des geistlichen Dienstes bietet.

Die meisten Menschen können sich nicht ausreichend selbst reflektieren, um diese kleinen Kompensationspunkte wahrzunehmen, bevor sie zu Problemen werden. Wir verpassen den Prozess und wachen mit der Zerstörung auf. Dann versuchen wir, mit der Zerstörung so gut wie möglich umzugehen, ignorieren aber völlig den Prozess, der erst zu der Zerstörung geführt hat. Das wirft uns mitten in ein Leben der Vermeidung – wir behandeln die Symptome, ohne je die Krankheit zu kurieren.

Wenn wir die geistliche Macht der Freude respektieren, können wir lernen, unser Leben in den Griff zu bekommen, bevor Müdigkeit, Einsamkeit oder Verdrießlichkeit (die in einer hektischen, gefallenen Welt immer vorkommen können) ein gefährliches Niveau erreichen. Meine Frau und ich haben nie den Luxus eines Whirlpools besessen, aber wir haben mit vielen Paaren gesprochen, die die Freude und die damit verbundenen positiven Auswirkungen bezeugen können, die vier oder fünf gemeinsam im heißen Wasser verbrachte Abende pro Woche mit sich bringen. Man spricht über den Tag, ist wieder miteinander verbunden, entspannt seine Körper und setzt Endorphine frei, die einen in eine bessere Stimmung bringen. Andere bevorzugen vielleicht einen abendlichen Drink auf der Terrasse, einen gemeinsamen Ausflug zum Fitnesscenter oder irgendetwas anderes. Solche einfachen Rituale erkennen demütig an, dass unsere Seelen einen gewissen Anteil an Vergnügen, menschlicher Beziehung und Freude haben müssen, um in gesunder Weise zu funktionieren.

Ich habe herausgefunden, dass etwas normalerweise stirbt, wenn man es nicht zur Routine macht. Ein Paar plant nicht, sich voneinander wegzubewegen; sie »vergessen« nur, die Verbindung wiederherzustellen. Dasselbe Prinzip erklärt, warum ich es mag, so viel zu laufen. Fünf Tage die Woche genieße ich diese erholsame Routine, diesen Kurzurlaub. Ich weiß, dass ich einige Zeit mit Bibellesen verbringen werde, wenn ich aufwache. Und an fünf von sieben Tagen schnüre ich anschließend meine Schuhe, gehe nach draußen und verbringe einige Zeit auf der Strecke. Für Sie mag das wie Folter klingen und nicht nach Vergnügen. Aber das

Sorgen Sie dafür, dass Sie Ihre eigene Routine finden – bevor das Fehlen einer solchen Sie zu Boden streckt.

Fazit ist: Sorgen Sie dafür, dass Sie Ihre eigene Routine finden – bevor das Fehlen einer solchen Sie zu Boden streckt.

Ich bete dafür, dass Sie das Bild der »geistlichen Farne« als Warnung ansehen, einen Schritt zurückzutreten. Stellen Sie sich diese drei Fragen:

- Bin ich ständig müde?
- Fühle ich mich wirklich einsam?
- Lebe ich, bete ich Gott an und diene ich ihm aus einem Gefühl der Freude heraus oder fühle ich mich von Enttäuschungen und Verpflichtungen getrieben?

Wenn auch nur eins dieser Dinge sich für Sie als problematisch erweist, seien Sie vorsichtig. Sie betreten die Gefahrenzone. Wenn zwei der Fragen etwas bei Ihnen auslösen, tanzen Sie am Rand des Abgrunds und sollten in Ihrem Leben sofort einiges verändern. Für den Fall, dass alle drei Ihr Leben kennzeichnen, möchte ich vorschlagen, dass Sie *heute* jemanden besuchen, der Ihnen ein Seelsorger sein und helfen kann, Sie auf einen sicheren Weg zurückzuführen.

Der Einsatz ist hoch und der Kampf ist real. Wir wollen die »geistlichen Farne« ernst nehmen. Lassen Sie uns einander helfen, geistliche Krankheiten zu diagnostizieren, bevor sie zu geistlichen Katastrophen werden.

Kapitel 9

Freude erhalten

Ich stimme zu, dass Vergnügen an sich gut ist, aber nicht alle vergnüglichen Dinge sind gut.

PETER KREEFT

Sünde kann nur in einem Herzen leben, das nicht das Gute mit all seiner Kraft liebt. Nur ein kraftloses Verlangen nach Gott befähigt die Sünde dazu, ein Tyrann zu sein. Sie wird verschwinden, als ob sie nie gewesen wäre, sobald jemand aus ganzem Herzen nach Gerechtigkeit sucht.

FRANK BUCHMAN

Sünde bringt Sorgen, doch Frömmigkeit produziert Freude.

J. I. PACKER

Sag allen, die in dieser gegenwärtigen Welt reich sind, sie sollen nicht stolz sein und nicht auf ihr Geld vertrauen, das bald vergehen wird. Stattdessen sollen sie ihr Vertrauen auf den lebendigen Gott setzen, der uns alles reichlich gibt, was wir brauchen, damit wir uns daran freuen und es genießen können.

1. TIMOTHEUS 6,17

»Du machst wohl Witze!«, sagte meine Frau.

Das berühmte Frauenmagazin hatte eine provozierende Artikelüberschrift, die ebenso absurd wie empörend war – ungefähr nach dem Motto: »Top-Freudenexperten zeigen Ihnen absolut neue und unanständige Stellungen, über die Sie nur hier lesen können.«

Meine Frau wandte sich mir zu, als wir in der Schlange an der Kasse standen, und sagte: »Kannst du dir heutzutage und in diesen Zeiten vorstellen, dass irgendjemand irgendetwas im Bett macht und tatsächlich denkt: ›Das hat noch niemand zuvor gemacht‹?«

Ich war darüber verärgert, dass »Freudenexperten« solch ein Vorhaben an den Start brachten, besonders da ich zu dieser Zeit an einem Buch über Freude arbeitete. Wieder einmal war ich davon überzeugt, dass Gott viel Sinn für Humor hat und mit Leichtigkeit die Luft aus den beträchtlichen Egos der Autoren und Lehrer allerorten herauslassen könnte.

In gewissem Sinn scheint es ein Höhepunkt der Absurdität zu sein, im 21. Jahrhundert ein Buch darüber zu schreiben, wie man sich selbst gestattet, Vergnügen zu genießen. Unsere Welt *versinkt* im Vergnügen. Der wirtschaftliche Erfolg der täglichen Tasse 3-Euro-Gourmetkaffee hat eine Unzahl von exklusiven Verwöhncafés hervorgebracht, von Törtchenläden bis zu exotischen Gebäckshops. Sie können schwerlich 150 Kilometer auf der Autobahn fahren, ohne an einem Outlet-Center oder einem Spielkasino vorbeizukommen. Daheim hält das Internet ganz besondere Freuden für ganz besondere Zielgruppen bereit, von Kartenspielen über Shop-Webseiten bis hin zu Podcasts. Jedes Wochenende bietet Sportereignisse mit einem schwindelerregenden Aufgebot an Wettbewerben. Vergnügungsparks, die das ganze Jahr über betrieben werden, verschandeln die Landschaft der meisten großen Städte in den USA. Wir haben 24-Stunden-Satellitenfernsehen, iPods, die uns überallhin begleiten können, digitale Filmabspielgeräte, die in die Gesäßtasche passen, und genügend Harry-Potter-Romane, um die Erde aus dem Gleichgewicht zu bringen.

Und offen gesagt hat die Kirche jede Menge schlechter Presse bekommen wegen Leitern, die mit dem Vergnügen nicht verantwortlich umgegangen sind – ob es um Sex-Skandale geht, verschwenderischen und opulenten Lebensstil oder um lautstarke Verdammung des Glücksspiels oder der sexuellen Unmoral, während man seinen eigenen sehr offensichtlichen Mangel an Selbstkontrolle im Umgang mit dem Essen zur Schau stellt.

Weil wir in einem Zeitalter massenhafter Vergnügungen und Freizeitbeschäftigungen leben, brauchen wir ein »geistliches Kochbuch«, das uns beibringt, wie mit dem Vergnügen umzugehen ist (und wie nicht).

Doch gerade *weil* wir von so vielen Vergnügungen umgeben leben, müssen wir ernstlich darüber nachdenken, die besten auszuwählen. In der Zeit der Hungersnot ist ein Kochbuch irrelevant, aber es kann in der Zeit des Überflusses zum Bestseller werden. Weil wir in einem Zeitalter massenhafter Vergnügungen und Freizeitbeschäftigungen leben, brauchen wir ein »geistliches

Kochbuch«, das uns beibringt, wie mit dem Vergnügen umzugehen ist (und wie nicht).

Schamlose Anbetung

Die Missionarin machte eine Pause.

Sie hatte in Kathmandu und Nepal, dem Land mit mehr als einer Million Gottheiten, viele Dinge gesehen, doch nie so etwas. Pastorin Sam Storms erzählte: »Dort mitten auf einer belebten Straße befand sich eine Hindufrau, die sich tief verbeugte, sang und auf die Knie ging – vor einem Haufen Yak-Dung.«[50]

Ochsendreck.

Rinderkot.

Kuhkacke.

Man kann das schlecht auf nette Weise beschreiben. Dennoch ignorierte die Frau den Verkehr und den Spott der anderen und baute ihren »Altar« mitten auf der Straße auf. Sie hatte Blumen über den ganzen Kuhhaufen verstreut und ihren »Gott« dekoriert, als sie sich in Hingabe vor ihm niederbeugte.

Damit wir uns nicht vorschnell richtend darüber erheben: Viele von uns geben sich Dingen hin, die genauso absurd sind. Als Collegestudent beobachtete ich fasziniert, wie der Gott der Wahl vieler junger Menschen – der Alkohol – diese in ähnlich absurde Situationen brachte. Man trinkt, bis man sich wie ein Bekloppter benimmt. Dann erbricht man zwei Liter Galle, wacht zehn Stunden später auf, trägt stinkende Kleidung und protzt mit einem berstenden Brummschädel.

»Und ihr denkt, das macht Spaß?«, dachte ich.

Einmal, als wir Urlaub auf Hawaii machten, besuchte unsere Familie einen berühmten Ort auf Kauai, der *Secret Beach*, »geheimer Strand«, heißt, früher ein FKK-Strand. Seit mehreren Jahren arbei-

---

50 Sam Storms, *Pleasures Evermore*, Colorado Springs 2000, S. 145.

teten jedoch Beamte daran, dass sich dies ändert. Lisa sucht Reiseführer nach Zielen »jenseits ausgetretener Pfade« ab und dabei kam der *Secret Beach* als örtlicher Geheimtipp heraus. Man kann ihn nicht leicht finden, aber wir schafften es, die kleine Straße zu lokalisieren, die zu dem Pfad führt, der schließlich in einer weiten Sandfläche endet.

Auf unserem Weg zum Strand mussten wir einen steilen Pfad hinabsteigen. Meine Frau schickte mich als Erstes nach unten, um irgendwelche Überraschungen zu vermeiden (das heißt, um herauszufinden, ob die Leute auch tatsächlich Kleidung trugen) – um des Geschmacks wie um der Moral willen. Ich habe von Leuten, die in diesen Angelegenheiten erfahrener sind als ich, gehört, dass es einen direkten Zusammenhang gibt zwischen Menschen, die sich »Nudisten« nennen, und denen, die es besser nicht tun sollten.

Dankbarerweise sah ich Familien und Paare, alle angemessen bekleidet, und ich winkte meine Familie herunter. *Secret Beach* hat seinen Ruf als wunderhübscher Strand verdient. Ohne Zweifel gehört er zu den schönsten Plätzen, die wir jemals gesehen haben. Er ist ungefähr so groß wie eine Ranch in Texas und scheint niemals aufzuhören. Auf der einen Seite in der Ferne konnten wir vage einige Menschen ausmachen, die möglicherweise versuchten, den historischen Ruf am Leben zu erhalten, aber das konnten wir nicht mit Sicherheit sagen. In solchen Situationen ist Nichtwissen ein Segen. Wir waren glücklich mit unserem Fleckchen, als wir unsere Handtücher und Decken auslegten.

Unsere Kinder wurden von den Wellen umspült, während wir in einem Bereich lachten und spielten, der von Familien und Paaren in den Flitterwochen bevölkert war. Als ich aus dem Wasser kam, sah ich zum »Eingang« des Strands hoch, einem Waldareal, das sich bis auf den Strand erstreckte, und nahm einen Kerl wahr, der mitten im Wald mit einem Teleobjektiv saß, das auf die verdächtige Gruppe einige Hundert Meter weiter weg gerichtet war.

Hier standen wir nun, umgeben von Schönheit, genossen die Familie, nahmen die Sonne in uns auf – und da hinten saß ein einsamer junger Mann, der hoffte, ein paar heimliche Fotos zu machen, um sie in einen verschlossenen Raum mitzunehmen und sich ein Stück weiter von der Welt zu distanzieren.

Es machte mir eine Gänsehaut.

Tatsächlich lag es auf der Gänsehautskala gleichauf mit dem Verbeugen vor Yak-Dung.

Einmal besuchte ich mit meinem Sohn Südafrika; er war damals noch ein Teenager. Es war ein strahlend klarer Morgen, doch die Räumlichkeiten, wo wir uns mit einem Pastor treffen wollten, sollten erst 45 Minuten später geöffnet werden. Der Pastor schlug also vor, zu einem Restaurant zu gehen, wo wir uns hinsetzen und Kaffee trinken konnten. Es befand sich in einem Casino – der einzigen Stätte, die 24 Stunden geöffnet hatte –, aber solange mein Sohn die Etage des Casinos nicht betreten würde, würde man ihn hereinlassen.

Wir verließen das strahlende Sonnenlicht und die Geräusche der Natur und traten in eine mitleiderregend künstliche Welt ein mit als Sonne verkleideten Neonmonstrositäten und piependen Glücksspielautomaten statt zwitschernden Vögeln. Mein Sohn sah einen Mann mittleren Alters und blieb abrupt stehen. Der traurige Kerl sah aus wie ein Android, der roboterhaft den Hebel eines Spielautomaten bediente, während er verzückt vor dem strahlenden Bildschirm saß.

»Au weia«, sagte Graham, und sein unfreiwilliger Ausruf sprach Bände. Draußen war eine so schöne Welt, und dieser Mann hatte sie verlassen, um noch roboterhafter zu werden als die Maschine, die er bediente. Knallhartes Glücksspiel um 8 Uhr morgens? So unheimlich wie das Anbeten von Yak-Dung.

Wir müssen die empfindlichen Dinge des Vergnügens und Verlangens mit gebührender Sorgfalt behandeln, sonst verwandeln sie sich in etwas Abscheuliches und Groteskes. Der Jakobusbrief warnt uns davor, dass hemmungsloses Verlangen zu viel Streiterei und schließlich zum Hass gegenüber Gott führt. Wir bekommen nicht das, was wir wünschen, so Jakobus, weil wir Gott nicht darum bitten; und sogar wenn wir Gott bitten, geschieht dies, »weil ihr aus falschen Gründen bittet und nur euer Vergnügen sucht. Ihr Ehebrecher! Ist euch denn nicht bewusst, dass die Freundschaft mit dieser Welt euch zu Feinden Gottes macht? Ich sage es noch einmal: Wer ein Freund der Welt sein will, wird zum Feind Gottes« (Jakobus 4,3-4).

Von Gott getrenntes Begehren wird zur Dekadenz. Umgekehrt vertreibt die Dekadenz wahre, göttliche Freude. Wir haben eine Verpflichtung, die heilige Freude zu bewahren, zum Beispiel dadurch, dass wir uns mit offenen Händen Gott nähern und ihn fragen: »Darf ich dies haben?«

Dieselbe irdisch gegründete Freude, die unsere Seele mit Dankbarkeit sättigt und uns zur Anbetung und zu einer Quelle geistlicher Gesundheit führt, mag zu einer anderen Zeit oder im Leben einer anderen Person zu einem Stolperstein werden, der uns für Gott und die Schönheit seines Reiches blind macht. Wenn ich meine Vergnügen kurz mit Gott bespreche – und ihn bitte, mich zu erfüllen –, wirkt er als mein Filter und sagt mir zu jeder Zeit, was mich aufbauen und was mich zerstören will. Freude getrennt von Gott oder außerhalb seines Willens zu suchen ist so, als würde man einem Kleinkind einen Gasbrenner geben, um die Kerzen einer Geburtstagstorte anzuzünden.

Wenn ich meine Vergnügen kurz mit Gott bespreche – und ihn bitte, mich zu erfüllen –, wirkt er als mein Filter und sagt mir zu jeder Zeit, was mich aufbauen und was mich zerstören will.

Wieder rufen uns diese Situationen zur Differenziertheit in unserem Bibellesen auf. In den oben zitierten Versen sagt uns Jakobus, dass Gott sich gegen die verschmutzten Freuden stellt, weil sie uns versklaven. Aber das heißt nicht, dass unser himmlischer Vater die gesunden Vergnügungen und Freuden bekämpft, die aus seiner Hand kommen. Wenn er das täte, würde er uns nicht anweisen, ihn um das zu bitten, von dem wir meinen, dass wir es brauchen. Er sagt: »Lass mich dein Versorger sein. Ordne dich meiner Fürsorge unter und vertraue darauf, dass ich dir bringen werde, was dich wirklich befriedigen und ernähren wird.«

»Warum solltet ihr euer Geld für etwas ausgeben, das kein Brot ist, euren Lohn für etwas, von dem ihr nicht satt werdet?«, fragt Jesaja. »Hört zu und esst Gutes und eure Seele wird satt werden« (Jesaja 55,2).

Hier liegt die große Ironie: Die meisten Leute außerhalb der Kirche (und manche innerhalb) meinen, dass Heiligkeit und Vergnügen Gegensätze seien. Was für eine Lüge! Heiligkeit ist der treuste Freund des Vergnügens.

Wir finden zu geistlicher Gesundheit, wenn wir darauf vertrauen, dass Gott weiß, was das Beste für uns ist, und uns dann auf seine Kraft verlassen, das Beste auszuwählen. Zu viel von einer guten Sache kann sich als negativ entpuppen.

Übervergnüger

»Sie verbringt drei Stunden am Tag, um ein Online-Videospiel zu spielen«, beklagte sich der Ehemann.

Mein Freund, der Seelsorger des Paares, nickte und fragte den Mann: »Was meinen Sie denn, wie viel Zeit angemessen wäre?«

Nach nochmaliger Diskussion einigte sich das junge Paar, dass die Ehefrau 90 Minuten am Tag spielen könne. Der Waffenstillstand wurde aber beinahe erschüttert, als die Frau herausplatzte: »Außer natürlich, wenn ich gerade plündere und die Beute einsammle. Das dauert mindestens drei Stunden.« (Nein, das habe ich mir *nicht* ausgedacht!)

Der Autor Douglas Weiss warnt vor dem, was er »Übervergnüger« nennt. Wir haben hauptsächlich über wohlmeinende Christen gesprochen, die sich Vergnügungen versagen. Manche Menschen aber machen das schnelle Vergnügen (wie immer sie es auch definieren) zu ihrem höchsten Ziel. Weiss schreibt: »Ein Übervergnüger sieht sein Leben nicht als Gleichgewicht von Beziehungen, Verantwortlichkeiten und Vergnügen und lebt auch nicht dementsprechend. Das Vergnügen bewegt sich aus einer gemäßigten Position an die Spitze. Es wird wichtiger als die Pflichten gegenüber der Familie, den Freunden, der Gemeinschaft, sogar des Arbeitsplatzes.«[51]

Ein verräterisches Zeichen eines Übervergnügers ist nach Weiss das Gefühl, ein Anrecht auf bestimmte Dinge zu haben. Woher wissen wir, ob jemand ein besonderes Hobby oder Vergnügen als sein Recht sieht? Das ist einfach. Nehmen Sie es weg oder zögern Sie es für einen Augenblick hinaus. Die bösartige Reaktion wird Sie erschauern lassen. Weiss schreibt: »Anspruchsdenken dringt in das Herz von Übervergnügern ein bis zu dem Punkt, wo man, wenn man sich zwischen sie und das Vergnügen stellt, dafür bezahlen muss. Für sie ist das, als würde man Nein zum Leben selbst sagen.«[52]

Ich habe das bei mir selbst festgestellt. In den frühen Jahren meiner Ehe hatte ich bestimmte Gewohnheiten, besonders, was die Mittagspause anging. Wenn meine Frau diese Routine durchbrach, etwa weil sie nicht rechtzeitig nach Hause kam, damit ich das Auto nehmen oder ihr die Kinder übergeben konnte (sie also auf diese Weise für eine halbe Stunde »Zeitverschwendung« sorgte), habe ich so getan, als hätte sie ein grauenhaftes Verbrechen begangen. Ich bin kein Choleriker und habe sie nicht angebrüllt, aber mein Verhalten brachte Lisa verständlicherweise doch durcheinander. Warum sollte ein solch relativ kleiner Vorfall so einen tiefen Groll auslösen? Beide haben wir nicht erkannt, dass ich in dem Gefühl sündigte, zu meinen, ein Anrecht auf das Vergnügen zu haben: »Ich arbeite den ganzen Tag schwer. Ich verdiene es, in der Mittagspause aus dem Haus zu gehen, wenn mein Verstand müde wird und ich eine Pause brauche.«

Für einen Menschen, der im Anspruchsdenken verhaftet ist, gibt es keine »kleinen« Unannehmlichkeiten. Sie werden zu Angelegenheiten von höherer Bedeutung. Ein Golfsüchtiger, der ein Spiel verpasst, weil seine Frau einen Autounfall hatte und seine Hilfe brauch-

51 Weiss, *The Power of Pleasure*, S. 52.
52 Ebd., S. 53.

te, verübelt ihr womöglich, dass sie in diesen Unfall geraten ist und seinen Zeitplan durcheinandergebracht hat.

Als Seelsorger hat Weiss das immer und immer wieder beobachtet: »Wir alle kennen Menschen, die, egal, wie krank ihr Kind oder ihr Ehepartner ist, immer noch weiter dieses oder jenes tun. Ich mag Vergnügen so gerne wie jeder andere, aber ich weiß, dass ich nicht jederzeit einen Anspruch darauf habe, vor allem gegenüber meinen Beziehungen oder Pflichten.«[53]

Dass man dieser Haltung entgegentreten muss, zeigt die Weisheit der Alten Kirche. Einige Traditionen der christlichen Kirche – besonders der orthodoxen Ostkirchen – beachten regelmäßige Fastentage. In den meisten Fällen schließt das ein, dass man mittwochs und freitags auf Fleisch- und Milchprodukte verzichtet. In anderen Traditionen sucht man sich etwas aus, was man sehr gerne mag, und verzichtet in der Passionszeit von Montag bis Samstag darauf.

Solcher bewusster Verzicht bewahrt den Stellenwert der Freude sogar noch, weil er uns davon abhält, von unseren Freuden versklavt zu werden. Wenn Sie das Gefühl entwickelt haben, ein Anrecht auf etwas zu haben – ob das nun Tennis, Schokoladeessen, Kaffeetrinken, Sport gucken, eine bestimmte Lieblingssendung, mit Freunden herumhängen, einkaufen oder dergleichen ist –, kann das gelegentliche Fasten Gesundheit bringen und Freude bewahren. Zuweilen müssen wir unsere Selbstsucht und unser Anspruchsdenken rücksichtslos angreifen. Ich versuche mich selbst daran zu erinnern, da es für einen Vater und Ehemann eine sehr selbstsüchtige Angelegenheit werden kann, die erforderliche Zeit und Energie in den Langstreckenlauf zu investieren.

Obwohl wir unsere Vorlieben kennen müssen, damit wir lernen, ihre Kraft freizusetzen, müssen wir sie auf der anderen Seite auch benennen können, um sie dem Willen Gottes unterzuordnen, sie gelegentlich »am Kreuz« zu opfern und uns zu weigern, zu ihren Gefangenen zu werden. Wir müssen unsere Vergnügungen dazu

53 Weiss, *The Power of Pleasure*, S. 53.

zwingen, uns zu dienen. Sobald *wir* ihnen dienen, wird das, was uns einmal Freude bereitete, nun Kummer bringen.

Die Welt lebt in dem ewigen Wechselspiel von Nachgiebigkeit, gefolgt von unvermeidlichem Bedauern. Nachgiebigkeit macht die Seele kaputt und bloßes Bedauern führt nie zur Veränderung. Die Weisheit der Bibel und Kirchengeschichte lehrt uns, sich das dankbare Feiern und das zeitweise Fasten zu eigen zu machen; beides baut uns auf. Was macht den Unterschied? Feiern und Fasten erwachsen anders als Nachgiebigkeit und Bedauern aus der Anerkennung und Anbetung Gottes – Feiern, indem man Gottes Güte zelebriert, und Fasten in Achtung seiner Fürsorge, Herrschaft und Ordnungen.

Das Großartige am Christentum ist, dass es uns die Erlaubnis gibt, angemessene Freuden zu genießen, ohne zu deren Sklaven zu werden, was uns wiederum auf lange Sicht Freude erhält. Welch erstaunlichem Gott dienen wir, der diese Welt gegründet hat und uns eifrig überreichen Genuss anbietet auf eine Weise, die seine Kinder mit Gesundheit und guten Dingen segnet!

Kleine, langsame Schlückchen

Ein Golfkumpel inspirierte viele um ihn herum, weil er fast 25 Kilo abnahm. Auch ich war ordentlich beeindruckt. So viel Gewicht zu verlieren, deutet auf eine erstaunliche Disziplin hin. Nach einer Golfrunde gingen wir zu *Starbucks.* Ich bestellte meinen Chai-Tee und er einen Frappuccino mit viel Schlagsahne. »Mir geht's gut«, sagte er, »einmal wird schon nicht schaden, oder?«

Meine Frau rief mich an; ich entschuldigte mich und ging für (höchstens) drei Minuten nach draußen. Als ich zurückkam, war der Frappuccino (der inklusive Schlagsahne leicht 600 Kalorien und mehr haben kann) beinahe verschwunden.

»Was ist mit deinem Kaffee passiert?«, fragte ich, »Hast du ihn verschüttet?«

»Nö, ich hab ihn getrunken.«

»Jetzt mal im Ernst – was ist passiert?«

»Ich hab ihn getrunken.«

»Veräppelst du mich?«

»Es ist heiß. Ich hatte Durst.«

600 Kalorien als besondere Leckerei zu sich zu nehmen ist das eine; aber 600 Kalorien zu konsumieren und *sie nicht einmal zu genießen*, ist etwas ganz anderes. Mein Golfkumpel hat Gewicht verloren, aber möglicherweise nicht die geistliche Schwäche, die anscheinend mit seiner Gewichtszunahme einherging.

Ein anderer Freund, Mark Grambo, trifft eine hilfreiche Unterscheidung. Er legt Wert auf die Notwendigkeit, *in* der Freude zu leben, anstatt *für* die Freude. Wenn wir *in* der Freude leben, nehmen wir uns die Zeit, sie zu genießen; der entsprechende Augenblick wird heilig. Wenn wir *für* die Freude leben, ist das für uns oft verbunden mit Erwartungen, Angst und Anspruchsdenken, sodass wir durch diese Freuden geradezu hindurchrauschen, ohne sie wirklich jemals zu genießen. Wir haben Angst, dass sie uns jemand wegnimmt.

Eine körperlich fitte Frau mag ein tägliches Ritual haben, sich jeden Tag *einen* Schokoladenkeks zu gönnen. Sie braucht eine lange Zeit, um ihren sehr kleinen Keks aufzuessen, genießt den Geschmack und lässt den Keks auf der Zunge zergehen. In ihren Worten: Das Essen des Kekses wird für sie zu einem »Erlebnis«. Ihre Disziplin dient ihrer Freude und steigert diese sogar.

Nun stellen sie sich eine andere Frau vor, die denselben Keks mag – aber nicht bei einem aufhört. Sie muss die ganze Tüte leer essen.

Wer, meinen Sie, erlebt größere Freude?

Selbst wenn die Frau, die die ganze Tüte aufgegessen hat, die augenblickliche Freude hat, sich satt zu fühlen, wird ihr Körper wahrscheinlich das Gewicht ihrer Sattheit tragen und schließlich ihr Vergnügen verringern und zu ihrem Schmerz beitragen. Die Frau, die nur den einen Keks aß, wird vermutlich die Freude der Fitness genießen.

Sehen Sie, warum Gehorsam gegenüber und Hingabe an den

Willen Gottes so einen entscheidenden Anteil daran haben, Freude zu erhalten? Ohne Gottes Zustimmung finde ich in keiner Handlung, die ich vornehme, »Seelenfrieden«. Wie die Frau, die eine ganze Tüte Kekse verschlingt, werde ich wie jemand agieren, der seine Seele »abschaltet« und auf einen verzweifelten Zusammenbruch zusteuert, nur um sich hinterher von Scham und Reue überwältigt zu fühlen. Ohne die Ruhe der Seele folgen dem Vergnügen unvermeidlich Angst und Schuld.

Heather Earnshaw drückt es so aus: »Wenn ich auch nur einen leisen Hinweis darauf habe, dass Gott (aus welchem Grund auch immer) nicht möchte, dass ich etwas genieße, kann ich es auch nicht wahrhaftig genießen. Nicht nur, weil ich es nicht darf, sondern weil die Fähigkeit, hingebungsvoll zu genießen, verloren gegangen ist.«[54] Das hingebungsvolle Erlebnis, das Genusserlebnis, das »Nimm dir Zeit für den Augenblick, lass dein Herz erfüllt werden und erhebe dich mit einer zufriedenen Seele«-Erlebnis – jeder Anteil wahrer, bleibender Freude wird ausradiert, wenn die Sünde uns mit ihren zwanghaften und wilden Lüsten ablenkt.

Ohne Selbstkontrolle werden unsere Leidenschaften zu gefährlichen Minenfeldern potenzieller geistlicher Zerstörung.

Wir brauchen geistliche Stärke, um in dieser Welt wirklich Freude zu genießen. Ohne Selbstkontrolle werden unsere Leidenschaften zu gefährlichen Minenfeldern potenzieller geistlicher Zerstörung.

Manche brauchen eine Erlaubnis, um sich auf Vergnügen einzulassen; andere brauchen mehr Verantwortungsbewusstsein und Selbstkontrolle, sodass sie die Freuden genießen können, die sie zuvor mit einem Mangel an Disziplin verdorben haben. Mit anderen Worten: Wenn Sie Ihren ersten Schluck Frappuccino vor sich haben (oder das Zuckergetränk bereits mit der Kraft eines Industriestaubsaugers in sich reingezogen haben), müs-

54 Heather Louise Earnshaw, »An Ethic of Enjoyment«, Masterarbeit, Regent College Dezember 1990, S. 69.

sen Sie lernen, wie man kleine, langsame Schlückchen nimmt, mit kurzen Pausen, um wirklich jedes einzelne zu genießen.

Wie ich mit den »kleinen Freuden« umgehe, verrät oft meine Reife (oder deren Fehlen) in Bezug auf die größeren Freuden des Dienstes, der Sexualität und in Beziehungen. Wenn ich lerne, beim Trinken einer Köstlichkeit innezuhalten, kann mich das auch lehren, in einem Gespräch innezuhalten und wirklich zuzuhören.

Freude dient einem höheren Ziel

Dr. James Houston fügt dem, was ich hier beobachte, etwas Hilfreiches hinzu. Er zeigt auf, dass Wohlbefinden und Selbstwertgefühl entstehen, »wenn wir in unseren Beziehungen nach außen sehen: unsere Pflichten anderen gegenüber; dass wir bei unseren Aufgaben eine gute Leistung zeigen; die Verantwortung, die wir im Interesse anderer tragen; die gefühlsmäßige Beteiligung, die wir am Wohlergehen anderer haben«[55].

Mit anderen Worten: »Trachtet *zuerst* nach dem Reich Gottes und nach seiner Gerechtigkeit, *so* wird euch das alles zufallen« (Matthäus 6,33; LUT; Hervorhebung durch den Autor). Möchten Sie ein Leben der Freude? Dann ordnen Sie Ihr Leben auf der Basis von Matthäus 6,33. So finden Sie wahre, dauerhafte Freude.

Dr. Houston zeigt auf, dass junge Leute, wenn sie nicht in dieser Weise leben, anfällig werden für vorehelichen Sex, Drogenmissbrauch und andere schädliche Genussmittel. In gewissem Sinne brauchen sie keine Vergnügungen mehr, sie haben schon eine Menge von ihnen. Was sie brauchen, ist *Verantwortungsbewusstsein*. Ein junger Mann und eine junge Frau, deren Liebe zueinander wirklich wächst, die aktiv Gott dienen, echte Nähe aufbauen, in ihrem Leben ein Bewusstsein für Mission und Berufung hegen, haben viel weniger Raum für unangemessene Nacktheit. Und sie haben wahrscheinlich

55 Houston, *In Pursuit of Happiness*, S. 47.

wenig oder gar kein Verlangen, unter Drogeneinfluss zu stehen oder sich zu besaufen.

Erlösung beinhaltet mehr als Rettung; sie schließt ein, dass wir ein neues Herz mit neuen Wünschen bekommen. »Freu dich am Herrn, und er wird dir geben, was dein Herz wünscht« (Psalm 37,4). In diesem Zusammenhang stärkt die wunderbare Erfahrung der Freude uns, da sie unsere Seelen erneuert und unsere Berufung in Christus unterstützt. Wenn sie uns geistlich auszehrt und unseren Auftrag untergräbt, dann ist es per definitionem keine echte Freude – zumindest nicht in dem Sinne, wie Gott echte Freude definieren würde.

Ein langer, aber herrlicher Prozess

Vielleicht ist ein Grund, warum Christen der Freude mit so großem Misstrauen begegnen, die Tatsache, dass kranke Seelen Freude an kranken Dingen haben. Wie der weise König Salomo beobachtete: »Unrecht zu tun ist dem Narren ein Vergnügen« (Sprüche 10,23). Hitler empfand Vergnügen dabei, eine Welt in den Krieg zu führen. Ein Alkoholiker findet Freude daran, sich bis zum Exzess zu betrinken. Ein Gewalttätiger genießt es, jemanden zu erniedrigen oder körperlich zu verletzen. Manche Menschen haben Gefallen an wiederholtem und demütigendem sexuellen Missbrauch. Andere ziehen Freude aus lebensbedrohlichem Verhalten, das zwar eine innere Leere offenbart, aber kein Innerstes, das Gott die Ehre gibt.

Freude ist *kein* absolutes Gut. Wir können Gefallen an wirklich bösen Dingen finden. Wir können auch in Schwierigkeiten kommen, wenn wir *Gutes* in *falscher* Weise gebrauchen. Das lateinische Sprichwort *corruptio optimi pessima* bedeutet: »Die Entartung des Besten führt zum Schlimmsten.« William Shakespeare drückte es so aus: »Lilien, die faulen, stinken mehr als Unkraut« (Sonett 94).

Wenn ich mein Vergnügen dem Plan Gottes unterordne, spiegelt mein Verlangen sein Verlangen wider. Dieses Ergebnis finde ich ungeheuer erfüllend, obwohl ich gerade erst anfange, es zu schmecken.

Nun werden göttliche Anliegen zu meiner Zuflucht und nicht zu einer Bedrohung; zu einer Quelle nachhaltiger Stärke und nicht der Entmutigung oder der Versuchung. Da wir als gefallene Menschen in einer gefallenen Welt leben, wissen wir bisweilen, dass die Dinge, die wir als Vergnügen ansehen und begehren, nicht mit Gott in Einklang stehen. In diesen Fällen ist es unser Vorrecht als von Jesus Angenommenen, diese falschen Freuden abzulehnen. Ein erneuertes Verständnis wird uns dabei helfen, besonders wenn wir darauf vertrauen, dass das Loslassen der schnellen, unerlaubten Vergnügungen ein Schritt zu einer befriedigenderen Freude ist.

Wenn Wochen des Strebens nach solchen Freuden, die Gott die Ehre geben, zu Monaten werden und die Monate zu Jahren und die Jahre zu Jahrzehnten, werden wir feststellen, dass unsere Herzen sich dem Himmel zugewandt haben. Wir werden uns dazu gebracht haben, dass wir genau nach der Art Vergnügen verlangen, die wir in der ganzen Ewigkeit genießen werden. Das kommt nicht nur dadurch zustande, dass wir den Stellenwert der Freude akzeptieren, sondern auch dadurch, dass wir Gott neu definieren und prägen lassen, was uns wirklich echte Freude bereitet.

Kurz: Wir müssen die Freude *erhalten* – und Heiligkeit ist das »Salz«, das dazu beiträgt.

Kapitel 10

Gefährliche Vergnügungen

Ich habe versucht, eine Diät zu machen, aber leider bin ich in meinem Leben an einem Punkt angelangt, wo mich nahezu alles anekelt oder enttäuscht, außer Essen. Und darum esse ich den ganzen Tag.

Tony Kornheiser

Es wird fast stets als eine höchst weise und gemäßigte Haltung empfunden, wenn jemand vorschlägt, Wein oder Ähnliches nur als Arznei zu trinken. Dem gestatte ich mir, mit allem Ingrimm entgegenzutreten. Die einzige genuin gefährliche und unmoralische From des Trinkens besteht darin, Wein als Arznei zu trinken ...

Das soll, wie ich wohl kaum zu betonen brauche, nicht heißen, dass ich es für unter allen Umständen unvertretbar halte, Alkohol als Reizmittel an Kranke zu verabreichen. Wohl aber soll es heißen, dass die rechte und der Gesundheit weitaus dienlichere Art, Alkohol zu verwenden, darin besteht, ihn an Gesunde zu deren Vergnügen auszuschenken.

G. K. Chesterton[56]

Ein Mensch kann in einem Leben voller Laster nicht glücklich sein, solange er moralischen Skrupel empfindet; umgekehrt kann er in einem tugendhaften Leben nicht glücklich sein, solange er mit dem Laster Kompromisse schließt.

A.J. Russell

Deshalb: Iss, trink und sei fröhlich dabei. Denn Gott gefällt dein Tun seit Langem!

Prediger 9,7

Es war und bleibt einer der schönsten Nachmittage meines Lebens.

Mein Sohn und ich waren in Kapstadt (Südafrika). Ich hatte bei den Gottesdiensten der *Stellenbosch Gemeente* gepredigt, einer ziemlich großen Gemeinde, die sich in einer örtlichen Schule traf. Ich habe jeden der 50 amerikanischen Bundesstaaten besucht und viele

---

56 G. K. Chesterton, *Ketzer*, S. 92.

Länder, aber nie einen Ort wie Kapstadt. Ich kann mir nichts vorstellen, was dem Garten Eden ähnlicher kommt.

Nach dem zweiten Gottesdienst kam ein Arzt zum Hauptpastor und verwickelte ihn in eine lebhafte Diskussion. Natürlich erregte die Unterhaltung meine Neugier. Vielleicht wollte der bekannte Mediziner über ein paar Punkte aus der Predigt streiten. Möglicherweise hatte auch ein Buch eine solch starke Meinungsbekundung hervorgebracht oder eine politische Angelegenheit eine derartige Leidenschaft entzündet.

Im Gegenteil. Der Pastor erklärte später, dass der gute Doktor darum besorgt war, dass der Gastredner womöglich bei unserem Mittagessen nicht den angemessenen Wein serviert bekommen würde.

Nun, ich würde einen 4-Euro-Wein von einem 400-Euro-Wein nicht unterscheiden können. Ich habe keine theologischen Probleme mit Alkohol, aber aufgrund meines Lebensstils trinke ich ihn einfach nicht häufig. In Kapstadt jedoch bewegt der Wein die Welt. Man hat Aperitifweine, Tischweine, Dessertweine. Jeder Wein hat besondere Qualitäten; jeder ist peinlich genau im Hinblick darauf ausgewählt, ob er der Gelegenheit entspricht.

Wie können wir als Christen lernen, die »gefährlichen« Freuden angemessen zu genießen – diejenigen, die anderen zum Fallstrick werden?

Der Nachmittag fing mit einem Gebet an, das unser Drei-Stunden-Mahl eröffnete.

Richtig, *drei Stunden*!

Wir saßen draußen – wer würde das in Kapstadt nicht – und schauten auf ein Weingut. Das entspannte Gespräch, die Lebensfreude und kein einziger im Hintergrund quäkender Fernseher ließen mich denken: »Tja, *das* wäre ein Sabbat.«

Traurig jedoch, dass manche Gläubige diesen Nachmittag vielleicht wegen des Weines eine Schande nennen würden. Wie können wir als Christen lernen, die »gefährlichen« Freuden angemessen zu genießen – diejenigen, die anderen zum Fallstrick werden? Sollten wir es überhaupt versuchen?

Mächtige Freuden in Schach halten

Die mächtigsten Kräfte im Leben müssen in Schach gehalten werden. Wenn man im Bundesstaat Washington in einen Zoo geht, sieht man allerorten Eichhörnchen krabbeln und Krähen über sich sitzen. Keiner schenkt diesen Geschöpfen Aufmerksamkeit; es ist jedem egal, dass sie frei herumlaufen.

Man stelle sich nun vor, ein Tiger würde durch die Tore schlendern oder ein Bär an der Imbissbude vorbeispazieren.

Dann wäre es den Menschen nicht mehr egal.

Gefährliche Freuden haben in mancher Hinsicht viel mit diesen Tieren gemeinsam. Sex, eine mächtige Kraft, muss kontrolliert und in Schach gehalten werden. Er trägt das Potenzial in sich, viel Gutes zu bewirken (eine Familie zusammenzuhalten, einen Treuebund zu erneuern, wohltuende intime Erinnerungen zu schaffen, Entlastung in die Routine des Lebens zu bringen, ein funkelnagelneues Leben zu erschaffen) – aber auch, großen Schaden anzurichten. Musik kann eine Seele beruhigen oder einen Aufstand auslösen. Ein Heer kann einen Staat beschützen oder ein unschuldiges Land angreifen. Ein edler Wein kann die Geschmacksknospen anregen oder, im Übermaß genossen, das Gehirn betäuben und die Leber zerstören.

Weil die Freude uns motiviert, besitzt sie auch enorme Macht. Mit einer solchen Macht müssen wir verantwortlich umgehen, damit sie nicht zu einem bösen Tyrannen wird. (Mancher scharfsinnige Leser mag sich fragen, ob ich hierin wohl Gott einschließen würde. Ihnen würde ich antworten, dass Gottes Macht sich durch sein eigenes heiliges Wesen Rechenschaft ablegt.) Geld kann in den Händen eines zufriedenen, Gott die Ehre gebenden Menschen ungeheuer Gutes bewirken. Geld in den Händen einer geistlich kranken Person kann zu einer grausamen, bösen Kraft werden.

Ein Freund namens Essen

Wenn ich von »gefährlichen Freuden« spreche, beziehe ich mich nicht nur auf die, die einem gleich in den Sinn kommen: Sex, Geld und Alkohol. Für manche Menschen können die einfachsten Freuden wie das Essen gefährlich werden.

Eines späten Abends betankte ich meinen Mietwagen an einer abgelegenen Tankstelle. Trotz der mitternächtlichen Stunde war das Restaurant geöffnet. Ich sah einen krankhaft fettleibigen Mann, der kaum den Barhocker hochkam und sich mit Pommes und einem Bacon-Cheeseburger den Bauch vollschlug. Vielleicht zog er irgendeine Art Freude aus diesem Erlebnis, aber der arme Mann aß sich buchstäblich zu Tode.

Was will ich damit sagen? *Um potenziell gefährliche Freuden wirklich zu genießen, ohne ihr Sklave zu werden, müssen wir uns einem Gott fügen, der größer als unsere Freude ist.*

Wenn Gott uns im Land der Vergnügungen laufen lässt, müssen wir so mit ihnen umgehen, als ob er uns ein Elektrowerkzeug oder ein geladenes Gewehr gegeben hätte. Bestimmte Sicherheitsmaßnahmen können sicherstellen, dass das Vergnügen zu einer freudigen Erfahrung wird statt zu einer tragischen. Wenn wir Gottes höhere Weisheit und seinen vollkommenen Plan missachten, riskieren wir, dass wir versklavt und sogar zerstört werden durch das, was Gott eigentlich zu unserem Nutzen gedacht hat. Vergnügungen haben große Macht – so hat Gott sie geschaffen. Wir brauchen eine entsprechende Ehrfurcht, um ihrem Sog entgegenzuwirken und unsere Herzen etwas Stärkerem zuzuwenden.

Der Kolumnist Tony Kornheiser spricht über den unvermeidlichen Zeitpunkt in mittleren Jahren, wenn es so aussieht, als würde das Essen zum treusten Freund. »Ich habe versucht, eine Diät zu machen«, erklärt er, »aber leider bin ich in meinem Leben an einem Punkt angelangt, wo mich nahezu alles anekelt oder enttäuscht, außer Essen. Und darum esse ich den ganzen Tag.«[57]

Kein Geringerer als Augustinus[58] erinnert daran, wie er, nach-

57 Tony Kornheiser, *I'm Back for More Cash*, New York 2002, S. 250-251.

58 Augustinus (354-430) war ein bekannter Bischof und Autor verschiedener Klassiker, einschließlich seiner *Bekenntnisse*. Er war vielleicht der einflussreichste Theologe der westlichen Kirche der ersten 1 500 Jahre nach Christus.

dem er von Gott als junger Mann vom täglichen Kampf mit sexueller Lust befreit worden war, in seinen späteren Jahren sogar noch stärker mit Völlerei zu kämpfen hatte. Ein Mönch kann sein Leben so regeln, dass er viele Lustfallen beseitigt, aber wie, so fragte Augustinus, vermeidet man die Versuchung zur Völlerei, wenn man essen muss, um zu leben? Allgegenwärtige Nahrung verleitet uns immer dazu, sie zu missbrauchen.

Ich bin in einer konservativen Baptistengemeinde aufgewachsen. Viele der älteren Witwen dort wären nie auf die Idee gekommen, »Ach du Schande!« oder »Mist!« zu sagen, erst recht nicht ihre dämonischen Äquivalente. Sie hätten keinen Film angeschaut, den die US-Behörden für unter 17-Jährige nur in Begleitung Erwachsener freigegeben haben. Erst recht hätten sie, Sünde aller Sünden, nie an einem Pokerspiel teilgenommen. Aber beim Gemeindebüfett verputzten sie die Desserts nach allen Regeln der Kunst. Vielleicht hatten sie wenig gewöhnliche Freuden und fraßen sich hemmungslos voll, als sich eine »akzeptable« Freude vor ihnen auftat – in fast derselben Weise, wie ein Bergsteiger oben auf dem Mount Everest verzweifelt versucht, etwas Luft in seine Lungen zu saugen.

Kornheiser zeigt, wie unterschiedlich er und seine Mitarbeiterin mit Essen umgehen. Er schreibt: »Sie hat dieselben Regeln, seit sie 25 ist: ›Iss nie, bevor du nicht im Begriff bist, vor Hunger zu sterben.‹ Das unterscheidet sich von meiner Regel, die da lautet: ›Mehr Käse.‹«[59]

Wir ehren Gott nicht, wenn wir wie Magersüchtige werden und das Essen fürchten, statt es zu genießen. Andererseits kann ein Leben mit »mehr Käse« buchstäblich ein Jahrzehnt oder mehr auslöschen, in dem wir Gott auf dieser Erde dienen können. Wir können unsere Jahre in genau der gleichen Weise wegessen, wie ein Alkoholiker seines wegtrinken oder ein Raucher seines wegpaffen kann. Essen ist eine große Freude, aber es kann uns auch töten.

Wir müssen vorsichtig sein, wenn wir die Freuden des Essens gebrauchen oder missbrauchen. Ich fürchte, dass wir uns in den Gemeinden

---

59 Kornheiser, *I'm Back for More Cash*, S. 251.

heute darauf konzentrieren, bestimmte Vergnügungen zu vermeiden, wie unmoralische Sexualität, Materialismus, Drogenmissbrauch, vulgäre Unterhaltung, Betrunkenheit und Ähnliches, aber dabei die alten und biblischen Warnungen vor der Völlerei beinahe völlig ignorieren. Wir schieben die anderen Vergnügungen weiterhin beiseite, hemmungsloses Essen aber ist völlig normal. Wenn andere die Resultate unseres Lebensstils sehen, ziehen sie zu Recht den Schluss, dass wir vielleicht unsere Ohren, unsere Augen, unsere Zungen, unsere Geschlechtsorgane unserem Herrn hingegeben haben – aber womöglich nicht unsere Mägen.

Wenn andere die Resultate unseres Lebensstils sehen, ziehen sie zu Recht den Schluss, dass wir vielleicht unsere Ohren, unsere Augen, unsere Zungen, unsere Geschlechtsorgane unserem Herrn hingegeben haben – aber womöglich nicht unsere Mägen.

Es wäre eine ungeheure Verallgemeinerung (und auch eine Lüge) zu empfehlen, dass heilig sein bedeutet, dünn zu sein. Gott hat verschiedene Körpertypen erschaffen. Und es kann genauso eine Sünde der Eitelkeit sein, Stunden damit zu verbringen, an einem bestimmten Körperbau zu arbeiten, wie es die Sünde der Völlerei sein kann, keine Kontrolle über unsere Essbegierden zu haben. Lassen Sie mich, unabhängig von Ihrem Körperumfang, höflich Folgendes fragen: Ehrt Ihr Essverhalten Gott? Ist Ihr Zeugnis durch Ihr Versagen beschädigt, diese besondere Freude im Griff zu haben oder sich dem Problem auch nur zuzuwenden? Letztlich weiß das nur Gott. Ich habe die Frage in erster Linie deshalb aufgeworfen, weil es zu einfach wäre, über »gefährliche« Freuden zu sprechen und die gebräuchlichste (und darum vielleicht gefährlichste) aller Freuden zu ignorieren – die Völlerei.

Nun wollen wir das umstrittenste aller Probleme anpacken: Christen und Alkohol.

Die Weindebatte

Ein befreundeter Pastor wuchs in einer Heiligkeitstradition auf, in der nur eins schlimmer war, als in einen Film zu gehen, der erst ab 13 zugelassen war: gesehen zu werden, wie man öffentlich Alkohol trinkt. Er weiß, dass er biblisch ein absolutes Alkoholverbot nicht rechtfertigen kann – aber in seinem Herzen kann er ebenso wenig das Trinken akzeptieren. Er gibt freimütig zu, dass seine Blockade mehr mit seinen Gefühlen als mit seinem Verstand zu tun hat, aber sie sitzt tief und ist real.

Als wir damit anfingen, über dieses Buch zu sprechen, fragte er mich: »Was würdest du zu mir als Pastor sagen, wenn ich in einem Restaurant vor einem Glas Wein säße und ein Gemeindemitglied vorbeikäme und mich sähe?«

»Du setzt da etwas voraus.«

»Ja, was denn?«

»Du unterstellst, dass es negativ wäre, wenn ein Gemeindeglied sähe, wie du ein Glas Wein trinkst. Ich sage, dass es möglicherweise *heilsam* für ihn ist, weil er sieht, wie du *verantwortlich* das Leben genießt. Ich sage, dass du möglicherweise mit einem Glas Wein in deiner Hand eine sehr kraftvolle Predigt halten kannst.«

Bevor ich nun die Hälfte meiner Leser verliere, lassen Sie mich erklären, dass ich die Bedenken mancher Christen in Bezug auf Alkohol verstehe. Mein Ziel ist es nicht, Christen zum Trinken zu ermutigen. Ich trinke nie Bier und nur wenig Wein. Als meine Frau und ich zu einer Poolbar am Strand von Hawaii gingen und ich einen alkoholfreien Smoothie bestellte, antwortete der Barkeeper: »Was ist los? Müssen Sie etwa noch fahren?«

Mit harten Getränken habe ich überhaupt keine Geschichte, und ich besitze auch kein Verlangen, eine solche anzufangen. Demnach befinde ich mich auch nicht auf einem persönlichen Kreuzzug, um mein Verhalten zu rechtfertigen. Wenn Gott vor mir erscheinen und sagen würde: »Gary, ich möchte, dass du dem Alkohol völlig entsagst«, wäre das für mich nicht schwieriger, als wenn er sagen würde: »Gary, ich möchte nicht, dass du in die Antarktis ziehst.«

Lassen Sie mich auch sagen: Wenn meine Frau in einem Alkoholikerhaushalt aufgewachsen wäre, wo sie der Alkoholmissbrauch verletzt hat, dann würde kein einziger Tropfen über meine Lippen kommen – als Geschenk an sie. In manchen Situationen sollte ich meine Freuden um der anderen willen beschränken.[60]

Ein Mann in einer von mir betreuten Kleingruppe hatte einen Vater mit einem Alkoholproblem. Er sagt, dass er völlig enthaltsam lebt, weil er seine Familiengeschichte kennt und sich nicht zutraut, mit der Macht dieses Vergnügens angemessen umzugehen – ein ausgezeichneter Grund, um Alkohol zu meiden.

Und da der Alkoholmissbrauch so viele Leben und Familien zerstört hat, verstehe ich auch, warum manche Organisationen und Gemeinden ihre Mitglieder bitten, enthaltsam zu bleiben. Diese Gläubigen verzichten wegen ihrer Berufung willentlich auf eine biblisch erlaubte Freude.

Christen haben jede Menge Gründe, um sich dafür zu entscheiden, keinen Alkohol zu trinken. Aber falsche, selbstgerechte Frömmigkeit sollte nicht zu diesen Gründen gehören, auch nicht der Ehrgeiz, zu demonstrieren, dass ich »heiliger« bin als andere, weil ich mehr Dinge meide als sie. Und die Furcht davor, dass andere von mir schlechter denken, wenn sie mich etwas trinken sehen, von dem Gott bestimmt hat, dass es mit Danksagung empfangen werden soll, würde mich in die Welt der Pharisäer versetzen. All diese hässlichen, sündigen, mit Stolz behafteten Gründe, Alkohol zu meiden, sind genauso widerlich, wie wenn man sich volllaufen ließe.

Paulus schrieb: »Lasst euch deshalb von niemandem verurteilen, nur weil ihr bestimmte Dinge esst oder trinkt« (Kolosser 2,16). Jeder vernünftige Ausleger wird sagen, dass Paulus die verteidigen wollte, die Wein oder andere vergorene Getränke trinken wollten; *andere*

60 Das ist die eindeutige Lehre des Paulus in 1. Korinther 10,23-24: »Es ist alles erlaubt, aber nicht alles ist hilfreich. Es ist alles erlaubt, aber nicht alles ist gut. Denkt nicht an euren eigenen Vorteil, sondern an die anderen und an das, was für sie am besten ist.«

Getränke waren nicht strittig.[61] Niemand hat im Kolossä des ersten Jahrhunderts ein Problem aus einer Tasse Kaffee für drei Euro gemacht! Paulus sagt uns sehr direkt und kraftvoll, dass der pietistische Wunsch, den anderen um eine Nasenlänge voraus zu sein, und das unabhängig von Gottes Geboten (und noch wichtiger: von seiner Gnade), wertlos ist, wenn es darum geht, wirkliche lustbestimmte Schwächen einzuschränken.

François Fénelon warnt davor, dass unsere Spiritualität nicht unsere Evangelisation untergraben darf, besonders im Hinblick darauf, wie wir mit »gefährlichen Freuden« umgehen. Er schreibt:

> Ich glaube, dass es ausreicht, sich an ihnen in Maßen und gottgefällig zu beteiligen. Ernsteres und verkrampfteres, weniger liebenswürdigeres und besänftigenderes Verhalten würde den Menschen der Welt nur eine falsche Vorstellung von Frömmigkeit vermitteln. Ohnehin sind diese nur allzu voreingenommen; und wer würde denken, dass ein Mensch Gott nur mit einem düsteren und trübsinnigen Leben dienen könnte?[62]

Lassen Sie uns darüber nachdenken. Die Welt hat gegenüber unserem Leben und Glauben *bereits* gewaltige Vorurteile; doch wir dürfen nicht wagen, bestimmte Aspekte des Glaubens weniger anstößig zu machen. Wir müssen die Botschaft von unserer Sünde und vom Zorn Gottes aufrechterhalten und das Kreuz als einziges Heilmittel dafür propagieren, ohne Rücksicht darauf, dass solche Lehren unpopulär sind. Doch aus Barmherzigkeit mit denen, die die Gnade Gottes nicht kennen, die noch nicht von seiner Vergebung, Stärkung, Freude und von seinem Leben profitieren, lassen Sie uns doppelt sichergehen, dass wir nicht Menschen von der Herrlichkeit des

---

61 Die einzig möglichen alttestamentlichen Anspielungen auf unangemessenes Trinken (Nasiräergelübde – 4. Mose 6,3; Getränke, die in unreinen Gefäßen aufbewahrt werden – 3. Mose 11,34; Priester, die ihren Dienst im Heiligtum verrichteten – 3. Mose 10,9) sind so begrenzt und spezifisch, dass es sehr unwahrscheinlich ist, dass Paulus darüber mit den Kolossern des ersten Jahrhunderts spricht.

62 Fénelon, *Christian Perfection*, S. 7.

Lebens in Christus abhalten, indem wir auf eine leere, angstbeladene Frömmigkeit bestehen, die letztendlich keine biblische Grundlage hat. Wir machen uns Sorgen über die Auswirkungen des Alkohols auf die Gemeinde, aber haben wir je über unsere absolutistische und restriktive Wirkung auf Ungläubige nachgedacht?

Gott schuf den Alkohol, und sein inspiriertes Wort feiert diese Tatsache.[63] Jesus selbst schuf Alkohol, als er auf dieser Erde wandelte (vgl. Johannes 2,1-11) – und offenbar machte er einen wirklich guten Tropfen. Alkohol als das absolut Böse zu bezeichnen, bedeutet, unserem Messias und Herrn Böses zu unterstellen. Wollen wir das wirklich tun? Als Jesus den Alkohol machte, sagte er damit auch: Einige gute (obwohl potenziell gefährliche) Freuden haben ihre Zeit und ihren Platz.

Alkohol als das absolut Böse zu bezeichnen, bedeutet, unserem Messias und Herrn Böses zu unterstellen.

Tatsächlich unterstützt gemäßigtes Trinken die Gesundheit. Eine dänische Studie fand heraus, dass Menschen, die keinen Alkohol trinken und nicht körperlich aktiv sind, »ein 30-49 Prozent höheres Risiko tragen, eine Herzerkrankung zu entwickeln, als Menschen, die trinken, Sport treiben oder beides«. So schockierend das für manche sein mag: »Gemäßigtes Trinken reduziert das Todesrisiko bei Männern und Frauen.« Forscher fanden heraus, dass unter Menschen, »die körperlich aktiv waren, diejenigen, die nicht tranken, im Vergleich zu den gemäßigten Trinkern ein 30-31 % höheres Risiko für eine tödliche Herzerkrankung trugen«. Sie schlossen daraus:

Körperliche Aktivität und gemäßigter Alkoholkonsum können das Risiko einer tödlichen Herzerkrankung und die Allgemeinsterblichkeit verringern. Doch weder körperliche Aktivität allein noch der Alkoholkonsum können das gesteigerte Risiko völlig rückgängig machen, das

63 Vgl. 1. Mose 27,28; 4. Mose 18,12; 5. Mose 14,23; Richter 9,13; 2. Könige 18,32; Psalm 104,15; Sprüche 3,9-10; Prediger 9,7; Hoheslied 7,9; Jesaja 25,6; Joel 2,24; Sacharja 10,7; Johannes 2,10. Natürlich warnen auch viele Verse vor dem Missbrauch von Wein.

mit körperlicher Inaktivität und Alkoholabstinenz verbunden ist. Daher sind sowohl körperliche Aktivität als auch der Alkoholkonsum wichtig, um das Risiko tödlicher Herzerkrankungen und die Allgemeinsterblichkeit zu verringern.[64]

Dr. David Katz, Leiter des Forschungszentrums für Prävention an der *Yale University School of Medicine,* vermerkt, dass diese dänische Studie bestätigt, was wir schon wussten: »Moderater Alkoholgenuss reduziert das Risiko von Herzerkrankungen. Moderate körperliche Aktivität tut dies auch, und sogar noch stärker. Kombiniert man die beiden, addieren sich die Vorteile.«

Nun, »moderates« Trinken bedeutet ein Glas (Frauen) oder zwei Gläser (Männer) pro Tag. Wenn man drei oder mehr überschreitet, schafft man medizinische Probleme aller Art, inklusive dem gesteigerten Risiko für Herzerkrankungen und Schlaganfälle. Tatsächlich haben diese Risiken so ernste Konsequenzen, dass manche medizinischen Spezialisten empfehlen, dass Menschen, die »nicht gemäßigt trinken können, überhaupt nicht trinken sollten«[65].

Diese gesundheitlichen Vorteile haben mich nicht zu einem »moderaten« Trinker gemacht. Vielleicht liegt es an meinem baptistischen Hintergrund (den ich immer noch wertschätze), aber ich ziehe es vor, sehr selten Alkohol zu trinken – normalerweise nur dann, wenn die gesellschaftliche Konvention dies verlangt. Jedoch: Wenn Gottes Wort etwas feiert und die Wissenschaft dies bestätigt – handeln wir weise, wenn wir vollkommene Enthaltsamkeit erzwingen?

Die Bibel verbietet einige Dinge absolut. Sie verurteilt klar Betrunkenheit, und da Gott uns dazu ruft, unserer Regierung zu gehorchen (vgl. Römer 13,1-7), sollten alle Christen unter 18 Jahren das Trinken von Alkohol (bzw. von Bier, Wein und Sekt unter 16

---

64 Alle Zitate hier und im nächsten Absatz sind entnommen aus: Steven Reinberg, »Drink a Little, Stay Active, Save Your Heart«, www.healthcentral.com/heart-disease/news-199348-31.html (24. Februar 2009).

65 »Heart Attack and Acute Coronary Syndrome«, Walgreens Health Library: www.walgreens.com/library/contents.html?docid=000012&doctype=10 (24. Februar 2009).

Jahren) vermeiden. Etwas zu verbieten, was die Bibel nicht verbietet, birgt das Risiko in sich, dass man Menschen zu sehr bedrängt. Außerdem trivialisiert es die Bedeutung und die Notwendigkeit legitimer Wünsche und setzt sie herab. Angemessene Freude verhilft uns dazu, auf klare biblische Beschränkungen gehorsamer reagieren zu können. Eine gute Mahlzeit, Lachen, anregende Unterhaltung und ein Glas guten Wein zu genießen oder ein Dessert mit einem feinen Portwein zu beschließen, erbaut nicht nur das Herz; *es kann auch die Seele stärken.*

Die Kirche, erschrocken vor der Gefahr, sieht sich oft versucht, eine verabsolutierende bipolare Sichtweise anzunehmen – ganz wie Tonys Kollegin, die nur dann isst, wenn der Hungertod droht. Wir klingen für viele sexfeindlich, weil wir die verheerenden Auswirkungen sexueller Unmoral sehen. Manche finden uns kunstfeindlich, weil wir die widerliche Perversion der Pornografie wahrnehmen. Wir erscheinen als alkoholfeindlich, weil wir Zeugen geworden sind, wie der Missbrauch Leben zerstört hat. Manche sehen uns als musikfeindlich, weil wir die Songtexte mancher Gangsta-Rapper hinterfragen. Wir erscheinen als medizinfeindlich, weil manche Menschen verschreibungspflichtige Arzneimittel missbrauchen. Wir klingen spaßfeindlich, weil Spaß »weltlich« ist.

Solche an Verboten orientierte Christen berauben das Leben all seiner Freude – was wirklich schlimm ist, denn wenn man das tut, beraubt man sich auch teilweise Gott. Man wendet sich von einer herrlichen, schönen und überaus einladenden Seite von ihm ab. (Auch versperren wir viele Wege der Evangelisation, da viele der Verlorenen in diesen Welten wohnen.)

Ein absolutistischer Ansatz in Bezug auf Alkohol ist kulturbedingt und nicht biblisch. In seinem Buch *Radical Reformission* erinnert Mark Driscoll uns daran, dass Johannes Calvins jährliches Gehaltspaket fast tausend Liter Wein für ihn und seine Gäste enthielt. Martin Luthers Frau Katharina war eine fähige Brauerin, und während einer Trennungszeit schlossen Luthers Liebesbriefe an seine Frau verschiedene Hinweise darauf ein, wie sehr er ihr Bier vermisste. Und als die Puritaner – die Puritaner! – mit der Besiedlung Amerikas anfingen, wählten sie als erstes dauerhaftes Gebäude eine Brauerei.[66]

Einmal, in einer Gebetszeit, habe ich mich dazu verpflichtet, einzig und allein von einer Sache angetrieben zu sein: der Herrschaft, dem Maßstab und der Gerechtigkeit des Reiches Gottes – nicht von Buchverkaufszahlen, nicht von meinem Ruf, von Einladungen oder dem Applaus der Öffentlichkeit. Gott hat mir deutlich gemacht, dass es meine Berufung und meine Aufgabe ist, ausschließlich sein Reich voranzubringen. Ich möchte, dass das Volk Gottes in der Gerechtigkeit wächst, und ich glaube, dass es Gläubigen hilft, echte göttliche Freuden zu feiern und sich auf sie einzulassen, damit sie nicht anfällig für Seelen zerstörende Ersatzbefriedigungen werden. Wenn Wein das Leben verlängern kann, sodass man noch mehr Jahre hat, um Gott zu dienen, wenn er eine Seele mit Lachen und Freude würzen kann und sie damit freundlicher, zufriedener und dankbarer Gott gegenüber macht, wenn er nach einem Tag des Dienstes und der Arbeit als krönender Abschluss dient, dann werde ich seinen rechtmäßigen und göttlichen Platz in der Gemeinde Gottes verteidigen.

Ich verfolge damit keine persönlichen Absichten, da ich so wenig zu verteidigen habe; es ist auch nicht mein Lieblingsthema. In Bezug auf das Reich Gottes insgesamt ist es jedoch durchaus wichtig.

Abhängigkeitsphobie

Meine Töchter lieben das Tanzen seit ihren frühesten Tagen. Dankbarerweise hat eine junge christliche Frau in unserer Heimatstadt eine christliche Tanzschule gegründet, in der alle Tanzformen unterrichtet werden – lyrischer Anbetungstanz, aber auch moderne Tänze wie Jazz, Hip-Hop, Ballett, das volle Programm. Wir haben es sehr geschätzt, dass unsere Töchter an angemessenen Kursen teil-

66 Mark Driscoll, *The Radical Reformission: Reaching Out without Selling Out*, Grand Rapids 2004, S. 146.

nehmen, die Preteens und junge Teenager nicht sexualisieren. Doch während einer bestimmten Aufführung warfen meine Frau und ich uns einmal unbehagliche Blicke zu. Eine Nummer schien uns mindestens »grenzwertig« zu sein – was bei allem, was mit körperlicher Bewegung zu tun hat, zugegebenermaßen ein Leichtes ist. Die Mädchen und ihre Lehrerinnen wollen sich etwas Neues und Kreatives einfallen lassen und überschreiten möglicherweise manchmal unbewusst (wir glauben, mit guten Absichten in ihren Herzen) mit einem Zeh die Grenze.

Viele Vergnügungen liegen auf dieser Linie; daher lehnen einige Menschen das Tanzen überhaupt ab. Aber eine Nummer unter hundert wird mich nicht dazu bringen, unsere Töchter aus dieser Schule zu zerren, die in ihrem Leben bisher eine so positive körperliche und sogar geistliche Auswirkung (vor und nach den Stunden gab es Bibelarbeiten) hatte.

Dasselbe kann man von Männern mittleren Alters sagen, die zweimal im Jahr zusammenkommen, um herumzusitzen und Zigarren zu rauchen. Ich habe noch nie eine Zigarre geraucht, aber wenn einige meiner christlichen Freunde dies an jedem 4. Juli (Nationalfeiertag) und an jedem Neujahrstag tun, halte ich es für ein wenig gesucht, wenn man andeutet, dieser Brauch könne ihre Gesundheit ernsthaft gefährden.

»Aber Tabak kann zur Abhängigkeit führen«, mögen manche sagen.

Alles kann zur Abhängigkeit führen. Ein Glas Wein zu trinken, *könnte* zum Alkoholismus führen. Schmerzmittel nach einer Operation zu nehmen, *könnte* zum Medikamentenmissbrauch verleiten. Moderne Kunst zu mögen, *könnte* jemanden zur Pornografie bringen. Ein Gourmetmahl zu essen, *könnte* in der Völlerei enden. Ein gutes Gehalt zu verdienen, *könnte* jemanden materialistisch machen. Eine Runde Golf zu spielen, *könnte* zu lebenslanger Golfbesessenheit führen. Wenn wir nie etwas tun, das im Übermaß zum Problem werden könnte, dann müssen wir damit anfangen, 20 Stunden täglich zu schlafen, um alle Versuchungen zu meiden (und sogar Schlaf kann für manche zum Problem werden – besonders für Depressive).

Die Antwort auf sexuelle Sünde ist nicht: kein Sex, sondern: heiliger Sex.

Es läuft darauf hinaus: Die Antwort auf sexuelle Sünde ist nicht: kein Sex, sondern: heiliger Sex. Die Antwort auf Alkoholmissbrauch ist nicht notwendigerweise: kein Alkohol (was für einen genesenden Alkoholkranken wahrscheinlich trotzdem gelten wird), sondern heiliges Trinken. G. K. Chesterton argumentiert folgendermaßen:

Die gültige Regel in dieser Sache stellt sich, wie bei gültigen Regeln häufig der Fall, als ein Paradox dar. Trinke, weil du fröhlich bist, nicht aber, weil es dir schlecht geht. Trinke nie, wenn du dich ohne Alkohol elend fühlst, sonst wirst du enden wie der graugesichtige Ginsäufer in der Gosse; trinken sollst du, wenn du auch ohne Alkohol fröhlich bist, dann wirst du sein wie der heitere Bauer Italiens. Trink niemals, weil du es brauchst, denn das ist verstandesbestimmtes Trinken und der gerade Weg in den Tod und in die Hölle. Trink dagegen, weil du es nicht brauchst, denn das ist unverständiges Trinken und Ausdruck der alten Gesundheit der Welt.[67]

Statt uns Freuden zu versagen, gibt uns Gott die Fähigkeit, gefährliche Vergnügungen innerhalb angemessener Grenzen zu genießen. David Powlison bietet eine hilfreiche Liste, wann solche Freuden kurz davor sind, zur gefährlichen Bedrohung zu werden:

- alles, was zum Zwang wird (»Ich muss immer daran denken.«)
- alles, was impulsiv wird (»Tu's doch einfach.«)
- alles, was triebhaft wird (»Ich kann nicht anders, als es zu tun.«)
- alles, was wie Krebs um sich greift (was außer Kontrolle gerät, auffrisst)
- alles, was mutiert ist (haltlos, ruhelos, bizarr, unmenschlich, entmenschlichend)[68]

67 Gilbert Keith Chesterton, *Ketzer,* S. 92.
68 Powlison, *Innocent Pleasures,* S. 25.

Powlison zieht genau die richtige Bilanz. Statt das Vergnügen ganz und gar zu verketzern, statt reaktionär zu werden, feiern wir den verantwortlichen Umgang damit. Er schreibt:

Wenn Ihnen Lüsternheit begegnet, werden Sie nicht prüde. Wenn Ihnen verschwenderischer Materialismus begegnet, werden Sie nicht in grimmiger Entschlossenheit enthaltsam und undankbar. Wenn Ihnen die Entfesselung jeglicher Begierden begegnet, werden Sie nicht bloß pflichtbewusst. Wenn Ihnen Vergnügungssucht begegnet, reagieren Sie nicht mit verkniffenem und saurem Asketismus. Christlicher Glaube – die Erlösung unseres Menschseins – ist ein radikal dritter Weg. Er ist die Alternative sowohl zur Hemmungslosigkeit als auch zur kleinlichen Religiosität.[69]

Der Apostel Paulus drückte sich im Hinblick auf diesen Gebrauch erlaubter, gefährlicher Vergnügungen deutlich aus. Während einige in Korinth sagten: »Mir ist alles erlaubt«, antwortete Paulus: »Aber nicht alles ist gut«, und: »Doch ich will mich von nichts beherrschen lassen« (1. Korinther 6,12).

Wenn wir unsere Vergnügungen nicht steuern, werden unsere Vergnügungen uns steuern.

Eine der gefährlichsten Freuden ist der Besitz. Darum verschenke oder verkaufe ich häufig Teile meiner persönlichen Bibliothek. Ich könnte leicht zum Sammler werden, und diese Besitztümer würden am Ende *mich* besitzen. Für andere mag das bedeuten, dass sie den Drang bekämpfen, jedes Jahr ein neues Auto zu bekommen, das Geld mit vollen Händen auszugeben, um sich neu einzukleiden oder das Haus neu zu gestalten – zum wiederholten Mal. Keine definitive biblische Aussage erklärt uns, wann wir ein Auto, unsere Garderobe oder die Ausstattung unseres Hauses ersetzen sollen. Tatsächlich präsentiert die Bibel solche Notwendigkeiten oft als Segen Gottes. Darum können wir uns am Besitz berechtigterweise freuen.

69 Ebd.

Ich fand es jedoch bemerkenswert, als mir klar wurde, dass ich keine *einzige* Sache benennen konnte, die Jesus gehörte, außer seiner Kleidung. Wenn Sie das Heilige Land besuchen, werden Sie kein Haus finden, in dem er wohnte. Sie werden kein Museum mit Artefakten finden – keine Toilettenartikel, keine Kunst, mit der er seine Wände verzierte, nicht einmal einen Stuhl, auf dem er saß, oder ein Bett, in dem er schlief. Ja, er lebte in einer ganz anderen Welt als der unsrigen, doch es ist für mich schon bemerkenswert, dass ich Jesus noch nie porträtiert gesehen habe, wie er etwas kauft, sammelt oder besitzt – doch er lebte in riesengroßer Freude und Erfüllung. Die Geschichte von Jesus dreht sich immer um Menschen und nie um Besitz. Wir täten gut daran, ihm nachzueifern.

Die Gefahren dieses Buches

In mancher Hinsicht erscheint mir dieses Buch wie ein geladenes Gewehr. Man kann ein Gewehr benutzen, um sich selbst zu verteidigen, es kann helfen, die Familie zu ernähren oder sich selbst zu verletzen. Ähnlich kann die in diesem Buch enthaltene Wahrheit helfen und erhellen, oder sie kann in vielerlei Hinsicht verbogen werden:

»Gott hat Essen und Wein zu meiner Freude erschaffen. Wenn ich ein wenig zügellos bin, worin liegt das Problem? Ich werde mir doch nicht von den Fundamentalisten die Freude stehlen lassen.«

»Sex ist gut. Freude ist gut. Gott hat beides erschaffen. Wenn ich Sex nicht in genau der gleichen Weise genießen kann, wie Gott ihn sich gedacht hat, was macht es schon, wenn ich nur ein klein wenig, ganz nebenbei, der Leidenschaft nachgebe?«

Ich bitte Sie – *eindringlich* –, sich differenziert auf das Vergnügen einzulassen. Freude ist ein Geschenk Gottes. Sie ist gut. Er hat uns bestimmt, Freude auf vielerlei Weise zu empfangen, und er bereitet uns sogar auf eine Ewigkeit der Freude vor. Es muss uns indes klar werden, dass es eine Hierarchie der Freude gibt – mit Gott an der

Spitze –, die all unsere Vergnügungen ordnet. Zerbricht diese Hierarchie oder wird sie verdreht, dann werden geringere Freuden anfangen, Krieg gegen die Hauptfreude zu führen – die Freude an Jesus Christus.

Als Christen haben wir eine schreckliche Tendenz dazu, »überkorrekt« zu sein. Wir erkennen unseren Irrtum (»Oh, dann kann ich vielleicht ganz rechtmäßig Freude akzeptieren und sogar kultivieren. Ich sehe, wie ich mich durch eine an Verboten orientierte Denkweise selbst gefährdet und Gott nicht die Ehre gegeben habe«), um uns dann ins andere Extrem zu stürzen und vor diesem Irrtum zu fliehen, nur um einem neuen zu erliegen (»Ich möchte für den Rest meines Lebens essen, trinken und fröhlich sein«). Ein Buch wie dieses zu schreiben oder zu lesen, weist genau diese ernst zu nehmende Gefahr auf. Die Gemeinde von heute hat sich ehrlich gesagt noch keinen Ruf für intellektuelle Differenziertheit erworben. Statt Dinge in einer gesunden Balance zu halten, neigen wir dazu, zwischen gefährlichen Extremen hin- und herzuspringen.

Als Christen haben wir eine schreckliche Tendenz dazu, »überkorrekt« zu sein.

Ein Buch über das Vergnügen zu schreiben, berührt beide Extreme. Powlison warnte davor vor einigen Jahren: Er merkt an, dass manche Menschen in Seelsorge »ausschließlich auf der zwanghaften Verantwortlichkeitsseite leben und andere für ihre Freuden, Besitztümer und Freizeit. Ob so oder so, sie sind verwirrt und getrieben ... Man kann darauf wetten, dass diesbezüglich mindestens 99 Prozent der Menschheit irgendwo zwischen leicht dysfunktional und komplett verrückt agiert.«[70]

Jemand, der dieses Buch liest und sich aus der Verantwortung stehlen möchte, wird sich in erster Linie deswegen an theologische Wahrheiten über Gott und das Vergnügen klammern, um sein unausgeglichenes Leben der permanenten Unterhaltung zu rechtfertigen. Verfall und Elend erwarten ihn. Andere werden meine Gedan-

70 Powlison, *Innocent Pleasures,* S. 21.

ken über Freude wahrscheinlich als künstliche und banale Erlaubnis abtun, dauernd in einem »Disneyland«-Glauben zu leben. Sie riskieren, dass sie einen Zusammenbruch erleiden oder von Heuchelei oder Abhängigkeiten verführt werden. Beide Haltungen – die hedonistische Freiheit wie der pharisäische Prohibitionismus – bekümmern Gott.

Im vierten Gebot, dem Sabbatgebot, finden wir biblische Ausgeglichenheit. Einer meiner Seminarprofessoren, Dr. Klaus Bockmühl, erinnerte uns daran, dass das Gebot, sich einen Tag freizunehmen, dem Gebot folgt, sechs Tage zu arbeiten. Manche Christen konzentrieren sich auf die sechs Tage und geben im Blick auf den freien Tag nur widerstrebend klein bei. Andere behandeln jeden Tag wie einen Sabbat und vergessen an den sechs Tagen, fleißig zu arbeiten.

Wenn wir die richtige Mischung zwischen Arbeit und Ruhe oder Spiel finden, leben wir in demselben Rhythmus wie der Gott, der uns gemacht hat. Er hat uns in seinem Bild erschaffen und uns dazu bestimmt, nach seinem Bild zu leben. Jede Unausgeglichenheit – ob nun in Richtung Arbeit oder Spiel – verdreht Gottes Bild und Plan.

Viele Jahre lang habe ich ein Ungleichgewicht zugunsten von Arbeit und Verantwortung gelebt. Ich habe den Sabbat als unbequeme Notwendigkeit und Verpflichtung angesehen. Würde ich ihn nicht beachten, befürchtete ich, zusammenzubrechen und weniger effektiv und produktiv zu sein. Ich habe ihn also als ein Werkzeug der Arbeitsethik angesehen, eine bedauerliche Gegebenheit, die nach dem Sündenfall nötig geworden war, da ich mit einem unvollkommenen Körper und einer ebensolchen Seele zurückgeblieben war. Natürlich hat Gott den Sabbat schon vor dem Sündenfall eingehalten, aber wir Extremisten haben die erstaunliche Fähigkeit, dass die Fakten keinesfalls unseren Überzeugungen in die Quere kommen dürfen. Powlisons Worte trafen mich bis ins Mark:

Hier ist eine weitere kuriose Überraschung: Die meiste Werbung gilt der Entspannung statt den Errungenschaften der Arbeit. Der Tag, der für Glücklichsein und Dankbarkeit beiseitegesetzt ist, ist Ihr freier Tag! So ist erholsame Freude nicht bloß funktional wie ein Managernickerchen, dessen einziger Zweck darin besteht, Ihre Batterien wieder aufzuladen, damit Sie wieder schuften können. Diese Ruhe ist kein Mittel zum Zweck; sie ist das Ziel selbst. In unserem täglichen Leben können wir einen Vorgeschmack auf die »Sabbatruhe des Volkes Gottes« bekommen, wenn alles, was getan werden muss, schließlich erledigt worden ist und Gerechtigkeit herrscht.[71]

Ich kann nicht sagen, dass ich mir schon ein »Kapstadt-Christentum« zu eigen gemacht habe und gefährliche Freuden genieße wie edlen Wein und dreistündige Mahlzeiten, umgeben von atemberaubenden Weingärten. Wenn man im Nordwesten der USA lebt, kann man nicht oft drei Stunden draußen sitzen, ohne dass es auf einen regnet. Aber die Fähigkeit der Südafrikaner, innezuhalten und manche gefährlichen Vergnügungen willkommen zu heißen, fordert mich bis zum heutigen Tag heraus.

Vielleicht geht es Ihnen genauso.

71 Powlison, *Innocent Pleasures,* S. 23.

Kapitel 11

Die Kosten des Vergnügens

Er führt andere durch die Bitterkeit der Entbehrungen. Was Sie betrifft, so führt er Sie durch die Last des Genusses eitler Freuden.

François Fénelon

Unsere derzeitige Aufgabe ist es, Moralität von Dummheit zu scheiden. Gott hat sie nie zusammengefügt. Wenn der Mensch in der Vergangenheit diese für bestimmte und befristete Zwecke zusammengebracht hat, so ist es nun die Pflicht des Menschen, sie zugunsten ewiger Ziele auseinanderzuhalten.

Richard Cabot

Leb nicht übertrieben rechtschaffen und versuch nicht allzu weise zu sein. Oder willst du dich selbst zugrunde richten? ... Denn derjenige, der Gott ernst nimmt, findet den richtigen Mittelweg.

Prediger 7,16.18

Als junges Mädchen verliebte sich unsere ältere Tochter Allison ins Eiskunstlaufen. Sie war bezaubert von der Grazie und der Schönheit der Bewegungen der Läufer, den spannenden Sprüngen und sogar, so sagte sie einmal, »vom Geräusch der Schlittschuhe auf dem Eis«.

Zu dieser Zeit lebten wir mit einem geringen Einkommen in Washington D.C. Ich arbeitete für ein christliches Werk, das christliche Gehälter bezahlte. Nancy Kerrigan hatte gerade die Silbermedaille bei den Olympischen Spielen gewonnen, und Allison hörte, dass Nancy demnächst die Hauptstadt der USA im Rahmen einer landesweiten Eiskunstlauftournee besuchen würde.

»Meinst du, wir könnten hingehen?«, fragte sie. Ich rief die Ticket-Hotline mit großer Beklommenheit an – und meine Ängste wurden bestätigt. Die Tickets waren nicht billig.

»Ich werde zwei kaufen«, sagte ich mit einem Seufzer.

Da ich die Tickets so spät erstanden hatte, befürchtete ich, dass wir hinter einem Pfeiler, anderthalb Meter unterhalb der Decke sitzen würden; aber zu meiner Erschütterung führte uns der Platzanweiser direkt zum Eis. Als wir der Eisfläche näher und näher kamen, fing das Gesicht meiner jungen Tochter an zu leuchten. Sie hätte mit ihrem Strahlen die ganze Arena erleuchten können.

»Jesus lächelt heute wirklich auf uns herab, nicht wahr, Papa?«

Wir saßen nur eine Reihe vom Eis entfernt. Mir ist immer noch nicht klar, wie das passiert ist. Einmal kam Nancy nahe genug an Allison, um sie zu berühren.

Ja, bei einem solchen Ereignis muss man ein T-Shirt kaufen. Und ein paar Knabbereien. Parkgebühren kommen hinzu. Als meine Tochter und ich hinausgingen, versuchte ich es zu vermeiden, die Gesamtkosten auszurechnen.

Sofort fing mein christliches Hirn an zu denken: »Puh, das wäre ein ganz schöner Mikrokredit für einen Menschen in der Dritten Welt gewesen. Man hätte ein *Compassion*-Patenkind für ein paar Monate unterstützen können. Mit dem Geld ...«

Die Liste ging weiter und weiter.

Ein Teil von mir fühlte sich nicht gut, weil ich mir der hohen Kosten bewusst war, aber ein anderer Teil wollte sagen: »Gary, freu dich! Du hast mit deiner Tochter eine Erinnerung fürs Leben geschaffen. Und wie viel ist das wert?«

Das ist eine berechtigte Frage: Was ist ein vernünftiger Preis für Vergnügen?

Der Milchkaffee-Faktor

Red Cup Day.

Wenn Sie das zu meinen Kindern sagten, würden sofort alle wissen, was gemeint ist. In der zweiten Novemberwoche wechselt *Starbucks* von seinen normalerweise weißen auf festliche rote Becher und läutet damit die Weihnachtssaison ein. Unsere Familie ist so merkwürdig, schon Tage vorher darüber zu reden und dann gewöhnlich miteinander anzustoßen, wenn sie da sind.

In diesem Jahr bekam ich, während ich gerade Zimt in meinen Chai-Tee schüttete, eine SMS auf mein Handy: »Die Weihnachtsbecher sind da.«

Ich lächelte und schrieb zurück: »Ich weiß, ich habe einen in der Hand.«

Graham antwortete: »Sie machen mich glücklich.«

Man kann meine Bücher nicht lesen, ohne auf *Starbucks* zu stoßen. Die Leute wissen das, und einmal, als ich unterwegs war, nahm mich ein gewissenhaftes Paar mit. Die Frau bemerkte den *Starbucks*-Becher in meiner Hand und fragte: »Haben Sie je darüber nachgedacht, nicht zu *Starbucks* zu gehen und das Geld Missionswerken zu spenden?«

Ich hätte auf alle möglichen zynischen Weisen antworten können. Das Auto, das sie fuhren, war mindestens 15 000 Euro teurer als mein Ford Focus. Ich hätte fragen können: »Haben Sie je daran gedacht, Ihr Auto in einen Ford zu tauschen und das Geld Missionswerken zu spenden?«

Natürlich habe ich das nicht getan. Irgendetwas an *Starbucks* erweckt in Leuten das Bedürfnis zu predigen. Ich kann nicht zählen, wie oft ich jemanden vor dem Gemeindehaus habe sagen hören: »Für den Preis von nur einem Milchkaffee pro Tag könnten wir Hank und Henrietta soundso viele Monate unterstützen.« Finanzplaner operieren gerne mit dem »Milchkaffee-Faktor«, um aufzuzeigen, wie ein täglicher Becher Edelkaffee die Altersvorsorge reduzieren kann.

In einem Hauskreis sagte ein Leiter einmal: »Weißt du, ich habe gelesen, wenn du täglich einen Milchkaffee bestellst, hat dich das in zehn Jahren 10 000 Euro gekostet.«

Fast alle sogen überrascht die Luft ein, aber ich sagte: »Das klingt nach einer vernünftigen Investition.«

Sie dachten, ich mache Witze.

Dem war nicht so.

»Hört mal zu«, erklärte ich, »ich habe nie geraucht. Biergeschmack kann ich nicht ausstehen. Ich gebe nicht viel Geld für Musik oder teures Essen aus, zugegeben: vermutlich zu viel für Bücher. Ich fahre relativ preiswerte Autos, aber meine täglichen Ferien bei *Starbucks* schätze ich *wirklich*. Ich denke, sich ein Jahrzehnt lang auf etwas zu freuen und es täglich zu genießen, ist wahrscheinlich zehn Riesen wert.«

Ich hätte ein ernstes Problem mit mir selbst, wenn wir mehr Geld für *Starbucks* ausgeben würden als für die Mission, das Reich Gottes und die Armen. Ich verstehe, warum die Kaffeeliebe angegriffen wird. Sowohl der Materialismus als auch Gleichgültigkeit den Armen gegenüber geben Gott nicht die Ehre, aber man beachte eine andere Gefahr: aus der Armut einen Götzen zu machen, was zu einer immer weiter gesteigerten und einengenden Frömmigkeit führt.

Der große Reformator Johannes Calvin sprach folgende Warnung aus:

Wenn einer schon einmal zu zweifeln angefangen hat, ob er zu Tüchern, Hemden, Schnupftüchern und Tischtüchern Leinen brauchen darf, so wird er nachher schon nicht mehr sicher sein, ob ihm Hanf verstattet ist ... Er wird sich nämlich mit dem Gedanken herumschlagen, ob er nicht auch ohne Tischtuch speisen oder ohne Schnupftuch bestehen könnte! Wenn einer auf den Gedanken gekommen ist, feinere Speise sei nicht erlaubt, dann wird er am Ende nicht einmal mehr Brot und einfache Nahrungsmittel in Frieden vor Gott genießen; es kommt ihm eben in den Sinn, er könnte seinen Leib auch mit noch geringerer Speise erhalten. Wenn einer bei einigermaßen wohlschmeckendem Wein bereits Bedenken hat, so wird er bald nicht einmal gemeinen Krätzer mit gutem Frieden seines Gewissens trinken können, und am Ende wird er nicht einmal mehr wagen, Wasser anzurühren, das besser und reiner ist als anderes.[72]

In vieler Hinsicht präsentiert Calvin ein verblüffendes, nicht ganz eingängiges Stückchen Weisheit aus dem Predigerbuch: »Leb nicht übertrieben rechtschaffen und versuch nicht allzu weise zu sein.

72 Johannes Calvin, *Unterricht in der christlichen Religion: Institutio Christianae Religionis,* Buch III, Kap. 19.7, übersetzt und bearbeitet von Otto Weber, Bd. 2, Göttingen 1937, S. 401f.

Oder willst du dich selbst zugrunde richten? ... Denn derjenige, der Gott ernst nimmt, findet den richtigen Mittelweg« (Prediger 7,16.18). Extreme Kleinlichkeit kann uns auslaugen.

Besondere Frömmigkeit

Um eine Unterhaltung in Gang zu bringen, fragte ich einmal einen Teenager: »Falls es nicht aufs Geld ankäme, welches Auto würdest du am allerliebsten besitzen?«

»Einen Bugatti Veyron 16.4.«

Ich lachte und sagte: »Das ist keine Sache des Geldes, sondern der Moral. Ich weiß nicht, wir du es in einer Welt mit hungernden Menschen rechtfertigen kannst, ein Gefährt zu besitzen, das fast eine Million Euro kostet.«

Aber was ist mit 40 000?

Für viele klingt das wie ein Luxusvehikel, obwohl das in Wahrheit ungefähr die Summe ist, die ein siebensitziger Geländewagen kostet, wenn man Steuern und Finanzierung hinzurechnet.

Wenn aber 40 000 Euro zu viel sind, wie sieht es dann mit 20 000 aus? Das ist immer noch mehr als zehnmal so viel, wie Menschen in unzähligen Ländern im ganzen Jahr verdienen, und damit bekommt man gerade mal einen neuen Opel Astra ohne Extras.

Wie leicht tappen wir in die von Johannes Calvin beschriebene Falle: Wenn 20 000 Euro zu viel sind, warum sollte man einen Gebrauchtwagen für 8 000 kaufen? Warum nicht ein Trekkingrad für 600 Euro? Oder ein billigeres für 200 Euro von ALDI? Und dann könnte man sich natürlich dafür entscheiden, überhaupt auf die Ausgaben für ein Fahrrad zu verzichten, und per Anhalter fahren, darauf vertrauend, dass Gott jemanden schickt, der 40 000 Euro für sein Auto hingelegt hat, um einen aufzugabeln und dahin zu fahren, wo man hinmuss.

Ich traf einen außerordentlich erfolgreichen Entertainer, der in Flugzeugaktien investiert hatte, um mit einer viele Millionen Dollar teuren Gulfstream IV fliegen zu können. Als jemand, der normalerweise 100 000 Flugmeilen im Jahr in der Economy Class zubringt, kann ich verstehen, warum er nicht (wie ich) jedes Wochenende damit belastet werden wollte, mit gecancelten oder verspäteten Flügen zu tun zu haben oder neben Leuten zu sitzen, die dich von Chicago bis Seattle anschnaufen und vollniesen.

Warum aber sollte es in Ordnung sein, Hunderttausende von Euro für ein Flugzeug auszugeben, nicht jedoch für ein Auto?

Vielleicht ist es auch gar nicht in Ordnung.

Ein landesweit bekannter Pastor, den ich sehr respektiere, erklärte mir, warum er Erste-Klasse-Tickets für seine Reisen benötigt. Er schien überrascht, als er hörte, dass ich immer in der Economy Class fliege, außer bei kostenlosen Upgrades. Und er erzählte mir eine Geschichte über den berühmten baptistischen Prediger Charles Spurgeon. Offenbar wartete Spurgeon einmal auf dem Bahnsteig an der Stelle, an der normalerweise die erste Klasse hielt, als sich ihm ein Mann näherte, der sagte: »Pastor Spurgeon, ich sehe, Sie reisen heute erster Klasse.«

»Das ist wohl wahr, mein Herr.«

Mit selbstgefälligem Ton entgegnete der Mann: »Nun, ich versuche, mit den Mitteln des Herrn umsichtig umzugehen, und darum reise ich dritter Klasse.«

»Sehr schön, mein Herr«, antwortete Spurgeon, »Sie gehen mit den Mitteln des Herrn umsichtig um, und ich werde mit dem Diener des Herrn umsichtig umgehen.«

Erste Klasse oder Economy Class; Ferienhaus oder Pauschalurlaub, Luxusauto oder -boot; ein täglicher Milchkaffee oder die Mitgliedschaft in einem exklusiven Club. Zahllose solcher Streitpunkte tauchen auf. Ehren wir in einer Welt, in der es so viel Hunger gibt, Gott, wenn wir 20 000 Euro für eine Party mit 200 Freunden ausgeben?

Und was ist, wenn diese »Party« die Hochzeit Ihrer Tochter ist?

Ist es schlechte Haushalterschaft, 30 000 Euro (und mehr) im Jahr auszugeben, um ein Kind zu einem renommierten College zu schicken, wenn man zum selben Preis das Studium Hunderter armer Bürger im Ausland unterstützen könnte?

Ein Landschaftsgärtner, der für meinen (christlichen) Freund arbeitete, fragte diesen, ob er wirklich einen Hund halten sollte, wenn so viele Leute weltweit verhungern. »Denken Sie doch mal, wie viel Sie für diesen Hund verschwenden und wie dieses Geld dabei helfen könnte, die Armen zu ernähren«, dozierte er. Natürlich kam es dem Gärtner nicht ansatzweise in den Sinn, kritisch zu hinterfragen, warum mein Freund überhaupt die Dienste eines Gärtners in Anspruch nahm, um in der Hitze San Diegos den Rasen grün und die Pflanzen am Wachsen zu halten.

Das letzte Szenario zeigt, wie blind man für bestimmte Geldausgaben werden kann. Wer kann schon so einfach feststellen, ob es aus Gottes Sicht mehr oder weniger wert ist, Geld für ein Tier oder für die Gartenpflege auszugeben?

Mir stellen sich all diese Fragen, aber – leider – fehlen mir die Antworten.

Doch manchmal nützt es, mit den Fragen zu leben. Ich zumindest habe, als ich erkannte, dass *Starbucks* zu einer täglichen Gewohnheit geworden war, zwei andere monatliche finanzielle Verpflichtungen, darunter den Zugang zur bequemen Lounge meiner Stamm-Airline, gecancelt. Der tägliche Milchkaffee war mir lieber als ein ruhiger Platz am Flughafen. Als Christen müssen wir verantwortlich handeln. Es ist sinnvoll, eine Sache aufzugeben, um eine andere wahrnehmen zu können. Da mag ein Mann einen zehn Jahre alten Honda Accord fahren, aber Mitglied in einem Golfclub sein. Eine Frau knapst vielleicht bei ihrem Mobiliar, aber hat Freude daran, gelegentlich teure Kleidung zu kaufen. Vergnügungen können mit hohen Kosten verbunden sein, aber wir können Wege finden, um verantwortlich mit ihnen umzugehen.

Da ich an 35 Wochenenden im Jahr auf Reisen bin, sieht für mich ein toller Nachmittag unterwegs so aus, dass ich inmitten eines vollen Predigtprogramms laufen und dann einen guten Roman im örtlichen *Starbucks* lesen kann, um mich für ein oder zwei Stunden in eine andere Welt zu verlieren. Viele Männer kommen auf Geschäftsreisen in alle erdenklichen Schwierigkeiten. Mir hilft es, eine relativ gesunde und vergleichsweise kostengünstige Freizeitbeschäftigung zu haben (ein Mann bekannte einmal, dass er locker 250 Euro pro Abend im Stripklub lassen kann), um so zu leben, dass es meinen geistlichen Dienst nicht untergräbt.

Manche Christen werden sofort sagen, dass ich rationalisiere. Vielleicht. Aber ich glaube, dass ich die Verantwortung habe zu erkennen, dass Gott mich mit dem Verlangen und sogar dem Bedürfnis erschaffen hat, bestimmte Vergnügungen zu genießen. Ich möchte mich bewusst für diejenigen entscheiden, die am meisten seiner Sache dienen und dem Leben, zu dem er mich berufen hat, anstatt ein legitimes Bedürfnis zu leugnen und dann in einen ungesunden, sündigen Exzess zu verfallen.

Immer davon auszugehen, dass billiger besser ist, stimmt nicht notwendigerweise mit der Bibel überein.

Wenn meine *Starbucks*-Gewohnheit mich mit angemessenen Vergnügungen umgibt, bin ich für ungesunde weit weniger anfällig. Doch all das wirft immer noch die Frage auf, ab welchem Preis lebensbejahende Vergnügungen anfangen, zu viel zu kosten. Immer davon auszugehen, dass billiger besser ist, stimmt nicht notwendigerweise mit der Bibel überein, wie wir im Fall der bußfertigen Prostituierten sehen werden.

Lassen Sie uns wie die Prostituierte sein

»Sie *müssen* im neuen Marriott übernachten. Es hat gerade eröffnet und ist mit Abstand das erste Haus am Platz.«

Der Mann, der mit mir sprach, hatte Talent, Ruhm, einen Vertrag mit einem privaten Flugdienst – aber noch wichtiger: eine tolle Frisur.

Ich rief das Marriott an und sie nannten mir einen Preis, der dreimal so hoch war wie das, was ich bezahlen wollte. Ein Hotel der Howard-Johnson-Kette hatte auch gerade eröffnet und warb mit einem Eröffnungsangebot – eine Übernachtung für 50 Euro.

Gebongt.

Am nächsten Tag fragte mich die Berühmtheit, wie mir das Hotel gefiel. »Es ist ganz schön groß, nicht wahr?«, fragte er.

»Nun«, sagte ich, vor Verlegenheit seinem Blick ausweichend, »um ehrlich zu sein, ich war gar nicht im Marriott.«

»Warum nicht? Das Marriott ist wirklich das erste Haus am Platz. Ich war selbst dort.«

Gefühle der Demütigung fingen an, in mir zu tanzen.

»Das Marriott war ein bisschen außerhalb meiner Preisklasse«, bekannte ich, »ich habe ein anderes Hotel gefunden, das auch gerade eröffnet hatte. Dort gab es einen speziellen Einführungspreis.«

»Oh. Und welches?«

Demütigung komplett.

»Ich glaube, es hieß Howard Johnson.«

Ich *wusste* mit Sicherheit, dass es ein Howard-Johnson-Hotel war, doch in einem verzweifelten Versuch, irgendeinen Fetzen Selbstachtung zurückzugewinnen, dachte ich, dass das abgedroschene Element der Unsicherheit mir vielleicht einen mikroskopisch kleinen Würdepunkt zurückgeben würde.

Eine lange Pause folgte – beinahe so groß wie die zwischen unseren beiden Lebenswelten, aber nur halb so groß wie die zwischen unseren Bankkonten.

Bis zu diesem Moment hatte ich noch nie jemanden getroffen, der fragte: »Wo ist das *beste* Hotel?« Ich habe immer gefragt: »Wo gibt es ein erschwingliches Hotel, das nicht damit wirbt, dass es Farbfernsehen hat, oder die Zimmer stundenweise vermietet? Ach, um den Toilettensitz ist ein Papierring, der mir versichert, dass die Porzellanschüssel zu meinem Schutz keimfrei gemacht wurde? Das ist schon okay, solange die Klimaanlage nicht wie ein Flugzeugmotor klingt, wenn sie mitten in der Nacht anspringt.«

Ein Universum trennt jene, die, wie meine Prominentenbekanntschaft, die Speisekarte von links lesen, um das köstlichste Gericht zu finden, und jene, die sie von rechts lesen, um im Interesse ihres Bankkontos Schadensbegrenzung zu betreiben, bevor es ans Dessert geht. »Wenn ich Grillhähnchen mit Reis nehme, kann meine Frau das bestellen, was sie will. Vielleicht können wir dann noch verschwenderisch sein und Eis zum Nachtisch essen.«

Theologisch gesprochen sind meine Frau und ich aufgewachsen mit Ron Siders *Weg durchs Nadelöhr – Reiche Christen und Welthunger,* Richard Fosters *Geschenk der Einfachheit,* John Wesleys Schwur, mit weniger als zehn Pfund zu sterben, und dem berühmten mennonitischen Kochbuch *Weniger ist mehr.* Jahrelang habe ich die Dusche abgestellt, wenn ich mein Haar shampooniert habe, da der Gedanke, das Wasser laufen zu lassen, im Blick auf das höhere Wohlergehen der Welt extrem herzlos war. Bis zum heutigen Tag fühle ich mich schuldig, wenn ich den Hahn nicht abdrehe, während ich mir die Zähne putze. Diese Dinge haben sich in mir so eingebrannt wie die Namen zweier Liebender, die in einen Baum geschnitzt wurden. Ich mag älter und faltiger werden, aber jene Namen graben sich immer tiefer in meinen Stamm ein.

Was erklärt, warum Lisa und ich selten mit unseren Kindern einen »großen« Urlaub gemacht haben – eine ungerechtfertigte Ausgabe, dachten wir immer. Wir würden nicht wie »diese Leute« sein, die jedes Jahr nach Hawaii flogen oder, noch schlimmer, ein zweites Ferienhaus kauften (wo so viele sich nicht einmal *eins* leisten können). Nun, nach einem Vierteljahrhundert Familienleben bedauern wir dies enorm, obwohl wir auch damit zufrieden sind, dass wir aufopferungsvoll gespendet haben (selbst während einiger magerer Jahre).

Im letzten Jahr haben wir das Geld mit vollen Händen auf unserem ersten großen Familienurlaub ausgegeben. Wir wurden »diese« Leute und flogen nach Hawaii. Zwei Wochen, nur wir fünf. Es war mir peinlich, als Leute mich wegen unserer anstehenden Reise fragten. Und ich erklärte, wie ich ein paar Vielfliegermeilen für unsere Flugkosten eingelöst hatte, und erwähnte, wie unsere Familie dabei war – durch die bloße, brutale Kraft des Lebens – auseinanderzufallen. Unsere ältere Tochter besuchte schon das College; in einem Jahr würde sich unser Sohn ihr anschließen und nicht lange danach unser jüngstes Kind Kelsey. Wir wollten zwei Wochen, ohne die Möglichkeit, dass Freunde antanzten, keine »Nur für diesen Nachmittag«-Einladungen, nichts, was mich in meinem Büro zu Hause hätte versuchen können, sodass wir uns *alleine* und *gemeinsam* aneinander freuen konnten.

Wenn das hieß, den Pazifik zwischen unsere Nachbarn und uns zu bringen, dann war das eben so.

Und ich bedaure *so sehr,* dass wir das nicht jedes Jahr gemacht haben. Hawaii hätten wir uns nicht jedes Jahr leisten können, aber ich würde jeder Familie sagen: »Fahren Sie mindestens einmal im Jahr weg, nur Sie und die Kinder.« Wenn Sie dafür Opfer bringen müssen, dann bringen Sie Opfer. Wenn Sie darum betteln müssen, betteln Sie. Wenn Sie dafür ein winziges bisschen vom Zehnten abknapsen müssen, nun, das ist eine Sache zwischen Gott und Ihnen, aber in manchen Fällen ist es gut möglich, dass er zustimmt.

Fahren Sie einfach!

Urlaube bringen echte Kosten mit sich. Aber als junge Eltern macht man sich nicht klar, dass das Familienleben eine *Phase* ist. Unsere Kinder bleiben nicht klein, und wenn wir diese Augenblicke nicht nutzen, sind sie für immer vorbei. Ja, wir können uns mit ihnen im Himmel wieder neu verbinden – das will ich auch gar nicht abwerten –, aber warum sollten wir nicht eine der größten Vergnügungen hier auf der Erde richtig ausnutzen?

Wirklich, ich sehe dies als einen meiner größten Fehler als Vater an (ich könnte viele nennen, aber dieser sticht heraus). Obwohl wir viele vergnügliche Dinge unternahmen, als die Kinder klein waren (Festumzüge besuchen, Feuerwerksshows, Museen, Sehenswürdigkeiten etc.), habe ich zugelassen, dass das Zusammensein mit der Familie nachließ, als die Kinder im Teenageralter waren und die schönsten Tage mit ihren Freunden am See verbrachten oder einfach so zusammenkamen.

Ich habe nicht genug darüber nachgedacht, »Familienspaßzeiten« zu planen und in unsere Wochenenden und Ferien zu integrieren. Ich war geneigt, bei jedem Kind »Na klar« zu sagen, wenn es wegen einer persönlichen Einladung, die es bekommen hatte, nachfragte, besonders angesichts meiner eigenen Passivität im Blick darauf, etwas zu planen, was man zusammen machen konnte und jedem Freude bereitete. (Ich fand es schwierig, mein *Nichts* anzubieten – im Vergleich zum *Etwas* ihrer Freunde.)

Teilweise ließ sich meine mangelnde Eigeninitiative auf die Finanzen zurückführen. Teilweise auch auf die Erschöpfung, durch meine Selbstständigkeit der einzige Brötchenverdiener der Familie sein zu wollen. Teilweise rührte sie daher, dass mir nicht klar war, wie erstaunlich schnell zehnjährige Kinder 18 werden. Und wahrscheinlich läuft es teilweise auch auf Faulheit hinaus.

Aber ich bereue das alles.

Obwohl extremer Materialismus und unverantwortliches Geldausgeben Sünden *sind* und obwohl das Volk Gottes großzügig (und aufopferungsvoll) spenden *sollte*, rechtfertigen einige Vergnügungen (wie der »Kauf« konzentrierter Familienzeit) doch den Preis. Wir können Sparsamkeit zum Götzen machen, wenn wir die Familie auf ihrem Altar opfern. In gewissem Sinn habe ich Prinzipien über Menschen gestellt, und ich bezweifle, dass meine Wahl Gott gefallen hat.

> *Obwohl extremer Materialismus und unverantwortliches Geldausgeben Sünden sind und obwohl das Volk Gottes großzügig (und aufopferungsvoll) spenden sollte, rechtfertigen einige Vergnügungen doch den Preis.*

Wenn Ihre Kinder in den Vergnügungspark wollen: Sparen Sie darauf und fahren Sie! Oder noch einfacher: Lassen Sie die Kleinen das Meer sehen und einen Seestern aufheben. Lassen Sie Ihren Jungen oder Ihr Mädchen herausfinden, wie es sich anfühlt, im Flugzeug zu fliegen (während Sie beobachten, wie sich ihr Gesicht mit Staunen erfüllt).

Es ist den Preis wert.

Denken Sie an die reumütige Prostituierte, die teures Parfüm auf Jesus goss, während ein paar Jünger über die Kosten murrten und brummten, dass das Geld den Armen hätte helfen können. *Jesus ermahnte die Jünger, nicht die Prostituierte.* Wahrscheinlich haben Sie das noch nie vorher in einem christlichen Buch gelesen, aber sei's drum: Lassen Sie uns nicht wie die Jünger sein, sondern wie die

Prostituierte. Lassen Sie uns um der mächtigen und göttlichen Liebe willen hin und wieder verschwenderisch sein.

Vergnügen bringt Kosten mit sich. Aber manchmal rechtfertigt der Nutzen die Ausgaben.

Kapitel 12

Familienvergnügen

EIN DIENER DER FREUDE ANDERER WERDEN

Ernsteres und verkrampfteres, weniger liebenswürdigeres und besänftigenderes Verhalten würde den Menschen der Welt nur eine falsche Vorstellung von Frömmigkeit vermitteln. Ohnehin sind diese nur allzu voreingenommen; und wer würde denken, dass ein Mensch Gott nur mit einem düsteren und trübsinnigen Leben dienen könnte?

François Fénelon

Wenn wir unglücklich sind, liegt das daran, dass wir uns entschieden haben, Nein zur Freude zu sagen. Tatsache ist, dass Gott uns von Anfang an Freude zugedacht hat.

J. I. Packer

Ich kenne keine größere Freude, als zu hören, dass meine Kinder so leben, wie es der Wahrheit Gottes entspricht.

3. Johannes 4

Das Leiden in den Slums von Tegucigalpa (Honduras) brachte Claudia jenseits des Wahnsinns. Zusätzlich zu ihren seelischen Schwierigkeiten litt diese junge Frau auch an Autismus. Sie schrie Tag und Nacht und drückte ihre Qual dadurch aus, dass sie Kot auf die Wände schmierte.

Jean Vanier, Gründer von *L'Arche*, einem internationalen Netzwerk von Gemeinschaften, die Menschen mit geistigen Behinderungen zu erreichen versuchen, sieht Verrücktheit ein wenig anders als die meisten. »Verrücktheit hat eine Bedeutung«, betont er. »Verrücktheit ist ein gewaltiger Schrei, eine Krankheit. Sie ist eine Art der Flucht, wenn der Druck in dieser Welt des Schmerzes zu groß wird. Verrücktheit ist eine Flucht vor der Qual.«[73]

Vanier weist darauf hin, dass viele Fachleute einen extremen Fall wie Claudia als ein »Problem« ansehen würden, »dem man sich wid-

73 Jean Vanier, *Becoming Human,* New York 1998, S. 21.

men muss«. Die Mitarbeiter von *L'Arche* begegneten Claudia ganz anders. »Die Claudias brauchen auch Lachen und Spiel, sie brauchen Menschen, die das Leben mit ihnen feiern und ihre Freude darüber zum Ausdruck bringen, mit ihnen zusammen zu sein.«[74]

Wie feiert man jemanden, der nicht aufhört zu schreien? Wie »spielt« man mit jemandem, der seinen Kot auf die Tapete schmiert?

Mit großer Geduld, heldenhaftem Langmut und einer sanften, übernatürlichen, aus Gnade geborenen Liebe – so geht das! Es hilft auch, wenn man die Freude als grundlegendes menschliches Bedürfnis ansieht.

Die Methoden von *L'Arche* funktionierten. Wenn man Claudia heute besuchte, fände man eine friedvolle Frau mittleren Alters vor, die sich gelegentlich selbst Lieder vorsingt und es *Dios* (Gott) zuschreibt, dass er sie »glücklich« gemacht hat.

Vanier macht folgende Beobachtung:

> So viele Menschen mit Behinderungen werden von ihren Eltern und Familien nur als eine Tragödie angesehen. Sie sind umgeben von traurigen Gesichtern, die manchmal voller Mitleid, manchmal voller Tränen sind. Doch jedes Kind, jede Person, hat es nötig, gefeiert zu werden. Nur wenn all unsere Schwächen als Teil unseres Menschseins angenommen sind, kann unser negatives, gebrochenes Selbstbild verwandelt werden.[75]

Werden wir, wie Jean Vanier, schlussendlich unsere Schwachheiten als Teil unserer Menschlichkeit akzeptieren? Je eher wir das tun, desto stärker werden wir schließlich Nähe miteinander erfahren und aufrechterhalten. Und wir werden lernen, die konfliktbehafteten und manchmal komplizierten Freuden des Familienlebens anzunehmen.

---

74 Ebd., S. 26.
75 Ebd.

Freude am Großziehen sündiger Kinder

Ich habe zu mehr Hauskreisen gehört, als ich zählen kann. Während des anfänglichen Erzählens der eigenen Lebensgeschichte beschreibt jeder Teilnehmer, ohne Ausnahme, Augenblicke der Tragik, Schwachheit, Sünde und Zerrissenheit, auf die schließlich die starke, erlösende Gnade Jesu Christi traf. Am Ende dieser Übungen verspürt man immer Ehrfurcht vor dem Schmerz, den jeder empfunden und oftmals verursacht hat.

Und doch bringen es Eltern noch immer fertig, aufrichtig erstaunt zu scheinen, wenn sich in ihren Kindern Sünde und die »üblichen Schwächen« offenbaren. Ehepartner wirken schockiert, wenn der Geliebte auf alle mögliche Weise strauchelt. Obwohl eine Weltbevölkerung, die sich rapide der 7-Milliarden-Marke nähert, beweist, dass keiner von uns je moralische Vollkommenheit erreicht hat – dass tatsächlich nur wenige auch nur behaupten könnten, moralische Vortrefflichkeit erlangt zu haben –, nehmen wir es dem anderen übel, unvollkommen zu sein, und fangen sogar damit an, einander von unserer Sünde her zu definieren.

Und doch bringen es Eltern noch immer fertig, aufrichtig erstaunt zu scheinen, wenn sich in ihren Kindern Sünde und die »üblichen Schwächen« offenbaren.

Dieser Mangel an Güte verhindert das Feiern endgültig. Die einzige Möglichkeit, als gefallene Menschen in einer gefallenen Welt Freude zu finden, ist das Evangelium vom Kreuz und die damit verbundene Wahrheit von Vergebung und Gnade. Traurigerweise – wirklich sehr traurigerweise – sind viele christliche Familien zu Orten der Verurteilung, Anklage und Enttäuschung geworden.

Die harte Realität ist: Wenn Sie es nicht schätzen, feiern und genießen können, ein *sündiges* Kind großzuziehen, dann werden Sie das bei *überhaupt keinem* Kind können. Wenn Sie mit einem sündigen Ehepartner nicht lieben und spielen können, dann werden Sie nie in der Lage sein, an *irgendeinem* Ehepartner Gefallen zu finden, aus dem einfachen Grund, dass Sie keine sündlosen Kinder oder Ehepartner finden werden.

Lassen Sie es nicht zu, dass Sünde und unsere allgemeine Zerrissenheit unser Spielen unterbinden, unserem Feiern ein Ende setzen oder unsere Fähigkeit beeinträchtigen, an der Gesellschaft des anderen Freude zu haben. Elternratgeber heben die Notwendigkeit hervor, verantwortliche Kinder großzuziehen, ihnen Disziplin, Respekt, Selbstverleugnung, Glauben und Selbstbeherrschung beizubringen – alles gute Dinge. Doch wenn wir nur in dieses Horn blasen, werden wir unmusikalische, monotone Familien hervorbringen.

Familien fangen an, in die Brüche zu gehen, wenn man damit aufhört, sich aneinander zu freuen; wenn der Ehemann an das Vergnügen seiner Frau keinen Gedanken verschwendet und die Frau nicht an das ihres Mannes; wenn Eltern ihre Kinder nur als zu verbessernde Projekte ansehen statt als echte Menschen, an denen man sich freuen soll, mit denen man lachen, spielen, eine Beziehung haben kann; wenn Kinder ihre Eltern in erster Linie als Versorger und als Enttäuschungen betrachten; wenn das Familienleben viel Kritik und wenig Lachen beinhaltet, reichlich Stress und beinahe kein Spiel, ein Dampfdrucktopf an Aktivitäten und Verpflichtungen ist, aber ohne Freude. In solch einer bedrückenden Atmosphäre werden wenige Familien überleben, geschweige denn aufblühen.

Wenn man es lernen kann, eine schreiende, autistische Frau mit einer ekelhaften, schmuddeligen Gewohnheit zu feiern, kann man auch lernen, mit seiner eigenen Familie Spaß zu haben – und die Ergebnisse werden sich vielleicht als genauso erstaunlich erweisen. Wenn man auf kluge Weise Freude ins Spiel bringt, kann man zerbrochene Beziehungen wiederherstellen und gesunde und vertraute aufrechterhalten.

Transzendente Zeiten

Mein 18-jähriger Sohn und ich entschlüpften für einen spätdezemberlichen Lauf in die Wüstenluft. Wir hatten eine Woche mit meinen Schwiegereltern in Südkalifornien verbracht. An unserem letzten vollen Tag in Palm Desert wollten wir es ausnutzen, unter einem blauen Himmel zu laufen, ohne Regenklamotten, bevor wir in den immerfeuchten Nordwesten der USA zurückkehrten.

Wir entschieden uns für einen 15-Kilometer-Lauf, der während der ersten Hälfte bergauf ging. Mit einem Highschool-Crossläufer zu joggen ist, als wolle man mit einem Gepard mithalten. Wenn Graham ein entspanntes Tempo geht, entspricht das bei mir schon einem Sprint. Ein Vater kann sich alt fühlen – wirklich und wahrhaftig alt –, wenn er mit seinem Teenager läuft, aber ich war in Marathonform und dachte, ich könnte es mal ausprobieren.

Nach fünf Kilometern schlug mein Sohn vor, einen Seitenpfad zu nehmen, den ich für mich nie in Erwägung gezogen hätte. Ich halte mich wie besessen an Hauptstrecken, aber ich wollte Zeit mit Graham verbringen, also folgte ich ihm auf diesem abseitigen Weg, der uns schließlich zu einem weit offenen Wüstengebiet führte, berauschend in seiner Weite. Wir fühlten uns, als würden wir auf Wolken laufen.

Graham lief weiter, nun grinsend, jagte wie ein trittsicherer Ziegenbock einen kleinen Hügel hinauf und um ihn herum, während ich wie eine tollpatschige Kuh um die Ecke stippelte. Wir erreichten schließlich eine noch größere Fläche, und die Schönheit der Wüste hätte uns beinahe umgehauen. Während unser Puls stieg und die Sonne herunterbrannte, verloren wir uns beide zur selben Zeit in dem berühmten Rausch der Langstreckenläufer – etwas, was man nie planen oder erzwingen kann, was sich aber herrlich anfühlt, wenn es einem widerfährt. Noch besser: Als wir die 7,5-Kilometermarke erreichten, kehrten wir um und rannten von nun an bergab. Als ich kurz vor dem Ziel meine Uhr kontrollierte, hatten wir 4 Minuten und 12 Sekunden für den letzten Kilometer gebraucht, was für mich am Ende eines 15-Kilometer-Laufs an ein Wunder grenzte (und für Graham eine gerade noch akzeptable Auslaufgeschwindigkeit war).

Was für ein Adrenalinschub!

An diesem Morgen betete ich Gott intensiv und lange an. Ich war ihm gegenüber so dankbar, dankbarer, als ich es je beschreiben könnte, dass Graham und ich diesen Moment miteinander hatten teilen können. Wir hatten bedeutsame Gespräche, schwierige Gespräche und gelegentlich sogar peinliche Gespräche gehabt (all das normale Zeug zwischen Vater und Sohn, wie es in jeder Familie vorkommt) – aber was für ein Segen, dass wir solch eine auserlesene Zeit des Vergnügens miteinander erleben konnten.

Das sind die Zeiten, die ich festhalten möchte. Das sind die Familienmomente, die ich in Ehren halte.

Ich erinnere mich noch daran, als unsere Tochter Kelsey am Pfeifferschen Drüsenfieber erkrankte, nicht zur Schule gehen konnte und daheimbleiben musste. Selbstsüchtigerweise habe ich diese Zeit genossen, da sie und ich ein paar Spiele spielten und Zeit miteinander verbrachten (oder sogar ihre Lieblingssendung ansahen, die *Gilmore Girls*). Kelsey, immer unser Nesthäkchen, verhielt sich so putzmunter, dass ich es nicht glauben konnte. »Kelsey«, sage ich eines Nachmittags, »du bist die witzigste Drüsenfieber-Patientin, die ich je gesehen habe.«

Kelsey erklärte, dass sie sich ausruhe, wenn alle das Haus verließen, damit sie die Kraft hatte, um zu spielen, wenn jemand nach Hause kam. Manchmal ertappte ich mich selbst dabei, dass ich mich darin verlor, Kelsey zu beobachten, wie sie redete, spielte und lachte. Wir hätten sie »Entzückend« nennen sollen.

Eines Abends besuchte ich unsere introvertierte Tochter Allison, die die *Trinity Western University* besucht, kurz hinter der kanadischen Grenze. Nachdem wir eine ihrer Hausarbeiten besprochen hatten, gingen wir in eine Buchhandlung mit einem Modernen Antiquariat, die die Restauflagen ihrer Hardcover-Romane zu lächerlichen Preisen feilbietet. Kanadische Buchhandlungen bieten andere Titel an als die, die man normalerweise in den USA findet. So fühlten Ally und ich uns wie zwei Kinder im Süßigkeitenladen, als wir Bücher aussuchten, die ungefähr so viel wie eine Leih-DVD oder noch weniger kosteten. Allison lachte mich aus, als ich versuchte, ein Dutzend Bücher zu jonglieren. »Deine Mutter wird mich umbringen, wenn ich mit all denen nach Hause komme«, gab ich zu, »hilf mir, sie auf sechs zu reduzieren; dann wird sie nur den Kopf schütteln.«

Ally lachte noch mehr und fand Gefallen an der Tatsache, dass mein Mangel an Selbstbeherrschung ihren Erwerb von nur drei Büchern wie den Gipfel der Umsicht aussehen ließ.

Ich habe nur drei Facetten des normalen Familienlebens beschrieben; ich bin sicher, Sie könnten Unmengen hinzufügen. Aber sind solche Zeiten der Freude nicht die, die wir festhalten wollen? Familien sind oft besessen von Angst, Unruhe und Sorge, in erster Linie um die Zukunft und all das, was schieflaufen könnte. Wenn wir die Gegenwart genießen, erinnern wir uns an all das, was gut ist. Wenn wir keine gemeinsamen vergnüglichen Zeiten mehr miteinander verbringen, begraben wir die Gegenwart und ihre Freude unter dem Gewicht der Zukunft und ihren Bedrohungen – als betreibe man einen Motor ohne Öl. Die Reibung wird heftig werden und kann gut und gerne das Auto kaputt machen.

Lassen Sie mich eine einfache Frage stellen: Können Ihre Kinder in Ihrer Gegenwart je entspannen? Fühlen sie sich so, als ob sie ständig Korrektur erfahren, ständige Belehrungen, ständige Ermahnungen? Wenn dem so ist, warum wundern Sie sich, dass sie es nicht erwarten können, mit ihren Freunden loszuziehen? Wer möchte an einem Ort sein, wo keine Freude herrscht?

Wer möchte an einem Ort sein, wo keine Freude herrscht?

Vor einigen Jahren durfte ich einige Zeit mit Dr. Kevin Leman zubringen, einem bekannten christlichen Autor und Redner. Als ich sah, wie sehr seine gerade erwachsenen Kinder es genossen, für einen Besuch nach Hause zu kommen, musste ich fragen: »Wie baust du eine Familie wie diese auf?«

Dr. Leman gab eine schlichte Antwort: »Wenn die Kinder aufwachsen und es genießen, zusammen zu sein, werden sie nicht wollen, dass es aufhört. Wenn jedes Kind seinen eigenen Weg geht, um Spaß zu haben – das eine zum Ballett, das andere zum Fußball, das dritte zu den Pfadfindern, das vierte zum Baseball, das fünfte zur Jugendgruppe –, und die Familie sich nie Zeit nimmt, miteinander zu spielen, wird das Zusammenkommen, wenn sie älter werden, für sie zur zweimal jährlichen Verpflichtung, aber es wird nie zu einer Zeit echter Freude werden.«

Jede gesunde elterliche Beziehung wird eine Menge Korrektur, Disziplin, Konfrontation und Anleitung erfordern. Das Leben ist kein ewiger Spielplatz. Aber wenn Sie eine Familie aufbauen, in der an Vergnügen wenig oder gar keine Gedanken verschwendet werden, dann seien Sie nicht überrascht, wenn sie schließlich zu einem freudlosen Unternehmen zerfällt – und keiner mehr nach Hause kommen will, nachdem man endlich entflohen ist.

Nun, da zwei unserer Kinder acht Monate im Jahr fern von zu Hause wohnen, möchte ich, dass sie sich an unsere Familie als einen Zufluchtsort erinnern. Ich war tief berührt, als Allison mir sagte, dass sie während ihrer gelegentlichen einsamen Augenblicke im ersten Collegejahr in eine Buchhandlung ging, ein Buch von mir heraussuchte, auf mein Bild auf der Rückseite sah, ein paar Zeilen las und wieder ging. »Danach fühlte ich mich immer besser«, erklärte sie. Das Zuhause repräsentierte für sie einen Ort voller Beziehungen inmitten einer neuen Umgebung, in der sie in sozialer Hinsicht erst am Anfang stand.

Das trinken, was uns eingeschüttet wurde

Angesichts der Realitäten des täglichen Lebens und der harten Arbeit, für ein Auskommen zu sorgen und eine Familie zu gründen, handeln Ehemänner und -frauen, die den Wert des Vergnügens gering schätzen, auf eigene Gefahr. Wenn wir damit aufhören, uns aneinander zu erfreuen, setzen wir jenen allmählichen Trend in Gang, der oft die eheliche Zuneigung tötet.

Ein Zeichen für die Genialität Gottes ist, dass er die sexuelle

Beziehung zwischen einer Ehefrau und ihrem Mann geschaffen hat – ein völlig kostenloses Vergnügen, der Ehe vorbehalten, das physiologisch gesehen die Zuneigung jedes Partners erneuert.[76] Allzu oft wird das Aufrechterhalten der sexuellen Beziehung allerdings genauso verpflichtend, wie die Fußböden zu saugen – und demgemäß leidet die Ehe.

Studien zeigen, dass die sexuelle Beziehung ein guter Gradmesser für die Befriedigung in einer Ehe ist. Zwischen der Häufigkeit der sexuellen Erfahrung und dem Grad der Zufriedenheit innerhalb einer Ehe besteht ein direkter Zusammenhang, sowohl beim Mann als auch bei der Frau. Das heißt nicht, dass mehr Sex eine Ehe zwangsläufig kitten wird. Es bedeutet wahrscheinlich, dass Sex die natürliche Reaktion ist, wenn eine Ehe in jeder Hinsicht vertraut ist. Der glückliche Ehemann wird seiner Frau Freude machen wollen; die zufriedene Ehefrau wird ihren Ehemann beglücken wollen.

Manche christliche Paare müssen sich auf das mitunter überwältigende Vergnügen der sexuellen Intimität erst ganz einlassen, statt sich zu schämen oder davor auf der Hut zu sein. Es ist von Bedeutung, liebe Frauen, dass Gott ein Organ in eurem Körper geschaffen hat – die Klitoris –, das nur *eine* Funktion hat: sexuelles Vergnügen. Gott hat Sie so erschaffen, um körperliche Intimität mit Ihrem Ehemann genießen zu können. Über diese Erfahrung nachzudenken, sie zu planen, zu genießen, Zeit für sie zu reservieren, ist gesund und heilig.

Die Bibel feiert es, wenn wir uns für eheliche Freuden einander hingeben. Hören Sie auf die männliche Stimme im Hohenlied:

Wie wundervoll ist deine Liebe, meine Schwester, meine Braut! Wie viel süßer ist sie als Wein; und der Duft deiner Salben ist köstlicher als alle Gewürze. Deine Lippen, meine Braut, sind wie träufelnder Honig. Ja, Honig und Milch sind unter deiner Zunge. Der Duft deiner

---

76 Oxytocin ist der Stoff im Gehirn, der zu Gefühlen der Bindung und Nähe führt. Das Oxytocin-Level eines Mannes ist unmittelbar nach einer sexuellen Begegnung am höchsten. Tatsächlich ist dies das einzige Mal, wo sein Oxytocin-Niveau sich dem seiner Frau annähert.

Kleider ist wie der Duft des Libanon. Du bist wie ein verschlossener Garten, meine Schwester, meine Braut, wie eine verschlossene Quelle, ein versiegelter Brunnen. Du bist wie ein reizvoller Garten mit Granatapfelbäumen voller köstlicher Früchte, mit Hennasträuchern und Lavendel, Narde und Safran, Kalmus und Zimt, Myrrhe und Aloe, Weihrauchsträuchern und anderen kostbaren Gewürzen (Hoheslied 4,10-14).

Der Mann ist *berauscht* vom sexuellen Begehren und überwältigt von lustvoller Befriedigung. Weit entfernt davon, einen schwachen oder aber schändlichen und hemmungslosen Akt zu porträtieren, feiern die biblischen Zeugen die Freuden des Ehebetts:

»Esst, Freunde, und trinkt! Berauscht euch an der Liebe!« (Hoheslied 5,1).

Sowohl die Vernunft als auch die Bibel lehren uns, dass Gott uns erschaffen hat, sexuelle Intimität zu begehren und zu genießen. Wie freigebig ist es von Gott, dass er uns solche Augenblicke schenkt, solche Nähe, in einer Welt, die voller Schmerz und Entfremdung ist!

Sowohl die Vernunft als auch die Bibel lehren uns, dass Gott uns erschaffen hat, sexuelle Intimität zu begehren und zu genießen.

Wenn Sie misstrauisch sind, ob man eheliche Freuden planen und sie zutiefst genießen sollte, dann sollten Sie sich dieses Bibelwort zu Herzen nehmen: »Esst, Freunde, und trinkt! Berauscht euch an der Liebe!«

Der Freude der Familie dienen

Dem Bedürfnis des anderen im Hinblick auf das Vergnügen zu dienen, geht natürlich weit über sexuelle Beziehungen hinaus. Ein weiser Ehemann wird sicherstellen, dass seine Frau Zeit dafür bekommt, ohne Kinder etwas zu tun, woran sie sich wirklich freut.

Eine kluge Ehefrau wird ihren Gatten ermutigen, sich gelegentlich einen halben Tag Zeit zu nehmen, um Motorrad zu fahren oder Forellen zu angeln. Weise Eltern werden darauf achten, dass sie ganz bewusst etwas planen, das Spaß macht und das die ganze Familie genießen kann – vorzugsweise zusammen. Vernünftige Studenten denken vielleicht sogar darüber nach, ein fröhliches Zusammentreffen mit ihren Eltern zu planen, um ihnen ihre Wertschätzung zu zeigen.

Sind Ihre Kinder von den Hausaufgaben und schulischen Anforderungen gestresst? Statt sie zu fragen, ob sie ihre Hausaufgaben gemacht haben, haben Sie jemals vorgeschlagen, dass sie eine Pause machen und etwas tun, was Spaß macht? David Powlison bemerkt tiefgründig: »Die Männer, Frauen und Kinder, mit denen Sie leben, müssen wissen, ... dass Sie ein Diener ihrer Freude sind.«[77]

Wir sollen der Freude unseres Ehepartners dienen! Wir sollen der Freude unserer Kinder dienen! Wir sollen der Freude unserer Eltern dienen! Was für ein unglaublicher Segen; was für eine ehrenvolle Aufgabe! Welch eine Freude, dies zu tun!

Teresa von Avila, die berühmte Mystikerin des 16. Jahrhunderts, die viele dem Gebet gewidmete Häuser gründete, bestand in jedem Haus auf Stille und Kontemplation, aber sie bestand auch weise auf zwei Stunden der Erholung an jedem Tag – eine Stunde mittags, eine abends. Sie erklärte, dass diese beiden Stunden die anderen möglich machten.

Viele christliche Familien versuchen verzweifelt, »das Richtige« zu tun, nehmen sich aber nie Zeit, die Kraft des Vergnügens freizusetzen. Sie versagen sich vieles, doch nachdem sie ein Leben ohne echte Erholung und Freude gelebt haben, brechen sie unter der Schinderei des täglichen Lebens zusammen.

Was bedeutet »die Kraft der Freude freisetzen« praktisch für das Familienleben? Wenn wir einen Sohn oder eine Tochter sehen, die von den Hausaufgaben gestresst oder einfach niedergeschlagen sind, können wir sie dazu einladen, etwas zu tun, was purer Spaß

77 Powlison, *Innocent Pleasures,* S. 34.

ist. Das kann für manche Kinder bedeuten, dass man ins Kino geht, für andere, dass man Geld für Konzerttickets verschwendet oder eine Pause für ein Tischtennisspiel macht. Wenn Ihre Frau sich gestresst fühlt und Sie wissen das, können Sie ihr vielleicht einen Tag in der Wellnesstherme spendieren.

Ein Ehemann – ein gewaltiger Sportfan – beschrieb einer Männergruppe, was seine Frau am ersten Tag der College-Basketball-Play-Offs (auch »März-Wahnsinn« genannt) getan hatte. Er hatte Frühschicht gehabt. Als er nach Hause gekommen war, hatte ihn seine Frau mit einem Teller seines Lieblingsessens begrüßt. Dann hatte sie ihn zu seinem Lieblingssessel geführt, ihm seinen Lieblingsdrink gebracht und gesagt: »Du hast schwer gearbeitet; du verdienst einen Tag Spaß. Hier ist die Fernbedienung, und sag mir, wenn du irgendetwas brauchst.«

Den anderen Männern hingen angesichts dieses Berichts beinahe die Zungen aus den offenen Mündern. Jener besondere Tag machte sich gewaltig bezahlt, als sie sich die Zeit nahm und sagte: »Ich möchte ein Diener deiner Freude sein.«

Eine Sache, die viele Ehefrauen heute plagt, ist das Gefühl, dass ihre Ehe dem Nützlichkeitsprinzip verfallen ist: Die Ehemänner schätzen sie für das, was sie tun (zu den Einkünften beitragen; den Hausputz besorgen; das Leben der Kinder managen; Sex haben), und vergessen, wer sie *sind*. Sie wünschen sich jemanden, der sie liebt, kennt, verehrt und interessiert an ihnen ist, unabhängig von dem, was sie *tun*. Wenn Sie sich die Zeit nehmen, die Müdigkeit Ihrer Frau zu beachten (»Liebling, du übernimmst dich. So, ich mach jetzt den Abwasch. Nimm ruhig ein Bad!«) oder ihre Einsamkeit (»Lass uns mal ausgehen, eine Tasse Kaffee trinken und reden. Ich glaube, es ist schon eine Ewigkeit her, dass wir uns mal austauschen konnten.«), dann bekräftigen Sie, dass sie Ihnen wichtig ist. Ihrer Frau Freude zu schenken (nein, ich rede nicht von Sex), gehört zu den liebevollsten Dingen, die Sie tun können. Sie wird dann nicht zu den vielen gehören, die in ihren Mittvierzigern mit Tränen vor einem Therapeuten zusammenbrechen, weil sie sich als Selbstverständlichkeit fühlen, als missbraucht und vernachlässigt.

Als Eltern müssen wir Sorge tragen; denn unsere Sehnsucht, verantwortungsvolle Kinder großzuziehen, verdrängt manchmal das genauso wichtige Ziel, ihnen beizubringen, wie man sich am Leben freut. Da wir unvollkommene Kinder haben, die oft auch das Schlechte wählen, können unsere negativen Korrekturen manchmal unsere positiven Bestätigungen übertönen. Wir sagen oft Nein, doch nur selten Ja.

Jedes unserer drei Kinder hat mich mit seinem Verantwortungsbewusstsein erstaunt. Sie gehen mit ihrer Zeit viel besser um als ich als Teenie. Aus Gründen, die nur Gott kennt, mussten wir sie nie dazu antreiben, ihre Hausaufgaben zu machen. Und keines unserer Kinder hat sein Leben mit Computerspielmarathons oder übermäßigem Fernsehgucken verschwendet. In dieser Atmosphäre habe ich gelernt, unseren Sohn nicht nur dann zu loben, wenn er fleißig lernte oder lief oder ein Stipendium erhielt; ich lobte ihn, als er in seiner Highschool-Zeit gelegentlich Football auf seiner Xbox spielte, und jetzt auf dem College, wenn er sich mitten in einem vollbepackten Studienplan Zeit nimmt, Ultimate Frisbee (= Mannschaftsfrisbee; Anmerkung des Übersetzers) zu spielen. Ich scheue keine Mühen, mich mit meinen Töchtern zu freuen, wenn sie Freunde zu uns einladen, um einen Film anzuschauen. Ich denke, dass sie wissen sollten, dass ich es *mag*, wenn sie ihre Freizeit genießen. Um ihrer Gesundheit willen müssen Kinder ab und an etwas Spaß haben. Ich möchte nicht zu den Eltern gehören, die sie ständig in der Arbeit bestärken, doch ihnen nur widerwillig erlauben, zu spielen. Das Christentum sollte das Feiern feiern. Es sollte die Freude fördern, nicht töten.

Das Christentum sollte das Feiern feiern. Es sollte die Freude fördern, nicht töten.

Natürlich müssen Sie sich, wenn Sie ein »Übervergnüger«-Kind haben, der Sache von einem anderen Blickwinkel her nähern. Indes sollten Sie selbst unter solchen Umständen nicht den Fehler machen, »nur arbeiten« gegen »nur spielen« auszutauschen. Wir müssen eher einen Weg finden, unseren Kindern zu helfen, *verantwortlich* mit der Freude umzugehen, als so zu klingen, als ob wir gegen die Freude an sich seien. Sie werden nie Frieden finden, wenn die Situation sich dahin entwickelt, dass Sie selbst nur für Arbeit stehen und Ihre Kinder für Spiel.

Wenn wir Diener der Freude unserer Familie werden, müssen wir – sosehr das auch meinem früheren gesetzlichen Denken widerspricht – bewusst Wege finden, Freude in unser Heim zu bringen. Das kann sogar eine Form der Anbetung sein, wie ich entdeckt habe, als ich ein Auto kaufte.

Wie ich Gott durch den Kauf eines Autos anbetete

An ca. 110 Tagen im Jahr bin ich mit einer alleinerziehenden Mutter verheiratet.

Wegen meines Reisedienstes hat meine Frau für nahezu ein Drittel des Jahres die Last zu tragen, ohne Ehemann zu leben. Als unser zuverlässiger Minivan die 200 000-Kilometer-Marke überschritt, fing ich an, nervös zu werden. Wenn er zusammenbrechen sollte, während Lisa unsere Tochter in Kanada besuchte (und ich weg von zu Hause war), wäre sie aufgeschmissen. Ebenso erkannte ich, dass Lisa jegliche Zuneigung für Minivans verloren hatte. Unserer hatte neun Jahre als wunderbares Arbeitspferd gedient, doch als wir ihn gekauft hatten, hatte unsere angespannte Finanzlage bestimmt, dass wir ein Modell mit einfachster Ausstattung kauften (keine automatischen Fensterheber, viele kleine Ärgerlichkeiten).

Angesichts der Bedürfnisse unserer Familie sahen wir keine Möglichkeit, dass ich meine Reisen zurückschraubte, aber ich konnte sicherstellen, dass Lisa ein Auto und auch tatsächlich Spaß am Fahren hatte. Einmal hatten wir ein Auto mit beheizten Sitzen gemietet, und ich entdeckte, dass nichts eine Vorstadt-Ehefrau in den Vierzigern glücklicher macht als warme Autositze an einem kalten Wintermorgen. Als wir uns also entschlossen, unseren Minivan zu ersetzen, waren ein paar Dinge nicht verhandelbar. Wir wählten einen Geländewagen mit automatischen Fensterhebern und Sitzheizung.

Als ich versuchte, unser Budget auszutarieren und herauszubekommen, was wir uns leisten konnten, hämmerte mein unvermeidliches evangelikales Schuldgefühl auf mich ein, unser Geld für ein brandneues Auto auszugeben. Wir hatten nicht vor, einen Mercedes-Benz zu kaufen, aber auch kein Sparmodell. Autos sind solch ein Statussymbol, dass ich immer zu Schuldgefühlen neige, wenn es um Sonderausstattungen geht.

Das Spiel will ich einfach nicht mitspielen.

Als ich darüber betete, hatte ich das entschiedene Gefühl, dass Gott sagte: »Danke, dass du dich um meine Tochter kümmerst.«

Das weckte meine Aufmerksamkeit, also hörte ich noch intensiver zu, fing an, Gottes Herz zu erfühlen, und verstand, dass auch er Mitgefühl mit Lisa hatte, als alleinerziehender Mutter für einen erheblichen Teil des Jahres. Ich glaube, dass er sich freute, dass ich ihr Leben leichter und sicherer machen wollte – und mit der Sitzheizung sogar ein bisschen vergnüglicher. Es ergab einen Sinn, dass er es mochte, dass ich mich um meine Frau – seine Tochter – kümmern und ihr Freude bereiten wollte.

Und dann traf es mich: Was würde ich als Vater am meisten schätzen – einen Schwiegersohn, der vor mir sitzt und mir Komplimente macht, oder einen, der sich selbst hingibt, um meiner Tochter zu dienen und sie zu lieben? Ich muss darüber noch nicht einmal nachdenken. Anbetung und Verehrung sind wesentlich, aber lassen Sie uns die Dinge nüchtern betrachten. Als ich der Freude meiner Frau diente, habe ich ihrem himmlischen Vater, meinem geistlichen Schwiegervater, sogar noch mehr Freude gemacht.

So wurde der Kauf eines Autos zur Anbetungszeit. Ich denke, dass Gott lächelte, statt mich dafür zu verdammen, dass ich eine Sonderausstattung inklusive Sitzheizung kaufte. Wenn ich mich entschieden habe, Gottes Tochter zu lieben und ein Diener ihrer Freude zu werden, hat Gott letztendlich großes Vergnügen an meinen Taten.

Andererseits habe ich festgestellt, dass ca. 80 Prozent der Männer im mittleren Alter in Bezug auf ihre Berufungen viele Enttäuschungen erleiden. Viele christliche Männer fühlen sich durch die Verantwortlichkeiten im Leben gefangen – Hypothekenzahlungen; die Müdigkeit durch die Kindererziehung; die Schwierigkeiten, treu an einer Arbeitsstelle zu bleiben, die wenig oder gar keine Erfüllung bringt (und viel Enttäuschung). Denken Sie nur einmal darüber nach, wie viel eine Ehefrau ihrem himmlischen Vater dadurch dienen kann, dass sie Freude in das Leben eines solchen Mannes bringt. Stellen Sie sich vor, wie glücklich es Gott machen würde, wenn sie Mitgefühl mit ihrem Ehemann zeigte und ihn, statt ihn jedes Wochenende mit einer To-do-Liste zu erschlagen, mit etwas überraschte, das sie geplant hat und wirklich Spaß macht. Falls Sie eine Ehefrau sind, sind Sie mit Gottes Sohn verheiratet. Sind Sie ein Diener seiner Freude oder ein Verkünder seiner Sünde?

Falls Sie eine Ehefrau sind, sind Sie mit Gottes Sohn verheiratet. Sind Sie ein Diener seiner Freude oder ein Verkünder seiner Sünde?

Selbstverständlich gibt es Gelegenheiten, wo wir zu unserem Ehepartner oder unseren Kindern Nein sagen müssen: »Nein, das kann ich nicht mit dir tun, weil es, obwohl es dir vielleicht Freude macht, Gott nicht die Ehre gibt.« »Nein, angesichts unserer augenblicklichen Verantwortung und Verpflichtungen ist dies ein unverantwortlicher Luxus.« »Nein, auf diese Weise zu entspannen, ist nicht gesund für dich.« So gestrig Ihnen dieser Rat jetzt auch vorkommen mag: In den meisten Fällen sollte Nein der *Anfang* einer Unterhaltung sein, nicht deren Ende. Wir müssen hartnäckig und bewusst mit einem entsprechenden Ja aufwarten.

So betrachtet – und wenn Sie Gottes Rangfolge der Freude und des Feierns Ehre machen –: Was können Sie heute tun, um Ihrem Ehepartner und Ihren Kindern Freude zu machen? Hat sich jemand etwas gewünscht, und Sie haben, obwohl Sie davon wussten, nichts unternommen, damit es auch passiert? Haben Ihre Enttäuschungen die Freude gestohlen, die Sie früher empfunden haben, wenn Ihre Frau und Ihre Kinder lachten und Spaß hatten? Nehmen Sie sich jetzt einen Augenblick Zeit, zu fragen: »Wie kann ich jemandem echte, heilige Freude bereiten?« Besser noch: Warum fragen Sie nicht Gott: »Wie kann ich auf kreative Weise meiner Frau (oder meinem Mann oder Sohn, meiner Tochter oder meinen Eltern) echte Freude machen?«

Mit anderen Worten: »Wie kann ich ein Diener ihrer Freude sein?«

Kapitel 13

Singen im Exil

IN SCHWIERIGEN UMSTÄNDEN FREUDE FINDEN

Das Wichtigste an jedem Bürger ist seine künstlerische Einstellung einem Urlaub und seine moralische Einstellung einem Kampf gegenüber – also seine Art, das Leben zu akzeptieren, und seine Art, den Tod zu akzeptieren.

G. K. Chesterton

Er wird nicht sein volles Glück in uns finden, bis wir unser volles Glück in ihm finden.

Juliana von Norwich

Wenn wir Gott gefunden haben, gibt es bei den Menschen nichts mehr zu suchen.

François Fénelon

Doch wie können wir in einem fremden Land die Lieder des Herrn anstimmen?

Psalm 137,4

Zlata Filipović klingt ganz wie jedes andere elfjährige Mädchen, als sie in ihrem Tagebuch festhält, was sich wie ein idyllischer Sommertag für eine Heranwachsende liest: »Wir taten uns heute etwas Gutes. Wir pflückten Kirschen vom Baum im Hof und aßen sie alle auf. Wir hatten ihn blühen sehen und seine kleinen grünen Früchte langsam rot werden, und nun aßen wir sie. Oh, du bist ein wunderbarer Kirschbaum!«[78]

Dieser vergnügliche Tag, diese süße Sommer-Erinnerung schockiert, wenn man sich klarmacht, dass Zlata diese Worten mitten im Krieg schrieb: »Ich vermisse Obst sehr«, gibt Zlata zu, »in diesen Kriegstagen in Sarajevo gibt es keine Grundnahrungsmittel oder irgendetwas von den anderen Dingen, die ein Mensch braucht, und

78 Zlata Filipović, *Zlata's Diary*, New York 1994, S. 66.

es gibt kein Obst. Doch nun kann ich sagen, dass ich mich an Kirschen dumm und dämlich gegessen habe.«

Zeiten der Entbehrung, schlechte Gesundheit oder gar Krieg schließen das Bedürfnis nach Vergnügen nicht aus; im Gegenteil, solche Zeiten heben das Bedürfnis noch hervor, nach den einfachsten aller Freuden zu suchen und sie vielleicht wiederzuentdecken.

Jesus lebte vor, wie man sich in bedrückender Atmosphäre auf die grundlegendsten Vergnügungen einlassen kann.

Jesus lebte vor, wie man sich in bedrückender Atmosphäre auf die grundlegendsten Vergnügungen einlassen kann. Sicherlich lebte er nie im Überfluss; ihm gehörte nicht einmal ein Haus. Obwohl wir nirgends davon hören, dass er krank war, wurde er verfolgt, verleumdet, missverstanden und angegriffen. Inmitten dieser Nöte hat Jesus nicht einfach die Zähne zusammengebissen und weitergemacht, noch hat er sich in endloser Abgeschiedenheit versteckt, um sich in egozentrischer Trübsal zu suhlen. Im Gegenteil: Haben Sie je bemerkt, wie oft man Jesus mit der womöglich grundlegendsten aller Vergnügungen beschäftigt sieht – der ernsthaften Unterhaltung? Er spricht mit religiösen Menschen, mit armen Menschen und mit sündigen Menschen. Er spricht mit seinen Jüngern und Nachfolgern. Eine ständige Abfolge von Gesprächen durchzog das Leben Jesu.

In Zeiten, in denen Vergnügungen selten waren (die Juden litten unter der römischen Besatzung und dem pharisäischen Extremismus), führt Jesus vor, wie man sich inmitten des Elends der grundlegendsten (und billigsten) aller Freuden bemächtigen kann – der ganz und gar kostenlosen und bereichernden Kunst der Beziehung.

Auch wir müssen unsere eigenen »Hosentaschen der Freude« inmitten schwieriger und herausfordernder Umstände finden.

Heilige Unzufriedenheit

Vielleicht bezweifeln Sie, dass es überhaupt funktionieren kann, die Kraft der Freude außerhalb der Bequemlichkeiten und des Wohlstands des Westens freizusetzen. Oder vielleicht fragen Sie, wie das bei Menschen geht, die mehr als ihren gerechten Anteil am Elend haben.

Was sagen wir zum Beispiel einer Frau, die mit einem Mann verheiratet ist, der nicht so viel mit Gott zu tun haben will wie sie? Sie möchte am liebsten im Dienst ihres himmlischen Königs stehen, ihr Mann würde lieber einmal im Monat zur Kirche gehen, vorausgesetzt, es ist keine Jagdsaison, es findet kein Sportereignis statt und er ist samstags nicht erst nach elf ins Bett gekommen.

In einem solchen Leben mit ehelichen Entbehrungen wird eine Zeit kommen, in der die Ehefrau zugeben muss, dass die Freude, nach der sie sich sehnt, möglicherweise nie eintritt. Dann organisiere sie ihr Leben so, dass sie andere sinnvolle Freundschaften pflegt, in denen sie ihren Glauben teilen kann. Das missachtet nicht Gottes Fähigkeit, das Herz eines Menschen zukünftig zu verändern. Aber es leitet die Frau an, inmitten ihrer gegenwärtigen Enttäuschung nach Gottes alternativer Fürsorge zu suchen.

Wie finden Eltern Freude, wenn ein geliebtes Kind mit dem kämpft, was Ärzte eine »unheilbare« Krankheit nennen – und Gott nicht geneigt zu sein scheint, dieses Kind zu heilen? Wie findet ein arbeitsloser Mann Vergnügen, während er täglich gegen Ablehnung, Demütigung, finanziellen Druck und Stress zu kämpfen hat? Wie kommt ein Rollstuhlfahrer mit unaufhörlichen Begrenzungen zurecht? Wie können Sie, wenn Sie Menschen enttäuschen, verletzen und fallen lassen, die Brunnen der Liebe Gottes in Anspruch nehmen: geistliche Ernährung, emotionale Fürsorge, Geborgensein in einer Beziehung – und sogar Vergnügungen?

Wir müssen solche Situationen klar ansprechen; denn wenn das, was ich gesagt habe, wahr ist (nämlich, dass das Vernachlässigen heiliger Vergnügungen uns für illegitime Vergnügungen anfällig macht), versucht uns womöglich gerade dann, wenn wir Gott am meisten brauchen, unsere Unfähigkeit, die Kraft der Freude freizusetzen, dazu, alles, was wir als gut und richtig erkannt haben, fallen zu lassen.

Weiter oben habe ich dafür plädiert, dass wir in unserem Denken differenzierter werden. Das ist gerade in diesem Zusammenhang besonders wichtig. Geistlich gesprochen müssen wir den Stellenwert der Freude für unser geistliches Wachstum erkennen und wertschätzen. Aber im Leben mancher und in manchen Lebensphasen werden uns bestimmte Vergnügungen vorenthalten werden oder aber so von unserer Enttäuschung und Sorge gefärbt sein, dass sogar die ergötzlichsten Früchte des Lebens unseren Seelen bitter erscheinen. In solchen Fällen geht Jesus das Problem direkt an und führt uns zu ihm zurück. Wir wollen sehen, wie er dies in einer seiner berühmtesten Begegnungen anstellte.

Kein Dr. Ratschlag

Vielleicht ist sie die berühmteste Mehrfachgeschiedene aller Zeiten. Da sie fünf Ehemänner und mindestens einen Geliebten angesammelt hatte, schien sie sich in der Umgebung von Männern wohlzufühlen. Doch hatte sie noch nie einen Mann wie diesen getroffen (vgl. Johannes 4). Seine erste Bitte klang simpel: »Gib mir bitte etwas Wasser. Ich habe Durst.«

Waren Sie schon einmal ein echter Außenseiter? Falls nicht, können Sie sich nicht vorstellen, wie es sich für jemanden anfühlt, wenn jemand sagt: »Du gehörst dazu.« Genau das hat Jesus der samaritanischen Frau allein dadurch kommuniziert, dass er sie ansprach. Der geografische Disput über den angemessenen Platz des Tempels hatte Jahrhunderte der Verbitterung zwischen Juden und Samaritanern hervorgerufen. Die historische DNA ihrer Vorfahren hielt jeden ehrbaren jüdischen Mann auf Abstand, erst recht einen Propheten. Sie hatte keine Möglichkeit, dieser Ächtung zu entgehen, denn all das strömte durch ihr Blut – eine Samaritanerin, eine Ausgestoßene, von vielen samaritanischen Männern begehrt, doch niemals von einem echten Juden.

Doch hier kam ein jüdischer Mann, nicht weniger als ein Rabbi und Prophet, und bat sie, eine samaritanische Frau, um etwas zu trinken.

Als die Frau auf die Absurdität dieses Augenblicks hinwies, offenbarte ihr Jesus etwas, über das er zu den »echten« Juden nur indirekt gesprochen hatte. Jesus verkündete rundheraus, dass er der Messias ist.

Was für eine außergewöhnliche Behauptung! Gottes erwähltes Volk, vermutlich diejenigen, die den Tempel am »richtigen« Ort hatten, mussten sich die Wahrheit über die Messianität Jesu aufgrund von Gleichnissen, indirekten Anspielungen und Verweisen auf die Schrift zusammenreimen. Aber nicht diese Frau! Sie bekam die Wahrheit in Reinform. Selbst ein Dummkopf hätte nicht übersehen können, was Jesus meinte: »Ich bin es, der mit dir spricht« (Johannes 4,26). Letztlich brauchte sie nichts anderes zu hören.

Als die Frau auf die Absurdität dieses Augenblicks hinwies, offenbarte ihr Jesus etwas, über das er zu den »echten« Juden nur indirekt gesprochen hatte.

Man beachte, dass in dieser ganzen berühmten Unterhaltung Jesus nicht einmal mit der Frau darüber spricht, wie sie ihre Beziehungen zu Männern »in Ordnung bringen« oder in menschlicher Intimität »wahre Freude« finden kann. Jesus wird nie zum platten Ratgeber, da er das Zentrum ihrer tiefsten Bedürfnisse anspricht – sie muss damit aufhören, auf Männer zu sehen, um Erfüllung zu finden, und sich Gott zuwenden. Wegen ihrer Lebensweise wird sie die Intimität einer lebenslangen Ehe, wie sie Gott beabsichtigt hat, nie kennenlernen. Ihre Handlungen haben diese Möglichkeit unmöglich gemacht. Aber Jesus spricht von etwas, das sogar noch tiefer und reicher ist als eine erfüllende Ehe – eine Beziehung mit Gott selbst. Das ist das Vergnügen, das sie suchen muss. Eine »glücklich« verheiratete Frau, die die Verzweiflung der Samaritanerin nicht kennt, verpasst womöglich eine solche Hingabe. Ironischerweise wird deren Sünde zu ihrer Dienerin, da diese sie auf Gott, Gott allein, weist.

An einem bestimmten Punkt wird uns womöglich klar, dass wir nicht das bekommen werden, von dem wir denken, dass wir es brauchen. Ich erhalte ständig E-Mails von Leuten, die ihr Leben vermurkst haben. Die Schlachten zwischen einem augenblicklichen Ehemann und den Kindern aus erster Ehe bringen tägliche Prüfungen mit sich. Der Schmerz, den sie aufgrund von Untreue, Drogen- oder Alkoholmissbrauch, finanzieller Misswirtschaft oder Schwierigkeiten aufgrund ihres Ungehorsams verursacht haben und empfinden, hält sie niedergedrückt. »Das Beste«, wie sie es früher definiert haben, ist keine Option mehr und wird es nie sein.

Obwohl die Freude ihren Stellenwert hat, dient sie einer höheren Leidenschaft. Jesus weist die Frau auf diese Leidenschaft hin. Er spricht mit ihr über Anbetung, über ein Getränk, das ihren Durst komplett stillen wird: »Bitte *mich* um etwas zu trinken, nicht deine fünf Exehemänner, mit denen es nicht funktioniert hat, und auch nicht deinen Liebhaber, der bei dir lebt. Wenn dir wirklich klar geworden ist, mit wem du sprichst, wirst du in mir wahre Befriedigung finden.« Wenn Jesus ihr einfach gesagt hätte, wie sie ihre Beziehung mit Männern hätte »in Ordnung bringen« können, hätte er ihr nur emotionales Wasser gereicht, mit dem sie schließlich durstig geblieben wäre. »Wenn die Menschen dieses Wasser getrunken haben, werden sie schon nach kurzer Zeit wieder durstig.« Das Wasser, das Jesus anbietet, stillt wirklich den Durst: »Wer aber von dem Wasser trinkt, das ich ihm geben werde, der wird niemals mehr Durst haben. Das Wasser, das ich ihm gebe, wird in ihm zu einer nie versiegenden Quelle, die unaufhörlich bis ins ewige Leben fließt« (Johannes 4,13-14).

Damit mussten Sie doch rechnen

Wenn man mit einem Süchtigen (Essen, Medikamentenmissbrauch etc.) spricht, wird derjenige oft die Eltern, den Ehepartner, grausame Tyrannen, einen autoritären Lehrer oder eine ungerechte Regierung beschuldigen, die sie dazu »gezwungen« haben, ihren Schmerz selbst zu behandeln. Hinter diesen Ausreden steckt das stark fehlgeleitete Denken, dass solche Enttäuschungen und ein solcher Verrat ungewöhnlich und einzigartig seien.

Tatsächlich verspricht uns die Bibel beinahe, dass die, die uns lieben, uns verraten *werden*. Wir sollten Verrat *erwarten*. Jesus warnt uns: »Selbst die Menschen, die euch am nächsten stehen – eure Eltern, Geschwister, Verwandten und Freunde –, werden euch verraten. Einige von euch werden sogar umgebracht werden. Und um meines Namens willen werden euch alle hassen« (Lukas 21,16-17). David sprach von einem grausamen Verrat: »Selbst mein bester Freund, dem ich vollkommen vertraute, der mein Brot mit mir teilte, hat sich gegen mich gewandt« (Psalm 41,10).

Wenn Sie noch von keinem engen Freund oder Familienmitglied verraten wurden, sind Sie *außergewöhnlich*. Da ich zu so vielen Gemeinden reise, kommuniziere ich diese Botschaft häufig auch enttäuschten und verletzten Pastoren. *Manche haben damit zu kämpfen, wie ein Freund sie so hat verraten können. Vielleicht haben sie gedacht, ein Mitpastor, Ältester oder Diakon würde ihnen den Rücken stärken, stattdessen sind sie ihnen in selbigen gefallen.* In Wahrheit können nur wenige Pastoren einem Verrat durch einen engen Freund entgehen. So zu handeln, als ob die eigene Situation außergewöhnlich sei, wird niemals helfen. Zum geistlichen Dienst berufen zu sein, bedeutet, in eine Welt berufen zu sein, in der man verfolgt und verraten werden wird.

Clarence Thomas, Richter am Obersten Gerichtshof der USA, hat eine erfrischende Sichtweise, die er aus der Erfahrung eines Marathonlaufs in Washington gewonnen hat, als er Anfang dreißig war.

Mitten im Rennen machte ich schlapp. Ich habe von meinen Läuferkollegen so viel darüber gehört. Meine Beine wurden steif, und ich fühlte mich so, als sei ich am Rande des Zusammenbruchs. *Nie aufhören, nie aufhören,* flüsterte ich immer und immer wieder, in gleicher Weise wie während meines Trainings, aber diesmal half es nicht. Mein Körper bettelte mich bei jedem gequälten Schritt an, aufzugeben, und ich schaffte es gerade bis zur nächsten Wasserversorgung auf dem Parkplatz des Pentagon. Ein junger schwarzer Marinesoldat händigte den erschöpften Läufern Wasser aus. »... Das ist hart«, sagte ich zu ihm. »Damit mussten Sie doch rechnen«, entgegnete er ohne eine Spur von Mitgefühl. Ich schüttelte mein Selbstmitleid ab, kam wieder in die Gänge und überquerte die Ziellinie, drei Stunden und zwölf Minuten nachdem ich gestartet war.[79]

Damit mussten Sie doch rechnen.

Sie haben mehrere Kinder, von denen eins wirklich schlechte Entscheidungen trifft. Können Sie sich vorstellen, dass Sie Menschen großziehen können, die »viele Fehler« machen (vgl. Jakobus 3,2), *ohne* die Schmerzen ihrer Auflehnung zu ertragen?

Damit mussten Sie doch rechnen.

Sie haben einen Sünder geheiratet, der in vielerlei Hinsicht strauchelt, oder Sie leben in einem Studentenwohnheim, umgeben von Menschen, die Gott nicht kennen, und sind *überrascht* darüber, dass diese Beziehungen Sie verletzen und enttäuschen können?

Damit mussten Sie doch rechnen.

Sie leben in einem unvollkommenen Körper und sind überrascht, dass er jetzt krank oder verletzt ist oder Schmerzen hat.

Es soll nicht brutal klingen, aber ehrlich: Wir sind in dieser Welt sehr verwundbar. Schmerz und Leid – ob emotional, körperlich oder geistlich – sind nicht nur normal, sondern auch *universell.*

In dieser Welt müssen wir lernen, wie wir aus dem Brunnen des Lebens Wasser holen können, wenn unser eigener Brunnen trocken und leer zu sein scheint und Vergnügungen besonders weit entfernt sind.

79 Clarence Thomas, *My Grandfather's Son: A Memoir,* New York 2007, S. 129.

Was man nicht tun sollte

Bevor wir uns ansehen, was wir tun sollten, wollen wir einige Dinge auflisten, die wir nicht tun sollten, wenn unser Brunnen trocken zu sein scheint – Dinge, die uns nur noch weiter vom Leben und von der Freude wegführen.

Wir sollten uns nicht von der Sünde ablenken lassen

Wenn Sie sich »ausgetrocknet« fühlen, müssen Sie besonders auf den falschen Reiz scheinbar vergnüglicher Sünden achtgeben. Auch wenn es sich nicht wie ein Schritt in die falsche Richtung anfühlen mag, ist es das doch immer. In seinem Buch *Future Grace* betont John Piper klugerweise: »Die Macht der Sünde ist das falsche Versprechen, dass sie mehr Glück bringen wird als die Heiligkeit. Keiner sündigt aus einem Pflichtgefühl heraus. Darum ist das, was die Macht der Sünde bricht, der Glaube an das wahrhaftige Versprechen, dass die Freuden der Sünde vorübergehend und verderblich sind, es aber an Gottes rechter Hand Freude in alle Ewigkeit gibt.«[80]

Bestehen Sie auf wahre, heilige Freude – oder *auf nichts*. Ich bitte Verheiratete eindringlich, sexuelle Versuchung als Aufruf anzusehen, intimer mit ihrem Ehepartner zu werden. Intim bedeutet nicht notwendigerweise »sexuell«. Es bedeutet, dass Gott Hormone erschaffen hat, und wenn wir feststellen, dass sie besonders lebendig und aktiv sind, ist das Gottes Art, uns zu sagen, dass wir uns (auf allen Ebenen) um unsere Ehe kümmern sollten. Diese Verpflichtung, unserem Ehepartner von Neuem Aufmerksamkeit zuzuwenden, ist die einzige heilige Reaktion auf sexuelle Versuchung: »Oh, ich stelle fest, dass ich sexuell versucht werde. Wie geht es mir gerade mit meinem Partner?« Was Satan zum Schaden gedacht hat, kann Gott für das Gute nutzen, dafür, unser Heim aufzubauen, statt es niederzureißen. Sie werden Ihr Leben und Ihre Ehe buchstäblich verändern, wenn Sie damit anfangen, sexuelle Versuchung als eine Aufforderung anzusehen, die Beziehung mit Ihrem Ehepartner zu

80 John Piper, *Future Grace*, Sisters 1995, S. 386.

bewerten und zu verbessern. Verwandeln Sie die Versuchung in geistliche Reflektion und persönliche Bestandsaufnahme (doch seien Sie sich bewusst, dass die Versuchung genauso auch eine wachsende Kälte Gott gegenüber signalisieren kann).

Wenn Sie Single sind, können Sie die sexuelle Versuchung als Anreiz ansehen, eine gesunde und heilige Beziehung aufzubauen, die vielleicht einmal zur Ehe führt. Zum PC-Bildschirm zu laufen oder einen One-Night-Stand zu suchen, wird nicht dazu führen, dass Sie jemanden finden, der der Ehe wert ist. Diese Aktivitäten machen Sie für die Ehe nur *weniger* tauglich. Tun Sie nichts, was Ihre zukünftige Ehe störend beeinflussen würde. Bestehen Sie darauf, gesunde und produktive Beziehungen aufzubauen, die Gott die Ehre geben.

Wenn Ihre Einsamkeit Sie dazu führt, in eine Spielhalle zu rennen oder sich den Bauch mit einer Tüte Chips vollzuschlagen, werden Ihre Entscheidungen zum Feind Ihrer letztendlichen Freude. Sie werden wegen finanzieller Probleme oder dem Mangel an körperlicher Fitness als Ehepartner weniger attraktiv, und Ihre Einsamkeit wird sich nur noch steigern.

Wenn wir uns gefährdet fühlen, müssen wir unsere Freizeitaktivitäten einer strengen Prüfung unterziehen, sie durch einen feinen Filter laufen lassen und sicherstellen, dass sie frei von Schadstoffen sind, bevor wir sie »einatmen«. Sich sofort der Sünde zuzuwenden, um mit Enttäuschung, Verlust oder Verletzungen fertig zu werden, ist wie das Rauchen von Zigaretten, um Gewicht zu verlieren. Kurzfristig scheint es zu helfen; auf lange Sicht generiert es ein noch größeres Problem.

Wir sollten mit dem Dienen nicht aufhören

Je älter ich werde, desto mehr schätze ich die Mitarbeit im Reich Gottes. Obwohl ich die Auffassung verstehe, dass unser »Sein« Vorrang vor unserem »Tun« hat, kann es meiner Meinung nach irreführen, beides gegeneinander auszuspielen. In einem gesunden Leben bauen die beiden aufeinander auf, statt miteinander zu konkurrieren. Meine Tage erhalten ihre Bedeutung dadurch, dass ich Gott die

Ehre gebe und ihn verherrliche – das *ist* mein Sein. Mit den Worten Jesu: »Ich habe dich hier auf Erden verherrlicht, indem ich alles tat, was du mir aufgetragen hast« (Johannes 17,4).

Unser geistlicher Feind möchte unsere Enttäuschungen benutzen, damit wir uns uns selbst zuwenden, sodass wir selbstzentriert, selbstmitleidig und egozentrisch werden. Doch Jesus sagt uns, dass der Dienst uns mehr als alles andere Kraft (und letztlich Freude) gibt. Seinen Jüngern teilte er mit: »Ich lebe von einer Nahrung, von der ihr nichts wisst ... Meine Nahrung ist, dass ich den Willen Gottes tue, der mich gesandt hat, und sein Werk vollende« (Johannes 4,32.34).

Sünde verunstaltet alle menschlichen Beziehungen. So bereichernd diese auch sein können, werden sie uns doch nie dauerhaft erfüllen. Wir ziehen geistliche Energie und Leben daraus, dass wir dem Gott gehorchen, der uns erschaffen hat, und ihm gestatten, uns zu gebrauchen, wo auch immer wir gerade stehen.

In vieler Hinsicht ist die Mission eine der höchsten Freuden des Lebens. Gottes Reich wachsen zu sehen und zu wissen, dass er uns benutzt, um dieses heilige Fleckchen Erde zu gewinnen, bringt eine Freude, mit der nur weniges mithalten kann. Mit der Zeit werden wir begeistert sehen, wie Gott etwas bewegt, sogar, wenn wir nichts damit zu tun haben. Ich habe einmal zwei Bücher hintereinander gelesen – eins von Tricia McCary Rhodes (*Hörst du nicht sein leises Flüstern?*) und eins von Kay Warren (*Glaube auf eigene Gefahr*). Sie sind wunderbare Zeugnisse für das Wirken Gottes durch glaubensvolle Frauen, die in dem wunderbaren Gebet leben: »Dein Reich komme, dein Wille geschehe im Himmel und auf Erden.«

Ich fühlte mich in meinem Herzen beinahe überwältigt, als ich betete: »Danke, Herr, dass du so viele Menschen bewegt hast, sich so sehr um andere zu kümmern. Du nimmst uns selbstsüchtige Konsumenten und verwandelst uns, deine Kinder, in barmherzige Menschen, denen andere am Herzen liegen.«

Ich betete, und es machte mir große Freude, über Gottes Weg mit seinen Menschen nachzusinnen. Die Tatsache, dass Gott sich selbst der Welt offenbart, indem er uns in sein Bild verwandelt, machte mich glücklich. Ich hatte meine Freude daran, dass Gott ein wenig Einsamkeit und Hässlichkeit aus dieser gegenwärtigen Welt durch die Schönheit der Liebe und des selbstlosen Dienstes vertreibt. Ich hatte Gefallen an der Hoffnung, dass Gott immer in Bewegung bleibt. Ja, Menschen bekommen noch Krebs, verlieren ihre Arbeit oder sehen geliebte Menschen sterben – erschütternde Realitäten in einer gefallenen Welt. Doch Gott ist unterwegs, immer! Teenager, die Monate zuvor noch in ihrem Narzissmus verblendet waren, nehmen das Kreuz auf sich und setzen sich engagiert für Veränderung ein. Ehepaare am Rande der Scheidung lernen, wie man lieben kann, und werden lebendige Zeugnisse für die Macht Gottes, die Herzen versöhnen kann. Süchtige, die über viele Jahre mit dem bitteren Geschmack der Niederlage und der Verzweiflung lebten, gehen ihren Weg nun im fröhlichen Sieg und glücklicher Hoffnung. Oh, wie schön, wie wunderbar, wie herrlich ist es, wenn wir Gott in Bewegung sehen!

Halten Sie sich diese Wahrheit vor Augen – Gott ist in Bewegung – und ziehen Sie daraus Hoffnung und einen Sinn, um die natürliche Selbstzentriertheit anzugreifen, die aus schmerzlichen persönlichen Erfahrungen entsteht. Wenn Ihr Kind im Krankenhaus liegt, beten Sie regelmäßig für die Schwestern und Ärzte. Wenn Sie Ihre Arbeit verloren haben (oder noch Ihre erste Arbeitsstelle suchen), fragen Sie Gott, wie er die neuen Kontakte, die Sie knüpfen müssen, nutzen kann, um andere zu erreichen.

Sogar wenn Sie krank sind oder Schmerzen haben, arbeitslos, geschieden, verwitwet oder in Ihrem Singlesein frustriert sind, süchtig oder ausgebrannt – wenn Sie Gott kennen, haben die, die ihn nicht kennen, eine größere Not als Sie. Versuchen Sie, sie zu erreichen. Lassen Sie sich auf die Freude ein, die entsteht, wenn man sieht, wie sich Gottes Reich ausbreitet, sogar in verzweifelten Situationen. Es wird Sie in

Sogar wenn Sie krank sind oder Schmerzen haben, arbeitslos, geschieden, verwitwet oder in Ihrem Singlesein frustriert sind, süchtig oder ausgebrannt – wenn Sie Gott kennen, haben die, die ihn nicht kennen, eine größere Not als Sie.

einer Weise ernähren wie nichts sonst und wird eine noch tiefere Dimension der Freude in Ihr Leben bringen – eine, die Sie nicht kennengelernt hätten, wären Sie nicht durch diese Phase der Dürre gegangen.

Wir sollten uns nicht selbst bemitleiden

Da jeder von uns mit Menschen lebt und zu tun hat, die »viele Fehler machen« (Jakobus 3,2), haben wir alle berechtigte Klagen. Vielleicht sind es Ihre Eltern, vielleicht Ihre Kinder, vielleicht Ihr Ehepartner. Sich selbst zu bemitleiden, wird gar nichts lösen. Es verbraucht nur die Energie, die man besser dazu nutzen würde, das Problem anzugehen.

Ich habe Ehemänner getroffen, die sich um ihre Frauen kümmern, die an Alzheimer leiden; Ehefrauen, die mit Männern verheiratet sind, deren gesundheitliche Probleme den vollen Ausdruck körperlicher Intimität fast unmöglich machen; und Kinder, die leiden, weil ihre Eltern emotional oder geistlich nie gesund genug sein werden, um mit ihnen eine sinnvolle Beziehung zu haben. Nur wenn sie damit aufhören, sich auf das zu konzentrieren, was sie verloren haben, und stattdessen dankbar für das werden, was sie haben oder auf was sie womöglich hinarbeiten, finden sie wahre Freude.

Neulich sprach ich mit einem gläubigen jungen Mann, Brian, der bei einem Betriebsunfall vor mehr als einem Jahrzehnt ernsthafte Verbrennungen erlitten hat. Er hat 90 Prozent seiner Haut verloren, sein Augenlicht, und ihm sind zwei Arme und ein Bein amputiert worden. Als wir miteinander sprachen, war ich erstaunt darüber, dass er wirklich keine Spur selbstmitleidig war. Im Gegenteil: Er drückte große Dankbarkeit darüber aus, wie Gott diese Verletzung benutzt hat, um seinen Glauben zu festigen. Er ist zu einem Fels in der Brandung geworden, und als er die Beziehung zu seiner Frau beschrieb, war ich beeindruckt von der offensichtlichen Intimität, die ihre Beziehung auf allen Ebenen prägte, sogar angesichts einer solch schwächenden Verletzung. Tatsächlich sagte mir Brian sogar: »Ich habe weniger schlechte Tage nach dem Unfall gehabt als vorher.«

Ich verglich seinen jesusmäßigen Geist mit meinem eigenen Gewinsel, als ich mir beim Laufen eine Verletzung zugezogen hatte und ein paar Wochen pausieren musste – und ich seufzte nur. In einer gefallenen Welt können wir eine radikal unrealistische Perspektive entwickeln. Ein schwerbehinderter Mann sagte: »Wenn du vom Hals ab querschnittsgelähmt bist, siehst du einen, dem nur die Beine gelähmt sind, und denkst: ›Mann, der hat keine Sorgen mehr.‹«

Wenn wir uns selbst bemitleiden, arbeiten wir dagegen, positive Lösungen zu finden. Selbstmitleid zerstört die Einstellung, dass alles möglich ist und man lernen kann, sich aus der Freude zu nähren, die zugänglich ist. Brian kann seine Frau nicht sehen und er wird sie nie umarmen können, aber er kann mit ihr reden, mit und für sie beten und sie mit seinen weisen Worten der Liebe, Fürsorge und Anteilnahme trösten. Durch das Internet hat er jüngst sogar Möglichkeiten entdeckt, ihr Geschenke zu kaufen, ohne dass sie vorher davon weiß.

Manchmal sind uns nach Gottes Vorsehung vielleicht bestimmte Freuden verschlossen. Gott sagt uns faktisch: »Das ist nicht für dich, zumindest nicht jetzt.« Wir müssen ihm vertrauen, dass er uns andere Freuden schenken wird – vielleicht einer ganz anderen Sorte –, die uns in unseren Prüfungen aufrechterhalten.

Anspruchsdenken füttert den Zorn; Gefühle der Dankbarkeit lassen unsere Seelen aufgehen und können uns vor Glück schier zerreißen. Gott zu danken, hilft uns zu erkennen, welche Freuden wir schon haben, während gleichzeitig unsere Freude noch *zunimmt*.

Freudenrezepte

Um glaubensvoll zu bleiben und unsere Freude in unerfreulichen Situationen zu bewahren, sollten wir uns bemühen, Freude zu finden, wo wir können. Ich spreche ständig mit Frauen, die von ihren Ehemännern verlassen wurden. Sie möchten wissen, was sie tun sollen, während sie für die Versöhnung arbeiten und beten.

Sie zeigen sich regelmäßig schockiert, wenn ich betone, wie wichtig es ist, als alleinerziehende Mutter das Leben genießen zu lernen. »Such dir neues Vergnügen«, sage ich ihnen, »entdecke das Lachen neu. Arbeite an angemessenen Beziehungen mit anderen Frauen. Der beste Weg, deinen Mann anzuziehen, ist nicht, ihn nörgelnd zur Rückkehr bewegen zu wollen oder deine Kinder dazu zu benutzen, dass er sich schuldig fühlt, sondern ein Leben aufzubauen, dem er sich anschließen möchte.«

Wenn Ihre Kinder sich auflehnen, Sie Ihren Job verlieren, Ihre Gemeinde zerbricht, Ihre Gesundheit beeinträchtigt ist – wie auch immer Ihre Situation ist –: Finden Sie *etwas* Freude, der Sie regelmäßig Raum geben. Arbeiten Sie hart daran, aus einem angemessenen Brunnen zu schöpfen. Einige Wasser werden Ihnen verschlossen sein, aber Gott versagt nie darin, andere zu öffnen. Vielleicht entdecken Sie, dass bestimmte Arten, Gott anzubeten, die Sie einmal als Routine angesehen haben, plötzlich eine neue Dimension annehmen, eine größere Fülle, wenn Sie Ihren Weg mit Gott genießen. Vielleicht fangen Sie sogar an, die Freude zu entdecken, die man in »Schwächen, Entbehrungen, Schwierigkeiten, Verfolgungen und Beschimpfungen« um Jesu willen finden kann (2. Korinther 12,10).

Ein Artikel in *USA Today* zeigte die Kämpfe von Menschen auf, die an chronischen Krankheiten oder anderen Dauerbelastungen litten. Die Betroffenen fanden Verschiedenes geistig wohltuend. Man beachte die große Bandbreite an Antworten:

- Eine Frau mit schwerer Wirbelsäulenverkrümmung, schwerer Arthritis und chronischen »den Verstand lähmenden« Schmerzen: »Ich nehme mir jeden Nachmittag etwa eine Stunde Zeit, um mir eine Tasse irischen Tee mit Sahne und Zucker zu kochen ... An manchen Tagen kann ich mein Nachmittagsritual kaum erwarten, da es meine Seele wiederherstellt.«
- Eine Frau mittleren Alters, geboren mit einem Herzfehler und lebenslangen Herzproblemen: »Um meine Stimmung zu heben, lese ich ein Buch (historische Liebesromane), nehme ein Schaumbad und zünde Kerzen dazu an oder verbringe einfach Zeit mit meiner Familie.«

- Ein Mann, der mit Prostatakrebs und Depressionen zu kämpfen hat: »Ich habe herausgefunden, dass es mich in eine bessere Stimmung bringen kann, wenn ich aus dem Haus gehe und mit irgendjemandem rede.«
- Eine Frau mit zahlreichen belastenden Faktoren: »Egal, in welcher Jahreszeit und bei welchem Wetter: Ich führe mein Pferd aus und beobachte, wie es zufrieden grast.«
- Eine Frau, die jüngst zwei Todesfälle in der Familie miterlebt hat und deren Sohn in einem Kriegsgebiet stationiert ist, hört keltische Musik oder alte Countrysongs, lacht über Pannenshows und lädt ein oder zwei Katzen ein, mit ihr ihren Fernsehsessel zu teilen. Sie sagt: »Ihr Fell zu streicheln und sie schnurren zu hören, bessert immer meine Stimmung.«[81]

Während Sie auf Ihrer eigenen schwierigen Straße entlangziehen, denken Sie daran, dass sogar Helden essen müssen. Sogar Helden müssen lachen. Sogar Helden brauchen irgendwann Ruhe. Wenn Gott Sie zu einem heldenhaften Glauben berufen hat, tun Sie, was Sie tun müssen, um sich selbst aufzubauen, damit Gott Sie weiterhin benutzen kann.

Unseren Himmel in Jesus finden

Im 14. Jahrhundert, als der Schwarze Tod die Bevölkerung Europas dezimierte, dachte Juliana von Norwich, dass sie auf dem Sterbebett läge. In Zeiten geringer Hoffnung und großer Angst schrieb diese bemerkenswerte Frau: »Es war immer ein Trost für mich, dass ich Jesus als meinen Himmel erwählt habe, durch seine Gnade, in all diesen Zeiten des Leidens und der Sorge. Und das war mir eine Lehre, dass ich dies in alle Ewigkeit tun sollte, Jesus in guten und in schlechten Zeiten als meinen Himmel zu wählen.«[82]

---

81 Kim Painter, »Life's Little Pleasures Can Relieve Illness, Stress«, *USA Today,* 11. Mai 2008, D4.

82 Norwich, *Revelations of Divine Love*, S. 69.

Ist dieser Satz nicht unglaublich schön? *Jesus ist unser Himmel.* Egal, was mit uns oder der Welt um uns herum geschieht: Wenn Jesus unser Himmel ist, dann bleiben unser Himmel und unsere Freude geborgen in ihm. Juliana fand mutig diesen Trost, sogar inmitten einer entsetzlichen Epidemie.

C. S. Lewis hat uns bekanntlich zu der Erkenntnis verholfen, dass der Sinn der Freude teilweise ist, uns aufzuzeigen, dass sogar die intensivste Freude auf Erden nicht bleiben wird – und dass dies ein Beweis dafür ist, dass ewige Freuden auf uns warten, auf die diese Welt zwar hinweisen, die sie aber nie erreichen kann.[83]

Wenn es unsere größte Freude ist, Jesus zu kennen – und Gott hat uns dazu erschaffen, keine größere Freude zu haben –, bleibt die Königin der Freuden, die Freude aller Freuden, *immer bei uns*, unabhängig von unseren Umständen. Jacques Ellul hat dies auf beredte Weise ausgedrückt: »Die Hoffnung auf Jesus Christus ist nie eine Prise Pfeffer oder ein Löffel Senf. Sie ist Brot und Wein, die wesentliche und grundlegende Nahrung selbst.«[84]

Als junger Student war ich völlig hin und weg von Paulus' unverfälschter Leidenschaft für Jesus, wie man im Philipperbrief nachlesen kann. Er schreibt als »Knecht *Christi Jesu*« an alle »Heiligen in *Christus Jesus*« und bietet »Gnade« und »Friede« von »dem Herrn *Jesus Christus*« an (Philipper 1,1-2; ELB).

Zwei Verse – und er erwähnt Jesus dreimal.

Paulus ermutigt die Philipper mit Versicherungen im Blick auf den Tag, wenn *Jesus* wiederkommt (1,6), erwähnt, wie sehr er sie mit der »herzlichen Liebe von *Christus Jesus*« liebt (1,8), und schwelgt in der Tatsache, dass sie mit der Gerechtigkeit erfüllt würden, die durch *Jesus Christus* kommt (1,11). Er berichtet, dass er »für *Christus* in Ketten« liegt (1,13), doch er vertraut der Hilfe, die der Geist *Jesu Christi* ihm bietet (1,19). Sein größtes Gebet, »jetzt und immerdar«, ist es, dass »*Christus* an seinem Leib groß gemacht werden wird«

---

83 Vgl. C. S. Lewis, *Das Gewicht der Herrlichkeit*, Gießen 2005.
84 Jacques Ellul, *Hope in Time of Abandonment*, New York 1973, S. 201.

(1,20; ELB), denn für Paulus ist das »Leben ... *Christus* und das Sterben Gewinn« (1,21; ELB).

Für diejenigen, die nicht glauben, beendet der Tod alles Vergnügen und alle Freude kommt zum Ende. Doch Paulus zieht den Tod diesem Leben vor, da der Tod ihm die Möglichkeit bietet, seine höchste Freude, Jesus Christus, Auge in Auge zu sehen.

Ich habe mich dahin trainiert, meine Freude in Gott zu finden. Wenn ich jeden Sonnenaufgang als ein Zeichen der Arbeit seiner Hände sehe; wenn ich über die Anmut der Gestalt meiner Frau als das Bild seiner Schönheit nachdenke oder das Lachen eines kleinen Babys als den Klang seiner Freude oder die Majestät eines Berges als Zeichen seiner Größe oder die Brillanz eines Liedes als Klang seiner Harmonie – dann werde ich beim Tod überwältigt werden, wenn all diese Freuden endlich erstaunlich und überwältigend zusammenkommen – an einem Ort, in einer Person, zur gleichen Zeit.

Wenn ich meine Freude allein im Sex finde, mache ich mich abhängig: von einem welkenden, alternden Körper und von der Beteiligung eines Partners.

Während eines Laufs strömte Keith Greens Song »Oh Lord, You're Beautiful« durch meinen iPod. Es dämmerte mir daraufhin, dass es in gewissem Sinn für mich eine vollständige Hölle nie geben kann. Ich hoffe, das ist nicht ketzerisch, aber selbst wenn ich in der Hölle wäre: Der Gedanke, dass Gott schließlich das bekommt, was ihm zusteht, dass jeder weiß, dass er Gott ist, dass er die Welt mit sich versöhnt hat und angebetet wird, dass er die Mächte der Sünde und des Todes ganz und gar besiegt hat und dass alles sich nun in Unterwerfung vor ihm beugt – all das würde eine solche Freude in mir auslösen, dass es mir schwerfällt, mir vorzustellen, unglücklich zu sein. Nun ist ohne Zweifel diese Gesinnung ein Zeichen der erlösenden Gnade Gottes (und damit möchte ich *nicht* sagen, dass sie universell ist), doch die zukünftige Erwartung, Gott weltweit angebetet und als regierenden König anerkannt zu sehen, bewirkte bei mir eine derartige Vision der zukünftigen Freude, dass ich inmitten einer solchen überreichen Wonne meine Emotionen kaum in Schach halten konnte.

Wenn ich meine Freude in *Starbucks* allein finden würde, bin ich auf die Gnade einer Firma angewiesen, die vielleicht einmal vom Markt verschwinden wird. Wenn ich meine Freude allein im Sex finde, mache ich mich abhängig: von einem welkenden, alternden Körper und von der Beteiligung eines Partners. Wenn ich meine Freude in einer Firma finde, bleibe ich den Launen meiner Kunden unterworfen. Aber wenn mein Leben eine einzige Reise ist, die immer darauf ausgerichtet ist, meine Erfüllung in Gott zu finden – die mich dahin drängt, jede irdische Freude als eine Widerspiegelung seiner Freundlichkeit, Güte und Liebe zu sehen –, dann ist meine letztendliche Freude sicherer geworden als alles, was diese Welt sonst anbieten kann.

Sogar in den schwierigsten Umständen.

Kapitel 14

Lustig heilig

Ein fröhliches Herz macht das Gesicht heiter; aber beim Kummer des Herzens ist der Geist niedergeschlagen. Alle Tage des Elenden sind schlecht, aber ein fröhliches Herz hat ein ständiges Festmahl.

SPRÜCHE 15,13.15

Ich sollte jede Kultur, die ohne die allgemeine Gewohnheit des urkomischen Tanzens gewesen ist, vom vollen menschlichen Standpunkt aus gesehen als fehlerbehaftet ansehen. Und ich sollte jeden Geist, der nicht in der ein oder anderen Form die Gewohnheit des urkomischen Denkens hat, vom vollen menschlichen Standpunkt als fehlerbehaftet ansehen. ... Wenn nicht ein Mensch auch Humorist ist, ist er nur teilweise ein Mensch.

G. K. CHESTERTON

Wenn wir das Druckventil nicht mit Lachen öffnen können, könnten wir explodieren. Also lache oder sterbe. Es liegt an dir.

KEVIN HARNEY

Humor ist erlösend, wenn er zur komischen Selbstentdeckung führt.

ELTON TRUEBLOOD

Als ich in einer Kommission saß, die einen Pastor finden sollte, hörte ich stundenlang Predigten von Leuten aus dem ganzen Land. Ein ernsthafter junger Bewerber stand kurz davor, uns zu überzeugen. Sein Lebenslauf entsprach unseren Anforderungen, so hörte ich ihm erwartungsvoll zu. Die erste Predigt schien sehr schwer zu sein, aber er hielt sie schließlich an einem Karfreitag, darum hatte ich auch nichts anderes erwartet. Als ich jedoch eine weitere hörte, beschwor er wieder diese Schwere herauf. Ich hörte eine dritte und sogar den Anfang einer vierten, in der Hoffnung, ihn für seinen Dienst in unserer Gemeinde mit offenen Armen zu begrüßen.

Aber ich konnte einfach nicht.

Als das Komitee seine Predigten diskutierte, kamen wir zu der allgemeinen Auffassung, dass er nicht gut zu unserer Gemeinde passte. Schließlich fasste ich unsere Unsicherheit in Worte: »Ich frage mich, ob er überhaupt Freude im Leben hat. Wo ist die Freude des Lebens in Christus, die Befriedigung eines Lebens in der Anbetung Gottes und einer Beziehung zu ihm?«

Er predigte gut im Hinblick auf Überführung von Sünde, erinnerte uns an Verantwortung, Pflicht und Schuldigkeit – aber im Hinblick auf einen einladenden Lebensstil lag er auf der Skala von 1 bis 10 nicht höher als 2 oder 3.

Warum würde jemand einer solch tristen, beinahe düsteren Person folgen wollen?

Sogar Teresa von Avila – zu ihrer Zeit gefürchtet, umstritten und verhasst, weil sie versuchte, einem laxen Karmeliterinnen-Konvent Disziplin und Askese beizubringen – sagte einmal: »Von dummen Andachten und sauertöpfischen Heiligen erlöse uns, lieber Herr.«[85] Sie glaubte an Selbstdisziplin und Selbstverleugnung – aber Selbstdisziplin und Selbstverleugnung ohne Freude und Vergnügen werden bald zu schiefen Mauern. Über kurz oder lang wird der Regen durch die Ritzen tropfen und schließlich das ganze Bauwerk gefährden. Teresa lehrte ihre Nachfolger, dass uns die einfachen Freuden Gottes darauf vorbereiten, asketische Selbstverleugnung durchzustehen.

Vergessen Sie nicht: Disziplin ohne Freude führt schlussendlich zu Grausamkeit, Arroganz und Verurteilung. Es ist keine Straße des Lebens, sondern vielmehr eine Sackgasse verzweifelter Leistungen. Statt Menschen einzuladen, das Leben anzunehmen und es aktiv zu gestalten, versucht sie, sich selbst hassende Menschen zurück ins Elend zu befördern, und schafft es manchmal sogar, dass diese sich ihres Elends noch rühmen.

Vielleicht ist das mit ein Grund, warum Jesus seinen Jüngern sagte, sie sollten nicht »sauer«, »düster« oder »wehleidig« (je nach Übersetzung) dreinsehen, wenn sie fasteten (vgl. Matthäus 6,16). Sicherlich, der Hauptpunkt dieses Abschnitts ist, vor dem heuchlerischen Fasten zu warnen – und ein übertrieben düsteres Aussehen

---

85 Zitiert in Bert Ghezzi, *Mystics and Miracles: True Stories of Lives Touched by God*, Chicago 2004, S. 124.

würde genau das bewirken. Aber ich frage mich, ob Jesus sich und andere von Nachfolgern abgeschreckt sieht, die Grimmigkeit mit Frömmigkeit verwechseln. In gewissem Sinn sagt er vielleicht: »Hey, Leute, *werdet locker!*« Wenn er uns das in Bezug auf das Fasten sagen kann – von Natur aus eine der ernstesten geistlichen Disziplinen, die es gibt –, was würde er uns über das Leben im Allgemeinen sagen?

Ich frage mich, ob Jesus sich und andere von Nachfolgern abgeschreckt sieht, die Grimmigkeit mit Frömmigkeit verwechseln.

Von der Kanzel zur Kirchenbank

Gott überraschte mich einmal, als ich betete, bevor ich zum Predigen aufstand: »Du musst das genießen.«

Genießen? Ich dachte, dass Predigen Arbeit, Mühe und ernsthafte Anstrengung sei. Tatsächlich hatte ich angefangen, meinen Gebrauch von Humor infrage zu stellen. Vielleicht war er deplatziert. Schließlich: Was könnte ernsthafter sein, als über unsere ewige Bestimmung zu reden? Lenkten ein paar Witze nicht vom Inhalt ab? Ich würde mir weit lieber den Ruf eines Menschen verdienen, der Einsichten vermittelt, als jemand, der die Leute zum Kichern bringt. Allerdings kann Lachen oft der Wahrheit dienen, statt sich ihr entgegenzustellen. Ich sage das, weil die Art und Weise, wie wir die Kanzel ansehen (egal, ob man nun wirklich auf einer solchen predigt oder nicht), ziemlich genau widerspiegelt, wie wir das christliche Leben betrachten.

Ich habe mich einmal regelmäßig mit einem Mann getroffen, der unter enormem Stress stand – die Sorte Stress, die zartere Gemüter in den Nervenzusammenbruch führen könnte. Er hatte eine geistliche Krise durchzustehen, eine Beziehungskrise, eine Berufungskrise – alles zur gleichen Zeit. Als wir eines Abends als Mitglieder desselben Hauskreises zusammensaßen, erzählte jemand eine lustige Geschichte. Jeder fing an zu lachen, bis uns die Bäuche wehtaten, was jemand anders an eine ähnlich spaßige Geschichte erinnerte. Dies ging eine gute Dreiviertelstunde so weiter, bis unsere Zwerchfelle vom Lachen wehtaten.

»Oh, dieses Treffen ist mir entglitten«, dachte ich, »wir hätten die ganze Zeit für unseren Freund beten und ihm ein paar Ratschläge geben sollen.«

Doch als er aufstand, sah er uns an und sagte: »Ihr habt keine Vorstellung davon, wie sehr ihr mir heute Abend gedient habt.«

Gedient? Mit *Gelächter*? Die Wahrheit ist, dass er genau das bekommen hat, was er brauchte.

Ernsthafte Beratung und leidenschaftliches Gebet haben sicherlich ihren Platz – aber manchmal müssen verletzte Menschen einfach nur lachen. Effektiver geistlicher Dienst erkennt, was wann am angemessensten ist.

Lassen Sie es mich ganz klar sagen: Wenn sich jemand auf Humor verlegt, um einen Mangel an geistlicher Einsicht und durchdachter Weisheit zu überdecken, dann ist das ein Schein-»Dienst«. Lachen sollte die Wahrheit illustrieren, sie vorbereiten und auf sie hinweisen, aber sie nicht ersetzen. Doch wenn Humor dem Anliegen Christi dienen kann – um Menschen anzuziehen, ihre schweren Lasten leichter zu machen, kleine mentale »Pausen« für den nächsten Predigtpunkt zu schaffen –, wird er zum Diener Gottes.

Immerhin hat Gott das Lachen erschaffen. Warum können wir ihn nicht feiern, wenn wir das nutzen, was er gemacht hat, um seine Ideen zu kommunizieren? Es ist eine – wie ich meine, bedeutsame – Tatsache, dass Menschen die einzigen Geschöpfe sind, die lachen. Lachen spiegelt in diesem Sinn auf herrliche Weise wider, dass wir in Gottes Bild erschaffen sind.

Überrascht vom Humor Jesu

Vor einigen Jahren hat mich einer meiner Lieblingsautoren, Elton Trueblood, herausgefordert. Er erzählte davon, wie er seinem Sohn in aller Ernsthaftigkeit die Bibel vorlas und der anfing, sich kaputtzulachen. Und welche Bibelstelle fand der Vierjährige so komisch? Die Bemerkung von Jesus über den Mann, der einen Balken im Auge hatte und trotzdem versuchte, einem anderen einen Splitter aus dem Auge zu ziehen (vgl. Matthäus 7,3-5).

Truebloods Sohn fand dies urkomisch – wie eine Art Slapstick-Parodie. Diese Erfahrung machte den geachteten Philosophen-Vater offen dafür, auch die übrigen Äußerungen Jesu aus einer völlig neuen Perspektive zu sehen. Trueblood schreibt:

> Es ist zunächst notwendig, das konventionalisierte Bild eines Jesus, der nie gelacht hat, infrage zu stellen ... Er gibt zahlreiche Passagen in den aufgezeichneten Lehren, die praktisch unverständlich sind, wenn sie als nüchterne Prosa angesehen werden, die aber erhellend sind, wenn wir von der grundlosen Annahme befreit werden, dass Jesus nie Witze gemacht habe. In manchen Fällen ist das Erkennen des Humors ein echtes Lösungsmittel.[86]

Trueblood fährt mit der Warnung fort, dass »ein fehlgeleiteter Glaube bei uns zu der Befürchtung geführt hat, dass die Akzeptanz des offensichtlichen Witzes und Humors (Jesu) irgendwie leicht gotteslästerlich oder frevelhaft sei. Religion, so meinen wir, sei ein ernstes Geschäft, und ein ernstes Geschäft sei unvereinbar mit Scherz.«[87]

Ein aufmerksames Lesen der Bibel, unbelastet durch eine falsche Frömmigkeit oder Nüchternheit, offenbart den Humor Jesu.

Ein aufmerksames Lesen der Bibel, unbelastet durch eine falsche Frömmigkeit oder Nüchternheit, offenbart den Humor Jesu. Zum Beispiel: Wenn Jesus fragt, ob jemand eine Lampe unter einen Scheffel oder unter ein Bett stellen würde statt auf den Nachttisch, hätten seine Zeitgenossen gelacht. Damals wurde in einer Lampe keine Glühbirne benutzt. Jede Lampe hatte eine offene Flamme.

86 Elton Trueblood, *The Humor of Christ*, New York 1964, S. 10.
87 Ebd., S. 15.

Nun lese man es, wie seine Zuhörer es verstanden haben würden: Wenn du eine offene Flamme hast, würdest du sie unter einem Scheffel Weizen verstecken? Einem strohgefüllten Bett? Natürlich nicht! Das ist absurd und eindeutig humorvoll. Wenn man das im Kontext des ersten Jahrhunderts liest, kann man die Menschen als Reaktion auf den kreativen Sarkasmus Jesu lachen hören.[88]

Ein Autorenkollege, Dave Moore, steckte mir dieses provokative Zitat des großen Baptistenpredigers des 19. Jahrhunderts, Charles Haddon Spurgeon, zu, der offensichtlich die Macht des Lachens von der Kanzel sehr ernst nahm:

Ich muss bekennen, dass ich Menschen lieber im Haus Gottes lachen hören würde, als sie schlafen zu sehen. Und ich würde ihnen lieber die Wahrheit durch das Medium des Spotts vermitteln, als die Wahrheit zu vernachlässigen oder die Menschen dem Verderben zu überlassen, weil sie die Wahrheit nicht aufnehmen. In meinem Herzen glaube ich, dass womöglich genauso viel Heiligkeit in einem Lachen liegt wie in einem Weinen und dass manchmal Lachen das bessere von beiden ist. Denn ich mag weinen, raunen oder unwirsch sein und bittere Gedanken aller Art über Gott haben – auf der anderen Seite kann ich der Sünde gegenüber sarkastisch auflachen ... Ich weiß nicht, warum es dem Satan überlassen bleiben sollte, Spott als Waffe gegen uns zu benutzen, und warum es nicht von uns als Waffe gegen ihn eingesetzt werden sollte.[89]

Locker werden

Trotz des gelegentlichen Gebrauchs von Humor in der Bibel denkt ein bestimmter Teil innerhalb der Gemeinschaft der Glaubenden, dass jeder »echte« Dienst trist bleiben muss oder dass die heiligsten Menschen auch die ernstesten sind. Extreme und unangemessene

88 In seinem Buch *The Humor of Christ* gebraucht Trueblood diese Passage als ein Beispiel für den Humor Jesu.

89 Charles Spurgeon, *Lectures to My Students*, Grand Rapids 1954, S. 389.

Leichtigkeit *kann* eine geistliche Schwäche sein und eher ein Weg, dem Leben zu entfliehen, statt sich ihm zu stellen. Doch die Abwesenheit eines Sinns für Humor spiegelt das Bild Gottes ebenfalls ärmlich wider, der selbst lachte und das Lachen erschaffen hat.

Jesu Beispiel sollte uns lehren, die starrköpfige Ansicht, dass Humor und Ernsthaftigkeit Feinde seien und nicht Verbündete, geradewegs zurückzuweisen. Man kann mit einer sehr witzigen Geschichte etwas Ernsthaftes unterstreichen. Und lustige Augenblicke dienen oft dem ernsthaften Dienst.

In seinem wunderbaren Buch *Leadership from the Inside Out* macht Kevin Harney folgende Beobachtung:

> Ich muss öfter lachen. Ich saß mit einer Frau zusammen, deren Ehemann einmal gesagt hatte: »In guten wie in schlechten Zeiten«, und sich nun mit einer Frau davongemacht hatte, die halb so alt war wie er. Ich kümmerte mich, betete und fühlte mich hilflos, ihren tiefen Schmerz zu erleichtern. Ich kämpfte mich durch eine Vorstandssitzung mit einer begabten Gruppe von Leitern, die einen kritischen Streitpunkt nicht lösen konnten. Ich hielt eine Trauerfeier für einen sieben Jahre alten Jungen, dessen Körper durch Leukämie böse zugerichtet worden war. Ich sah mich Herausforderungen in meinem Dienst gegenüber, als sich herausstellte, dass eine ehrenamtliche Mitarbeiterin nicht richtig dorthin passte, wo sie eingesetzt war. Mussten Sie schon jemals einen ehrenamtlichen Mitarbeiter hinauswerfen? Die Woche neigt sich ihrem Ende zu und ich könnte wirklich einen Freund gebrauchen, der mit mir redet, mit mir lacht oder sich mit mir eine Comedy ansieht. Manchmal habe ich das Gefühl, dass ich, wenn ich nicht lache, meinen Verstand verliere. Und an manchen Tagen ist das Lachen weit entfernt.[90]

Stecken Sie in einer schwierigen Ehe oder unterstützen Sie jemand anders, der in einer solchen steckt? Ist Ihr Herz durch ein wider-

---

90 Kevin Harney, *Leadership from the Inside Out: Examining the Inner Life of a Healthy Church Leader*, Grand Rapids 2007, S. 135.

spenstiges Kind gebrochen? Versucht Sie Ihr Chef oder die Arbeitslosigkeit zu Angst, Sorge und Stress? Sind Sie ein junger Mensch, der versucht, seinen Weg in dieser Welt zu finden, sich aber allzu allein und manchmal sogar verloren fühlt? Ist Ihr Herz durch Enttäuschung um Enttäuschung in Millionen Stücke zerbrochen? Weil wir Menschen sind und keine Götter, kann uns große Verantwortung ohne jedes Lachen und Vergnügen zerstören.[91] Gott hat einen heilenden Balsam erschaffen – Lachen. Es wird uns geistlich erheben und Stärke geben, den ernsten Herausforderungen des Lebens entgegenzutreten.

Einmal lief ich einen Marathon mitten im Juni und es war ein »Schwarzer Ballon«-Tag. Rennorganisatoren ließen einen schwarzen Ballon fliegen, um die Menschen vor dem Hitze- und Feuchtigkeitsindex zu warnen und den Läufern zu sagen, dass sie ihre Geschwindigkeit drosseln sollten bzw. dass Läufer mit Gesundheitsproblemen besser über einen Ausstieg nachdenken sollten.

Ich komme aus dem Nordwesten der USA und habe jahrzehntelang in der Nähe von Bellingham Bay gelebt. Ein paar Mal im Jahr klettert die Temperatur auf 25 Grad oder mehr, zieht sich dann aber nach ca. 90 Minuten auf etwas über 20 Grad zurück. Wir hören von Luftfeuchtigkeit, erleben sie aber selten aus erster Hand – mindestens nicht in erstickender Weise. Kurz gesagt: In Duluth, Minnesota, war es um 7 Uhr morgens zur Startzeit wärmer und feuchter, als es in meinem Garten mitten am Nachmittag überhaupt jemals wird.

Nach 20 Kilometern bei moderater Geschwindigkeit wusste ich, dass Unannehmlichkeiten vor mir lagen. Mein Körper war das einfach nicht gewöhnt. Der Marathon degenerierte zu einer Jagd auf die Wasserstopps. Hilfsstationen standen wie Oasen ungefähr alle drei Kilometer voneinander entfernt. Freiwillige überhäuften uns mit kalten, nassen Schwämmen, Eiswürfeln und Getränken. Ich vergaß die Ziellinie und konzentrierte mich nur darauf, es bis zur nächsten Hilfsstation zu schaffen.

Man stelle sich einmal das Lachen wie eine Hilfsstation während

91 Vgl. Moltmann, *Freigelassenen der Schöpfung*, S. 30.

eines heißen Marathons vor. Zwischen den Hilfsstationen muss man viel arbeiten, doch das Lachen gibt uns eine mentale, geistliche, emotionale und sogar körperliche Pause, um der Aufgabe entgegenzutreten, die vor uns liegt. Je ernster Ihre Situation ist, je anstrengender Ihre Arbeit, desto mehr brauchen Sie das Lachen. Ich bin an Hilfsstationen während kalter Marathons in Seattle und sogar in Boston vorbeigerannt; in Duluth habe ich keine einzige ausgelassen.

Je ernster Ihre Situation ist, je anstrengender Ihre Arbeit, desto mehr brauchen Sie das Lachen.

Gleich werden wir sehr praktisch werden, wenn es darum geht, heiliges Lachen zu kultivieren, doch zuvor muss ich noch einen wichtigen Punkt ansprechen.

Zwei rivalisierende Kräfte

Viele haben Schwierigkeiten damit, sich auf Humor einzulassen, da unser Gehorsam der Bibel gegenüber uns abverlangt, gleichzeitig an zwei scheinbar rivalisierenden Kräften festzuhalten – Ernsthaftigkeit und Feiern.

Die Evangelien gipfeln schließlich in der Kreuzigung Jesu. Als meine Frau und ich ins Kino gingen, um uns Mel Gibsons *Die Passion Christi* anzuschauen, und wir Leute sahen, die mit Eimern voll Popcorn und Tüten voll M&Ms hereinspazierten, gab uns das zu denken. *»Was glauben diese Leute wohl, was sie sehen werden?«*

Da die Evangelien *wirklich* bedeutsame Wahrheiten enthalten – die Bedrohung durch die Verdammnis, die Hoffnung auf Rettung, der schreckliche Preis, der von Jesus auf Golgatha bezahlt wurde –, leuchtet es ein, warum wir alle Evangelien von hinten, durch das Leid des Kreuzes, betrachten könnten. Theologisch gesehen scheint dies angemessen zu sein. Das Kreuz wirft ein Licht auf alle Worte Jesu.

Anders betrachtet jedoch ist die Tatsache, dass Gott seinen Zorn über unsere Sünde auf den Leib seines Sohnes ausgeschüttet hat, *entscheidend dafür*, dass Lachen überhaupt möglich ist. Die ständigen

Gefühle der Ernsthaftigkeit und Ergebenheit, dass unsere Sünden einen solch hohen Preis abverlangen, führen dazu, entsprechend zu feiern, dass Gott freiwillig ein solch kostbares Opfer gebracht hat. Er hat aus uns boshaften Rebellen angenommene und privilegierte Söhne und Töchter des Reiches Gottes gemacht. Jesus ist nicht gestorben, um uns traurig zu machen; er *starb, damit wir uns erheben können.*

Wir müssen eine Denkweise haben, die weit genug ist, um Ernsthaftigkeit, Verpflichtung und Verantwortung in Balance mit Freude, Lachen und Spaß zu halten. Die übertrieben Ernsten könnten mir mit ein paar ausgewählten Bibelzitaten den Boden unter den Füßen wegziehen: »Nimm dein Kreuz täglich auf«; »Sei allezeit wachsam«; »Seid nüchtern, wacht! Euer Widersacher, der Teufel, geht umher wie ein brüllender Löwe und sucht, wen er verschlingen kann.«

Diese kostbaren Wahrheiten rufen zu lebensverändernden Entscheidungen. Doch sie sind nicht das Einzige, was Jesus lebte und lehrte. Dem Karfreitag folgt der Ostersonntag. Jesus bat seine Jünger, fortzugehen und sich etwas auszuruhen. Eine Hochzeitsfeier versorgte er mit Wein – mit entschiedenem Nachdruck, sodass wir davon ausgehen können, dass Jesus nicht notwendigerweise eine zuckrige alkoholfreie Hochzeitsbowle für »heiliger« als Wein hält. Er sagte, dass die Freunde des Bräutigams feiern und Party machen sollen, solange der Bräutigam noch bei ihnen ist. Jesus hörte, wie man ihn einen Fresser und Trunkenbold nannte.

Fasten, von Sünde überführt zu werden, unseren eigenen Wünschen gegenüber zu sterben – diese fundamentalen Wahrheiten sind nicht die einzigen Wahrheiten. Gott schuf uns mit der Fähigkeit zum Weinen und auch mit der Fähigkeit zum Lachen. Ich möchte ihn anbeten, während ich *beides* tue.

Ich mag, wie G. K. Chesterton das sieht: »Ich weiß nicht, warum ans Herz gehen immer nur heißen soll, dass Mitleid oder Schmerz empfunden wird. Ebenso gut kann es heißen, dass Freude oder Triumph oder dass Heiterkeit empfunden wird.«[92]

---

92 Chesterton, *Ketzer,* S. 180f.

Wie können Christen angesichts des Karfreitags lachen? Wir tun das, weil wir bis zum Ostersonntag weiterlesen und noch weiter – bis zum »neuen Himmel« und zur »neuen Erde«, wo Gott alle Tränen abwischen wird und uns zu Freuden in alle Ewigkeit geleiten wird (vgl. Offenbarung 21,1-4). Elton Trueblood schreibt: »Das Christentum entspricht den tiefsten Bedürfnissen des Menschen, weil es ihn auf Freuden konzentrieren lässt, die nicht vergehen, statt auf den unausweichlichen Kummer, der oberflächlich ist ... Der wohlbekannte Humor des Christen ist keine Art, die Tränen zu leugnen, sondern vielmehr ein Weg, etwas zu bejahen, das tiefer als Tränen geht.«[93]

Letztlich läuft es darauf hinaus: Wenn Jesus Humor benutzt, dann benutzt definitionsgemäß *Gott* Humor. Und wenn *Gott* Humor benutzt, warum können das dann nicht seine Jünger? Wenn Jesus dachte, dass er durch ein Schmunzeln einen bestimmten Aspekt verständlicher und leichter zugänglich machen konnte, wie können wir es dann wagen, gegenwärtige Lehrer seiner Wahrheit an das Düstere, überaus Ernste und Humorlose zu fesseln? Manchmal nehmen wir uns als Gläubige (und mit Sicherheit als Prediger) allzu ernst.

Man mag entgegenhalten: Wie kann man das *Predigen des Evangeliums* zu ernst nehmen? Was könnte ernster sein als *das*?

Das funktioniert so: In meiner Vermessenheit nehme ich an, dass meine Predigt das Wichtigste im Leben des Gläubigen sei, während in Wirklichkeit jede Predigt, die ich halte, nur ein Berührungspunkt unter vielen ist, die Gott benutzt, diesen Gläubigen zur Reife zu rufen. Vielleicht fängt Gott an, jemandem die Augen durch ein Ereignis in seinem Leben zu öffnen – etwas läuft schief, jemand wird verletzt, jemand sagt etwas, das den Gläubigen darauf aufmerksam macht, auf einem bestimmten Gebiet zu wachsen. Dann fordert Gott die Person heraus, indem es zu einer Unterhaltung mit jemandem kommt, vielleicht bei einer Tasse Kaffee. Darauf baut Gott auf mit Einsichten, die sie bekommt, wenn sie ein Theaterstück ansieht,

93 Trueblood, *The Humor of Christ,* S. 30.32.

einen Roman liest oder sogar einen Film schaut. Gott untermauert seine Sache mit einem fürsorglich ausgewählten Vers in der Stillen Zeit und mag vielleicht dann meine Predigt benutzen, um die Lektion zu verdeutlichen. Ich bin nur ein Rädchen im Getriebe – vielleicht ein wichtiges Rädchen, aber nur eines unter vielen. Nur Vermessenheit kann mehr annehmen.

Es ist gesund für uns, über uns selbst zu lachen, unsere Begrenzungen einzugestehen und zu zeigen, dass wir alle mit der Wahrheit zu kämpfen haben, die größer ist als wir alle. Ich nehme es sehr ernst, ein Vorbild zu sein – aber das gilt auch in Hinsicht darauf, wie ich mit meiner Schwäche umgehe und auf sie reagiere.

C. J. Mahaney, Pastor aus Maryland, der die *Sovereign Grace*-Gemeinden leitet, hat mich oft sprachlos gemacht, wenn ich seinen stringenten Darlegungen tiefgründiger Wahrheit gefolgt bin. Gleichzeitig hat er mir geholfen, die Absurdität und Lächerlichkeit unserer sündhaften Auflehnung zu verstehen. Einmal würzte er eine Predigt mit einer urkomischen Anekdote: Er steuerte auf einen Streit mit seiner Frau in einem teuren Restaurant zu. Seine Frau dachte, dass sie den Streit auf einen angemesseneren Zeitpunkt verschieben könnten. C. J. hatte sich den ganzen Tag schon auf die Diskussion vorbereitet und wollte sich nicht abweisen lassen.

Jeder erfahrene Ehemann kann sich vorstellen, was passierte: Der teure »romantische« Abend endete in einer kompletten Katastrophe. C. J. sprach für alle Männer, als er sich an seine Gedanken erinnerte, nachdem er die Rechnung für einen traurigen Abend im Restaurant bekommen hatte: »Du Idiot! Das nächste Mal, wenn du einen Streit mit deiner Frau provozieren willst, gehst du zu Burger King.« Es war heilsam und heilig, über ein gewöhnliches, alltägliches Beispiel zu lachen. Unsere eigene Sünde wurde durch den Kakao gezogen und spiegelte sich in C. J.s Sünde wider. Dieser heilige Humor verhalf dazu, dass sich die Lehre der Verkündigung in meine Seele einpflanzen konnte – so wurde ihr ein viel längeres Leben geschenkt, als wenn ich sie anderweitig genossen hätte.

Lachen kultivieren

Wenn Pastoren angemessen Humor auf der Kanzel verwenden, dann leben sie ihren Gemeinden vor, wie man »lustig heilig« sein kann, was auch bedeutet, dass sie ihnen zeigen, wie man lustig gesund sein kann. Man beachte die überwältigenden körperlichen Vorteile des Lachens, die in einer Studie des *Maryland Medical Centers* zusammengefasst wurden. Diese hat herausgefunden, dass Lachen unser Herz-Kreislauf-System so sehr fördert, dass es mit Fitnesstraining verglichen werden kann.

Dr. Michael Miller, ein führender Wissenschaftler der Studie, schlussfolgerte:

> Das Ausmaß der Veränderung, das wir wahrnahmen ... ist vergleichbar mit den Vorteilen, die wir vielleicht bei Aerobic sehen, aber ohne die Schmerzen, Qualen und Muskelverspannungen, die mit Fitnesstraining verbunden sind ... Wir empfehlen nicht, dass Sie lachen und nicht trainieren, doch wir empfehlen, dass Sie versuchen, auf regelmäßiger Basis zu lachen. 30 Minuten Training dreimal die Woche und 15 Minuten Lachen täglich ist wahrscheinlich gut für das Kreislaufsystem.[94]

Lachen ist auch schon mit Stressreduzierung in Verbindung gebracht worden, mit Senkung des Blutdrucks, Stimmungsaufhellung, Stärkung des Immunsystems und, vielleicht das Wichtigste: der Förderung positiver Beziehungen, die uns in so vieler Hinsicht gesunder machen.

Sollten wir nicht bewusst etwas so Machtvolles pflegen? Wie können wir mehr heiliges Lachen in unser Leben bringen?

Erstens: Wenn Sie Single sind, setzen Sie einen gesunden Sinn für Humor mit an die Spitze Ihres Wunschzettels für einen zukünftigen Ehepartner.

---

94 »University of Maryland School of Medicine Study Shows Laughter Helps Blood Vessels Function Better«, Presseerklärung der University of Maryland Medical Center, 7. März 2005, www.umm.edu/news/releases/laughter2.htm (24. Februar 2009).

Wenn ich Ehefrauen über ihren Ehemann reden höre, sagen sie weit öfter: »Ich liebe seinen Sinn für Humor«, als dass sie seine körperliche Erscheinung erwähnen. Das Leben ist einfach weit erfreulicher, wenn man mit jemandem zusammenlebt, der einen zum Lachen bringt. Wenn Sie eine trübsinnige Person heiraten, zieht sich das Leben möglicherweise endlos dahin. Körperliche Attraktivität vergeht, während sich guter Humor ständig weiterentwickelt.

Zweitens: Wenn Sie schon verheiratet sind, können Sie noch eine gute Portion Humor ins Familienleben bringen, indem Sie sich Demut aneignen. Wir müssen lernen, über uns selbst zu lachen – nicht im boshaften Sinn, sondern indem wir unsere dummen Fehler anerkennen und über sie lachen können, statt über sie zu weinen. Wenn wir uns auf Gottes Vergebung und die echte Liebe anderer einlassen, können wir selbstbewusst genug werden, um zuzugeben, dass wir dumme Dinge sagen und tun. Da ich weiß, dass mich meine Familie liebt und respektiert, wenn ich etwas wirklich Blödes mache, kann ich es nicht erwarten, nach Hause zu kommen und jedem davon zu erzählen, und wir lachen gemeinsam darüber. Wenn wir uns selbst zu ernst nehmen oder uns durch einen Mangel an Liebe bedroht fühlen, werden wir nie die nötige Atmosphäre haben, um *mit*einander zu lachen statt *über*einander. (Eltern, bitte aufpassen. Viele Kinder werden tief verletzt, wenn sie das Gefühl haben, dass man *über* sie lacht.)

Wenn wir uns auf Gottes Vergebung und die echte Liebe anderer einlassen, können wir selbstbewusst genug werden, um zuzugeben, dass wir dumme Dinge sagen und tun.

Drittens: Verfolgen Sie Beziehungen zu Menschen, die einen guten Sinn für Humor haben. Laden Sie Menschen zu sich nach Hause ein, die den Raum hell machen, die es lieben, Geschichten zu erzählen, und die jene ansteckende Art haben, die normalerweise auf andere abfärbt. Wenn Ihrer eigenen Familie nicht zum Lachen zumute ist, laden Sie andere ein, sooft Sie können. Erinnern Sie sich noch daran, warum eine uns bekannte Familie regelmäßig unsere jüngere Tochter Kelsey für die Ferien »auslieh«? Sie bringt Spaß mit sich, wo immer sie auch hingeht.

Viertens: Auch wenn Prediger gerne Hollywoodfilme und Fernsehgucken heruntermachen, finden Sie die paar Filme oder TV-Sendungen, die Sie zum Lachen bringen, ohne dass Sie rot werden müssen. Mein Sohn und ich lieben die Serie *Das Büro*. Allison gesellt sich lieber zu mir, wenn ich mir die Wiederholungen der eher beziehungsorientierten Serie *Verrückt nach Dir* ansehe. Ich habe herausgefunden, dass ich mich sogar meiner jüngeren Tochter anschließen kann, wenn sie die *Gilmore Girls* sieht, obwohl ich zugeben muss, dass mein Gehirn von den typischen Maschinengewehrdialogen ein wenig müde wird. Es ist hart für mich, eine ganze Episode durchzustehen. Als meine Frau und ich den Film *Dan – Mitten im Leben!* anschauten, lachten wir so intensiv, dass wir beschlossen, dass wir ihn noch einmal sehen müssen – und ich bin sicher, wir werden ihn uns wieder ausleihen. Im Internet findet man einige witzige und völlig unverfängliche Humor-Websites.

Da Humor so persönlich ist, zögere ich, irgendwelche Vorschläge zu machen; doch schon eine kurze Suche wird Ihnen dabei helfen, eine positive Möglichkeit zu finden, dem »15 Minuten pro Tag«-Rezept des Doktors zu entsprechen.

Für die eher literarischen Typen: Sehr viele Romanautoren und Memoirenschreiber konzentrieren sich auf Humor – und einige von ihnen halten, was sie versprechen. Ich bin vorsichtig, bestimmte Bücher und Autoren mit in ein Flugzeug zu nehmen, weil ich weiß, dass ich wahrscheinlich durch lautes Lachen die Leute um mich herum stören werde.

Wenn jemand, den Sie kennen, sich am Boden fühlt, suchen Sie nach einer guten, lustigen Postkarte, um ihn aufzurichten. Angenommen, Sie und Ihr Ehepartner oder Sie und Ihr Zimmergenosse schlagen sich wegen lächerlichem Kram beinah die Köpfe ein: Manchmal kann eine gute Dosis Lachen die Spannung lösen. Machen Sie etwas Witziges zusammen und ölen Sie nebenbei die quietschenden Gelenke der Beziehung.

Unsere Herrlichkeit

Während einer intensiven Zeit der Veränderungen in der Gemeinde reagierte eine sehr religiöse Frau auf den fröhlichen Kommentar eines Kollegen mit Lachen, so wie jeder im Raum. Dann versuchte sie, sich selbst unter Kontrolle zu bringen, und sagte sogar laut: »Ich binde den Geist des Lachens.«

Ich wollte rufen: *»Warum?«*

Es ist unsere Herrlichkeit, zu lachen, wie Gott lacht, da er uns in seinem Bild erschaffen hat. Als Teil unserer ewigen Bestimmung, festgemacht im vollendeten Werk Jesu Christi, ist Lachen unser Segen. Als Diener eines regierenden Königs, der alle Dinge zurechtbringen wird, ist es unser Privileg, zu lachen. Weil wir angenommene Kinder eines großzügigen Vaters sind, ist es unser Geburtsrecht, zu lachen. Die *New Jerusalem Bible* übersetzt Jakobus 2,12 in diesem Sinne: »Die Gnade kann sich erlauben, über das Gericht zu lachen.«

Als Diener eines regierenden Königs, der alle Dinge zurechtbringen wird, ist es unser Privileg, zu lachen.

Wir, die Empfänger von Gottes Gnade, können *lachen.*

Das Einzige, was diese sehr religiöse Frau hätte binden sollen, war ein überheblicher religiöser Geist.

Lache, Kirche, lache – feiere die Güte Gottes allezeit.

Epilog

Es war für uns wie ein Traum! Wir waren voller Lachen und jubelten vor Freude. Und die anderen Völker sagten: »Herrliches hat der Herr für sie getan!«

Ja, der Herr hat Herrliches für uns getan und wir waren fröhlich! Herr, wende unser Schicksal auch jetzt wieder zum Guten; so wie Bäche die Wüste neu beleben. Die mit Tränen säen, werden mit Jubel ernten.

Psalm 126,1-3

Im Sommer 2008 lud die *Second Baptist Church* in Houston meine Familie ein, den ganzen Monat August mit ihnen zu verbringen, um an jedem Samstag, Sonntag und Mittwoch zu predigen.

Ich weiß ... Houston, im *August.*

Trotzdem hatten wir einen fantastischen Monat. Ich habe den größten Respekt vor Dr. Ed Young und seinem Sohn Ben und der unglaublichen Gemeinschaft, die Gott in Houston baut. Meine Familie bei mir zu haben, kurz bevor sich zwei unserer Kinder in Richtung College aufmachten, bleibt ein Highlight.

Wegen des Schulbeginns verließ meine Familie allerdings Houston zwei Wochen vor mir. Wenn man weiß, dass die Familie wegen der Realitäten des Lebens auseinanderbricht, wenn man buchstäblich die Monate, dann die Wochen, dann die Tage und schließlich die Stunden zählen kann, bevor die Familie sich von »voll« in »halb leer« verwandelt – ist jeder Tag mit ein wenig Verzweiflung gewürzt. Ich habe jeden süßen Moment aufgesogen, aber in einer leicht bitteren Weise.

Am Morgen, als ich meine Familie am Flughafen absetzte, stieg ich in meinen plötzlich leeren Geländewagen und es fiel mir schwer zu atmen. Es hätte meine Frau erschreckt und vielleicht sogar entsetzt, zu sehen, wie ich zusammenbrach. Ich kann mich nicht erinnern, je so sehr geweint zu haben, so lange und so bitterlich. Irgendwie schaffte ich es zurück zu unserer Wohnung. Der Ort, den wir miteinander geteilt hatten, enthielt nun nur noch Erinnerungen. Ich ging in die Zimmer, in denen die Kinder gewohnt hatten, geheiligt durch ihre Gegenwart. An diesem Tag aß ich mein Mittagessen in einem Restaurant, in dem Graham und ich gemeinsam mit Ben Young gegessen hatten, und wünschte mir, ich könnte in derselben Ecke sitzen, die wir zwei Wochen vorher besetzt hatten. Ich ging zu *Starbucks*, wo unsere Familie auf einen Kaffee zusammengesessen hatte, bevor wir *Lasergame* spielten. Ich sah ein Exemplar eines Romans, den meine Tochter durchgeblättert hatte, als wir warteten. Ich hob ihn auf, hielt ihn in der Hand und dachte: »Kelsey hat ihn berührt.« Auf eine merkwürdige Weise *wollte ich ihn nicht loslassen.*

Ich verbrachte den Rest des Tages in einem Nebel. Ich musste meine Predigt für das Wochenende optimieren (wenn man zu mehr als 20 000 Leuten sprechen muss, sollte man sicherstellen, dass man vorbereitet ist). Aber davon abgesehen war ich ein Wrack. Ich danke Gott für die Olympischen Spiele, die mich davon abhielten, ständig über meinen Schmerz, meinen Verlust nachzudenken.

Am nächsten Morgen wachte ich früh auf, machte mir eine Tasse Tee und setzte mich mit meiner Bibel hin. Ich dachte über die vielen großen Freuden nach, die meine Familie zusammen genossen hatte: Premium-Plätze bei einem Baseballspiel der Major League, ein erstaunliches Mittagessen im *Taste of Texas*-Restaurant (sehr zu empfehlen), Spaß im *Galveston Island*-Wasserpark, Graham und Ben, die früh am Morgen surften, als ich den Strand entlanglief – einfach zusammen zu sein, zu lachen, zu beten und zu reden –, alles prächtige Vergnügungen, alles gute Gaben von Gott. Ihre Intensität machte ihr Fehlen umso schmerzlicher.

Als ich betete, wurde mir indes klar, dass ich wegen Jesus Christus nie den Schmerz der Trennung von Gott so empfinden werde wie den Schmerz der Trennung von meiner Familie. Es wird nie einen Moment geben, in dem Gott weggeht, in dem ich zu meinem Retter »Auf Wiedersehen« sage. Sogar die besten Vergnügungen in dieser Welt sind vorübergehend und gefährdet. Wir sollten sie deswegen nicht verachten oder abwerten, aber es bedeutet, dass wir die Bezeichnung »Narr« verdienen, wenn wir die Grundlagen unseres Lebens und unserer Freude auf ihnen aufbauen.

Das Vergnügen zu nutzen, um uns zu Gott zurückzuführen, und ihm nicht zu gestatten, mit ihm zu konkurrieren (oder schlimmer: uns von ihm wegzuziehen), verankert uns in der größten Freude, die nie und nimmer enden wird.

Das Vergnügen zu nutzen, um uns zu Gott zurückzuführen, und ihm nicht zu gestatten, mit ihm zu konkurrieren (oder schlimmer: uns von ihm wegzuziehen), verankert uns in der größten Freude, die nie und nimmer enden wird.

Gott hat mir, seitdem ich ihm folge, viele Freuden geschenkt. Wenn heute alles zu Ende wäre, könnte ich nur sagen: »Was für eine Fahrt, Gott, was für eine erstaunliche Fahrt!« Er hat mich versorgt mit den Freuden der Familie, der Berufung und der Anbetung, und er hat diese tiefen Freuden gewürzt mit den kleineren Freuden eines gut gebrühten Chai-Tees, dem Lesen eines weiteren glänzenden Romans einer meiner Lieblingsautoren, dem Laufen an einem Herbstnachmittag und dem Lachen mit Freunden.

Ich habe kein Problem damit, zu glauben, dass Gott mir ungewöhnliche Freuden zugestanden hat, da er weiß, dass ich eine so schwache, verletzliche Seele habe. Freunde von mir haben Herausforderungen in ihrem Leben zu bestehen, sogar Katastrophen, die mich überwältigen, wenn ich nur an sie denke. Vielleicht wusste Gott, dass ich angesichts einer solchen Prüfung zerfallen würde. Alles, was wir tun können, ist, die Straße zu gehen, die Gott für uns vorgesehen hat.

Trotzdem finden die, die weise sind, ihre höchste Freude in Gott. Die besten Freuden der Erde sind vergänglich; sie alle scheinen fast schon aufzuhören, wenn sie beginnen. Aber als Hilfsmittel, die uns auf unsere letzte Freude hinweisen, können sie sehr wirkungsvolle Freunde werden.

Ich bete ernstlich, dass Sie, wenn Sie dieses Buch beiseitelegen, in den vielen Freuden, die Gott Ihnen vergönnt, schwelgen werden.

Danken Sie ihm dafür, und lassen Sie Ihre zufriedene Seele andere zu dem Jesus ziehen, den Sie als den erfahren haben, über den Sie sich mehr als über alles andere freuen.